beck'sche
reihe

Depressive Störungen drücken sich bei Kindern und Jugendlichen in unterschiedlichen Formen aus. Sie reichen von leichten depressiven Verstimmungszuständen bis hin zur schweren klinischen Depression, die schlimmstenfalls in der versuchten Selbsttötung münden kann. Immer jedoch handelt es sich um Kinder und Jugendliche, die in ihrer psychischen Gesundheit mehr oder minder stark beeinträchtigt und dadurch in ihrer Gesamtentwicklung gefährdet sind.

In diesem Buch beschreiben zwei ausgewiesene Expertinnen die ganze Bandbreite depressiver Störungen, immer verbunden mit der Beantwortung der Fragen: Anhand welcher Signale können vor allem Eltern und Erzieher depressionsbetroffene Kinder und Jugendliche frühzeitig erkennen und diesen aus ihren Entwicklungskrisen heraushelfen? Welche Einrichtungen beraten und helfen weiter? Und welche Rolle spielen Freunde, Eltern und Lehrer bei der Vorbeugung, Bewältigung und Therapie depressiver Störungen im Kindes- und Jugendalter?

Fragebögen, die Eltern, Lehrern und Erziehern helfen sollen, die seelische Verfassung ihrer Kinder besser einschätzen zu können, sowie ein Verzeichnis von Anlaufstellen für Betroffene beschließen dieses wichtige Buch zu einem unterschätzten Thema.

Dr. *Christiane Nevermann*, Lehrerin, Psychologin und Psychotherapeutin, leitet eine Schulpsychologische Beratungsstelle in Berlin. Des weiteren lehrt sie an der Freien Universität Berlin sowie an der Humboldt-Universität Berlin zu den Themenbereichen „Emotionale Störungen bei Kindern und Jugendlichen" sowie „Angst und depressives Verhalten bei Schulkindern".

Dr. *Hannelore Reicher*, Psychologin sowie Sonder- und Heilpädagogin, ist Universitätsassistentin am Institut für Erziehungswissenschaften der Karl-Franzens-Universität in Graz. Sie lehrt und forscht zu Fragen der Heilpädagogik und der Entwicklungspsychologie bei Kindern und Jugendlichen.

Christiane Nevermann
Hannelore Reicher

Depressionen im Kindes- und Jugendalter

Erkennen, Verstehen, Helfen

Verlag C.H.Beck

Mit 3 Abbildungen und 6 Tabellen

Die Deutsche Bibliothek – CIP-Einheitsaufnahme

Nevermann, Christiane; Reicher, Hannelore:
Depressionen im Kindes- und Jugendalter : Erkennen,
Verstehen, Helfen / Christiane Nevermann / Hannelore
Reicher. – Orig.-Ausg. – München : Beck, 2001
    (Beck'sche Reihe ; 1440)
    ISBN 3 406 47566 3

Originalausgabe
ISBN 3 406 47566 3

Umschlagentwurf: +malsy, Bremen
Umschlagabbildung: Stone/Catherine Ledner
© Verlag C. H. Beck oHG, München 2001
Gesamtherstellung: Druckerei C. H. Beck, Nördlingen
Printed in Germany

www.beck.de

Inhalt

Vorwort 9

Einführung 11

Teil I. Die vielen Gesichter depressiver Störungen im Kindes- und Jugendalter

1. Wenn Kinder depressiv sind 17
   Depressive Störungen näher bezeichnet 19 – Was kennzeichnet Kinder mit depressiven Störungen? 20 – Symptome depressiver Störungen im Kindes- und Jugendalter 21

2. Alterstypische Symptome 36
   Depressive Merkmale im Säuglings-, Kleinkind- und Vorschulalter 38 – Depressive Merkmale im Kindesalter 41 – Depressive Symptome im Jugendalter 43

3. Einsamkeit und Trauer im Kindes- und Jugendalter 46
   Einsamkeit im Jugendalter 46 – Traurigkeit und Trauer 48

Teil II. Depressiv und hilflos – Was steckt dahinter?

1. Depressive Störungen in der klinischen Diagnose 51
   Die klinischen Störungsbilder 53

2. Wie häufig sind Depressionen im Kindes- und Jugendalter? 59
   „Zeitalter der Melancholie" 60 – Was sagen die Zahlen? 60

3. Worunter depressive Kinder zusätzlich leiden 62
   Angst und Depression 65 – Verhaltensstörungen und Depression 66 – Eßstörungen und Depression 70 – Drogenmißbrauch und Depression 72 – Körperliche Beschwerden und Depression 74

4. Kinder und Jugendliche, die nicht mehr leben wollen 75

Der Schülerselbstmord in der Statistik 77 – Suizidalität als Entwicklungsprozeß 80 – Wie entsteht suizidales Denken und Handeln? 81 – Psychosoziale Belastungen 85 – Hintergründe und
Auslöser für suizidales Handeln 86 – Wenn das Faß zum Überlaufen kommt 87 – Signale, die auf eine Suizidgefährdung hinweisen 88 – Welche Kinder und Jugendlichen sind besonders
gefährdet? 92 – Welche Methoden finden Anwendung? 93 –
Verhindern, Helfen und Vorbeugen 94 – Hilfe in Gang setzen
oder veranlassen 97

5. Werden aus depressiven Kindern depressive Erwachsene?   98

Teil III. Familie, Schule und Depressionen

1. Familie und Depressionen 103

Konflikte prägen das Familienleben 106 – Disziplin und
Strafen 107 – Freizeitgestaltung und Unterstützung in der
Familie 108 – „Keiner liebt mich, auch meinen Eltern bin ich
egal!" 109 – Beziehungen zu Gleichaltrigen 112 – Wenn ein Elternteil depressiv ist 113

2. Depressive Störungen und Schulerfolg 118

Schulische Schwierigkeiten im Lernen und Verhalten 119 – Depressive Schüler in der Schule beobachten 128 – Wie Lehrer Depressionen bei Schülern einschätzen 130 – Schulische Überforderung fördert Depressionen 131 – Mobbing – ein Risikofaktor für
Depression 135 – Depression und Schulverweigerung 138 – Vorbeugen und Helfen in der Schule 140

Teil IV. Warum können Kinder und Jugendliche depressiv werden?

1. Lebenswelt heute 149

Kindsein ist kein Kinderspiel! 150 – Veränderungen von Familienstrukturen 150 – Gewalt gegen Kinder 151 – Umgang mit
Zigaretten, Alkohol und Medikamenten 152 – Leistungsanforderungen in Schule und Beruf 153 – Medien und Kommunikationstechnologie 154

2. Psychologische Theorien zur Erklärung von Depressionen 157
Verlusterlebnisse – Psychoanalytische Depressionstheorien 158 –
Die Macht der Gedanken – Kognitive Depressionstheorien 159 –
„Ich kann ja ohnehin nichts ändern ...“ Hilflosigkeit und
Hoffnungslosigkeit 164 – Negative Programmierungen – Opti-
mistische und pessimistische Kinder 167 – Soziale Fertigkeiten
und mangelnde Aktivitäten – Lerntheoretische Depressionstheo-
rien 168 – Ein zusammenfassendes Modell 171

3. Biologische Erklärungsansätze.................... 173
Sind Depressionen erblich bedingt? 173 – Besonderheiten des
Gehirnstoffwechsels 174

4. Welche Kinder sind besonders gefährdet?............. 175
Depression eines Elternteils 179 – Belastende Lebensereignisse
und Lebensumstände 180 – Depressive Mädchen 186

Teil V. Erkennen, Helfen, Vorbeugen

1. Depressive Kinder und Jugendliche erkennen.......... 191
Sensibilität als notwendige Grundlage 194 – Kommunikation ist
unverzichtbar 195 – Grundlegende Schwierigkeiten beim Erkennen 195 – Ausgewählte bedeutsame Aspekte für das Erkennen
von depressiven Befindlichkeiten 198

2. Wie läßt sich helfen? 205
Professionelle Hilfe in Anspruch nehmen 208 – Wenn Jugendliche Hilfe verweigern 209

3. Psychologisch-therapeutische Behandlungsansätze...... 210
Kognitive Verhaltenstherapie 212 – Spieltherapie 218 – Psycho-
analytische Therapie 220 – Zusammenarbeit mit der Familie 220
– Familientherapie 221 – Interpersonelle Psychotherapie 223

4. Medikamentöse Behandlung 224
Wann werden Medikamente eingesetzt? 224 – Wie wirken Antidepressiva? 224 – Mögliche Nebenwirkungen 225 – Andere Be-
handlungsmöglichkeiten 227

5. Was Eltern im Alltag tun können.................. 227

6. Vor depressiven Entwicklungen schützen............. 231
Wie kann man Kinder und Jugendliche vor depressiven Entwicklungen schützen? 233

Quellen und weiterführende Literatur 243

Anhang A – Diagnostische Kriterien für eine Major
                Depression 247
Anhang B – Diagnostische Kriterien für eine Dysthyme
                Störung 249
Anhang C – Beobachtungsbogen für Eltern 250
Anhang D – Beobachtungsbogen für Lehrer 253
Anhang E – Beratungsstellen und Selbsthilfegruppen 255

Vorwort

Depressionen im Kindes- und Jugendalter sind keineswegs selten, sie werden nur selten erkannt. Mehr als 5% aller Kinder und Jugendlichen sind heute von einer schweren Depression betroffen, und etwa 10% weisen nach jüngsten Untersuchungsergebnissen deutliche depressive Symptome auf. In Fachkreisen wird inzwischen von einem dramatischen Anstieg depressiver Störungen im Kindes- und Jugendalter gesprochen.

Depressive Kinder und Jugendliche sind nicht einfach nur „schlecht drauf". Ihre anhaltend niedergedrückte bis gereizte Stimmung, pessimistische Selbsteinschätzungen und der Verlust an Freude und Interesse an den sonst so beliebten Aktivitäten drängen sie in die Passivität und den sozialen Rückzug. Was zuvor noch „hoch im Kurs" stand und unbedingt durchgeführt oder mitgemacht werden mußte, wird plötzlich belanglos. Viele Dinge verlieren ihren Wert. Insbesondere im Kindesalter fallen auch körperliche Beschwerden wie Bauch- und Kopfschmerzen sowie Einschlafstörungen auf. In allen Altersstufen treten vermehrt Schulschwierigkeiten bis hin zur Schulverweigerung auf. Häufig überlagern zusätzlich auftretende Verhaltensprobleme, Eßstörungen oder auch Drogenmißbrauch die eigentliche Depression. Zwei Drittel aller depressiven Kinder und Jugendlichen weisen eine zusätzliche psychische Störung auf. Einer der Hauptgründe, warum so viele depressive Kinder und Jugendliche in ihrer eigentlichen Problematik verkannt werden.

Nur ein geringer Teil depressiver Kinder und Jugendlicher befindet sich in professioneller Behandlung. Der weitaus größere Teil bewegt sich täglich durch einen Alltag, der durch zahlreiche Mißerfolge und Niederlagen geprägt ist. Manch einer von ihnen gerät in eine schwere Selbstwertkrise und wird schon im Jugendalter suizidgefährdet. Jedes „Übersehen" birgt die Gefahr weiterer Eskalationen von Hilflosigkeit und Hoffnungslosigkeit.

Was in diesem Buch dargestellt und behandelt wird, basiert neben eigenen Praxiserfahrungen vor allem auf unzähligen Forschungsergebnissen insbesondere aus dem anglo-amerikanischen Bereich. Der aktuellen Wissensstand wurde in diesem Buch mit der Absicht zusammengetragen, dem interessierten Leser einen möglichst umfassenden Einblick in die Gesamtproblematik depressiven Verhaltens und Erlebens im Kindes- und Jugendalter zu vermitteln, um damit das zu realisieren, was im Hinblick auf depressive Kinder und Jugendliche so dringend notwendig erscheint: ein verbessertes Erkennen, Verstehen und Helfen.

Berlin und Graz, im Februar 2001 *Christiane Nevermann*
Hannelore Reicher

Einführung

Da wachsen Kinder auf an Fensterstufen –
und wissen nicht, daß draußen Blumen rufen –
an einem Tag voll Weite, Glück und Wind –
und müssen Kind sein und sind traurig Kind.

(Rainer Maria Rilke)

Traurigkeit und Angst, Gefühle der Hilflosigkeit und des Versagens stellen im Leben eines jeden Menschen, so auch für Kinder und Jugendliche, besonders belastende Erfahrungen dar. Kinder wie Erwachsene können zu bestimmten Zeiten besondere Freude empfinden, sich „wie im siebten Himmel" fühlen und zu anderen Zeiten eher deprimiert in einem vorübergehenden „Stimmungstief" stecken. Jugendliche nennen es häufig ihre „Depri-Phase", und Kinder, die sagen in solchen Situationen eher: „Ich hab' schlechte Laune!" In der Tat haben diese Kinder dann auch schlechte Stimmung, sind gereizt, nörglerisch und unausgeglichen und vor allem ohne Interesse an sonst attraktiven Aktivitäten und Unternehmungen.

Die eigene Unzufriedenheit und Unausgeglichenheit führt nicht selten zu Verhaltensweisen, die Konflikte mit den Eltern und Geschwistern, mit Freunden oder Gleichaltrigen nach sich ziehen. Aber all diese Beschreibungen sind eher normaler Alltag und haben noch wenig mit dem Vorliegen einer depressiven Störung im klinischen Sinne zu tun, auch wenn die Übergänge zwischen „normaler Traurigkeit und Bedrücktheit" und „depressiver Traurigkeit" durchaus fließend sein können. Depressionen (von dem lateinischen Wort „deprimere" = herunter-, niederdrücken) sind insgesamt sehr viel mehr als gelegentliche Stimmungstiefs im Alltagsstreß oder die „Depri-Phase" im Jugendalter. Was dabei vor allem eine Rolle spielt, ist die Dauerhaftigkeit und Intensität eines depressiven Zustands sowie, vor allem bei Kindern und Jugendlichen, das Vorhandensein zusätzlicher Beeinträchtigungen. Das heißt mit anderen Worten, erst wenn solche Stimmungstiefs an Stärke massiv zunehmen, zu deutlichen zusätzlichen Verhaltensbeeinträchtigungen führen und über längere Zeit hinweg andauern, kann möglicherweise von einer depressiven Störung mit klinischer Bedeutsamkeit gesprochen werden.

Der hier verwendete Begriff der „Störung" verweist darauf, daß es sich in diesem Verständnis bei „depressiven Störungen" um gestörte Formen von ansonsten normalen Verhaltensreaktionen handelt. „Störungen" signalisieren gestörte Abläufe oder auch Abweichungen von normalen Verhaltensformen. Gleichzeitig soll damit aber auch betont werden, daß ein depressiver Zustand als ein im Erleben und Verhalten „gestörter Zustand" einer Entwicklung unterliegt und sich entsprechend wieder zurückentwickeln kann. Bilden sich depressive Störungen ohne therapeutische Behandlung zurück, was sehr häufig passiert, handelt es sich um eine sogenannte „Spontanremission" (Spontanerholung).

Depressionen beinhalten insgesamt unterschiedlich ausgeprägte depressive Zustandsbilder, denen vor allem eine niedergedrückte, traurige Stimmungslage, Gereiztheit, deutliche Lustlosigkeit und Passivität, ein negatives Selbstbild sowie verschiedene körperliche Beschwerden gemeinsam sind.

Die Symptome der Depressionen im Kindes- und Jugendalter sind vielfältig und vor allem durch alters- und entwicklungsbedingte Ausprägungen gekennzeichnet. In diesem Buch wird von leichten, vorübergehenden bis hin zu schweren, klinisch bedeutsamen depressiven Störungen die Rede sein. Bis vor drei Jahrzehnten meinte man noch, daß depressive Zustände bei Kindern und Jugendlichen insgesamt eher selten auftreten. Heute weiß man hingegen, daß auch Kinder und Jugendliche ähnlich den Erwachsenen schwer depressiv werden können. Und mehr noch! Mit dem Herannahen der Pubertät und dem Einstieg in das Jugendalter, d.h. also mit dem Beginn alterstypischer Irritationen und Fehlschläge sowie der Notwendigkeit zur Neu- und Umorientierung, erreichen depressive Störungen alarmierende Ausmaße.

Depressive Kinder und Jugendliche haben oft große Mühe, den täglichen Anforderungen in Familie, Schule und Freizeit zu entsprechen. Sie erleben auf vielen Ebenen vermehrt Mißerfolg und Versagen und ziehen sich in der Folge resignativ aus dem sozialen Umfeld, vor allem aus Freundeskreisen und Familienleben, zurück. Prozesse der sozialen Isolierung und der Nichtbewältigung von Aufgaben führen als Konsequenz zu weiteren emotionalen

Belastungen und verschlechtern die ohnehin beeinträchtigte Befindlichkeit. In der Fachliteratur wird zur Kennzeichnung dieser einander verstärkenden Situationen häufig auch von einer sogenannten „depressiven Spirale" gesprochen. Dieses Bild vermittelt einen Zusammenhang fortschreitender depressiver Einengung, was auch bei Kindern und Jugendlichen mit zum Teil erheblichem persönlichem Leid und Leiden verbunden sein kann.

Der Inhalt dieses Buches gliedert sich in fünf Teile, die einander thematisch ergänzen, aber durchaus auch unabhängig voneinander gelesen werden können.

Teil I beschäftigt sich mit dem Thema der vielen möglichen Gesichter depressiver Störungen im Kindes- und Jugendalter.

Kapitel 1 führt über einzelne Fallbeispiele in die mögliche Vielfalt depressiver Erscheinungsbilder bei Kindern und Jugendlichen ein. Dabei werden die typischen Symptome depressiver Störungen ausführlich vorgestellt. Im Mittelpunkt von Kapitel 2 stehen alterstypische Merkmale depressiver Störungen. Kleinkinder zeigen andere Anzeichen einer depressiven Entwicklung als Jugendliche. Kapitel 3 will mit dem Thema „Einsamkeit und Trauer im Kindes- und Jugendalter" noch im Bereich einer „normalen" Entwicklung bleiben.

Teil II konzentriert sich unter dem Titel „Depressiv und hilflos – was steckt dahinter?" auf unterschiedliche Aspekte des klinischen depressiven Störungsbildes.

In Kapitel 1 werden die klinischen Störungen „Major Depression", „Dysthyme Störung" und „Bipolare Störung" mit ihren typischen Symptomen und wichtigsten diagnostischen Kriterien vorgestellt.

Dabei wird deutlich, daß es keineswegs unwichtig ist, welches depressive Verhalten wie lange und mit welcher Intensität bei einem Kind vorhanden ist. Ab einem bestimmten Ausmaß depressiver Befindlichkeit kann bei einem Kind oder Jugendlichen eine depressive Störung mit klinischer Ausprägung vorliegen. Kapitel 2 stellt die zweifellos berechtigte Frage, ob depressive Störungen im Kindes- und Jugendalter überhaupt ein häufiges Problem darstellen. Auf der Grundlage internationaler Untersuchungsergebnisse informieren wir darüber, in welchem Ausmaß depressive Störungen im Kindes- und Jugendalter heute auftreten. Kapitel 3 informiert über zusätzliche Probleme, die etwa zwei Drittel aller depressiven

Kinder und Jugendlichen aufweisen, darunter vor allem Angststörungen, Störungen im Sozialverhalten, Eßstörungen, Aufmerksamkeitsstörungen und Hyperaktivität sowie auch Drogenprobleme. Solche gleichzeitig vorhandenen psychischen Störungen können eine vorhandene depressive Störung verdecken oder überlagern. Kapitel 4 thematisiert mögliche Suizidalität (suicedere = sich selbst vernichten bzw. töten) bei Kindern und Jugendlichen mit depressiven Störungen. Ein entscheidender Anteil an gelungenen Suiziden und Suizidversuchen geht auf eine schwere depressive Störung zurück. Die Gefahr einer möglichen suizidalen Entwicklung läßt depressive Störungen im Kindes- und Jugendalter zu einer unbedingt ernstzunehmenden Problematik werden. Dabei wird u. a. auch der Frage nachzugehen sein, warum bereits Kinder und Jugendliche über eine Selbsttötung nachdenken, welche unter ihnen am meisten gefährdet scheinen und was Eltern, Lehrer und andere soziale Bezugspersonen überhaupt tun können, um eine suizidale Entwicklung rechtzeitig zu erkennen und suizidale Krisen abwenden zu helfen. In Kapitel 5 wird die Frage zu beantworten versucht, ob aus depressiven Kindern depressive Erwachsene werden.

Teil III widmet sich dem Thema Familie, Schule und Depression.

Die beiden entscheidenden Lebenswelten in der Entwicklung von Kindern und Jugendlichen stellen die Familie und die Schule dar. Eltern und Lehrer bemühen sich, Kindern eine optimale Grundlage zu schaffen, auf der sich die kindliche Persönlichkeit entwickeln kann. Was ist, wenn diese Bedingungen doch nicht in notwendiger Weise vorhanden sind? Welche Einflußfaktoren können dazu führen, daß Kinder sich enttäuscht von der Familie abwenden und auch von ihren Freunden nichts mehr wissen wollen? Kapitel 1 behandelt unterschiedliche Problembereiche des Zusammenlebens depressiver Kinder und Jugendlicher mit ihren Eltern und Geschwistern. Besonders herausgehoben wird dabei das Thema „Wenn ein Elternteil depressiv ist". Für Eltern und Lehrer ist es von besonderer Bedeutung zu wissen, ob depressive Störungen den Schulerfolg beeinträchtigen können und wenn ja, in welcher Weise. Kann man von einer „Schuldepression" sprechen? Und woran erkennt eine Lehrerin oder ein Lehrer überhaupt, daß eine Schülerin oder ein Schüler in einer depressiven

Entwicklung steckt? Das 2. Kapitel beleuchtet die Thematik aus unterschiedlichen Perspektiven. Dabei werden die beiden Themen „Mobbing als Risikofaktor für Depressionen" und „Depression und Schulverweigerung" besonders ausführlich behandelt. Sie stellen zwei sehr aktuelle Aspekte in der gegenwärtigen Schuldiskussion dar. Das Kapitel wird mit einer Reihe von Empfehlungen zum Vorbeugen depressiver Entwicklungen in der Schule beendet.

Teil IV thematisiert die schwierige Frage: Warum können Kinder und Jugendliche depressiv werden?

Die einzelnen Kapitel behandeln mögliche Entstehungsbedingungen und Verursachungshintergründe depressiver Störungen bei Kindern und Jugendlichen aus jeweils unterschiedlicher Perspektive. Dabei wird mit einer kritischen Betrachtung verschiedener Aspekte der Lebenswelt von Kindern heute begonnen. Es besteht kein Zweifel darüber, daß Depressionen im Kindes- und Jugendalter in bestimmten Fällen einen ganz konkreten psychosozialen Hintergrund haben. Die betroffenen Kinder reagieren auf bestimmte belastende Ereignisse und Bedingungen. Kapitel 1 hat die „Lebenswelt heute" zum Thema. Kapitel 2 stellt aus wissenschaftlicher Perspektive eine Reihe von psychologischen Theorien zur Erklärung der Entstehung und Aufrechterhaltung depressiver Störungen vor. Kapitel 3 ergänzt die psychologischen Erklärungsmodelle, indem die biologischen Ansätze vorgestellt werden Dabei handelt es sich sowohl um mögliche genetische Vorprägungen als auch bio-chemische Verursachungsfaktoren. In Kapitel 4 wird die Frage behandelt, welche Kinder und Jugendlichen möglicherweise stärker als andere gefährdet sind, depressiv zu werden. Was schützt sie vor dem Auftreten von Depressionen? Obwohl auch biologische, organische oder genetische Risikofaktoren mit der Entwicklung depressiver Störungen in Verbindung gebracht werden, können psychosoziale Faktoren wie Streß, Verlustereignisse sowie auch Lernschwierigkeiten und soziale Probleme mit verursachend bzw. verstärkend wirken. Offensichtlich gibt es aber auch sogenannte „Schutzfaktoren", die trotz bestimmter Lebensbelastungen vor Depression schützen.

Teil V steht unter dem Thema Helfen und Vorbeugen. Mit dem deutlichen Ansteigen depressiver Störungen und der Vielzahl „unbehandelter" bzw. auch „unerkannter" Kinder und Jugendlicher mit depressiven Störungen wächst die unbedingte Notwendigkeit, sich mit diesen Aspekten auf allen Ebenen praktischen Handelns auseinanderzusetzen.

In Kapitel 1 werden Schwierigkeiten und Probleme beim Erkennen depressiver Entwicklungen angesprochen. Dabei wird auch gefragt, welche Informationen diagnostisch wichtig sind. Sind depressive Kinder und Jugendliche zuverlässige Informanten? Oder vielleicht eher Eltern oder Lehrer? Im Kapitel 2 wird über Hilfemöglichkeiten und Ansätze von Hilfe gesprochen. Es finden sich Hinweise auf Möglichkeiten professioneller Hilfe durch öffentliche Einrichtungen und Institutionen. Kapitel 3 stellt unterschiedliche psychologisch-therapeutische Verfahren zur Behandlung von Depressionen bei Kindern und Jugendlichen vor. In Kapitel 2 werden vorhandene psychologisch-therapeutische Konzepte vorgestellt. Konkret wird auf kognitiv-verhaltenstherapeutische, psychoanalytische, spieltherapeutische und familienbezogene Ansätze eingegangen. Kapitel 4 ergänzt die Informationen durch Ausführungen zur medikamentösen Behandlung von Depressionen bei Kindern. In Kapitel 5 werden besonders die Eltern angesprochen. Es geht um Beratung und Hilfestellung im Umgang mit depressiven Kindern. Was kann man als Eltern tun, um depressive Entwicklungen zu reduzieren bzw. aufzuheben? Neben einer professionellen psychologischen Psychotherapie sind auch präventive Überlegungen immer wieder notwendig. In der Praxis finden sich bisher nur wenige ausgearbeitete Konzepte, die das Ziel verfolgen, Kinder und Jugendliche vor Depressionen zu schützen.

Teil I

Die vielen Gesichter depressiver Störungen im Kindes- und Jugendalter

Kinder und Jugendliche mit Depressionen lassen sich nicht ohne weiteres erkennen. Ihre inneren Befindlichkeiten, Stimmungen, Gefühle lassen sich, wenn überhaupt, nur über äußeres Verhalten erschließen. Dabei stellt sich die Frage, welche Merkmale depressive Störungen im Kindes- und Jugendalter eigentlich aufweisen können. In diesem ersten Teil wird die Vielfalt möglicher depressiver Symptome zusammengestellt. In Erweiterung der Betrachtungsweise finden dabei auch alters- und entwicklungsbezogene Aspekte Berücksichtigung. Insgesamt gliedert sich der Teil in die folgenden Kapitel:

- Wenn Kinder depressiv sind ...
- Alterstypische Symptome
- Einsamkeit und Trauer im Kindes- und Jugendalter

1. Wenn Kinder depressiv sind ...

Schon im Jahre 1845, so kann man bei Nissen (1999) erfahren, wußte der deutsche Psychiater Griesinger (1817–1868), daß „alle Formen der melancholischen Verstimmung bereits bei Kindern vorkommen". Und mit den Anfängen der Kinderpsychiatrie um 1900 wurden Depressionen im Kindes- und Jugendalter in den Lehrbüchern regelmäßig abgehandelt. Damit könnte man annehmen, daß die Erforschung depressiver Störungen bei Kindern und Jugendlichen bereits auf eine lange Tradition zurückblickt. Erstaunlicherweise ist dies nicht der Fall. Im Gegenteil. Noch bis in die 60er Jahre des 20. Jahrhunderts hinein wurden depressive Störungen im Kindes- und Jugendalter international kaum wahrgenommen und zum Teil in ihrer möglichen Existenz sogar angezweifelt. Man argumentierte, Kinder seien aufgrund der speziellen Unreife ihres psychischen Apparates noch gar nicht in der Lage, eine depressive Störung auszubilden. Oder aber, es entspräche Kindern gar nicht, länger in traurigen Stimmungslagen zu verharren oder emotional belastende Ereignisse im Kopf zu behalten und darunter zu leiden. Kinder, so meinte man, seien vom Temperament her eher wechselhaft und würden negative Ereignisse schnell wieder vergessen, sich von Traurigkeit schnell wieder erholen. Somit sei eine länger andauernde niedergedrückte Stimmung mit Selbstzweifeln und Pessimismus gänzlich gegen die vorwiegend fröhliche und unbeschwerte Natur eines Kindes.

Diese offensichtliche Verkennung der tatsächlichen Psyche eines Kindes hatte dazu geführt, daß eine intensive Erforschung depressiver Störungen im Kindes- und Jugendalter erst vor etwa 20 Jahren in Gang gesetzt wurde. Aber depressive Kinder hat es vermutlich zu allen Zeiten gegeben. Nur daß man sie nicht erkannt bzw. auch verkannt hat. Denn reine Depressionen sind im Kindes- und Jugendalter eher selten. In der Regel mischen sie sich mit weiteren psychischen Problemen. Diese Kinder werden von den Eltern bis heute vorwiegend aufgrund anderer, neben den depressiven Verstimmungszuständen zusätzlich vorhandener Verhaltensprobleme in die Klinik, zum Kinderarzt oder in eine Beratungsstelle gebracht. Entsprechend schreibt der deutsche Kinder- und Jugendpsychiater Nissen im Jahre 1986: „Depressionen bei Kindern werden aber auch heute noch oft nicht diagnostiziert und deshalb nicht gezielt behandelt. Die Kinder werden den Ärzten meistens wegen organischer Beschwerden vorgestellt. In psychologischen Beratungsstellen werden sie als ängstlich-gehemmt oder gereizt-aggressiv eingestuft und als ‚Verhaltensgestörte‘ psycho- oder verhaltenstherapeutisch behandelt …" (Nissen, 1986, S. 130).

Das zunehmende Forschungsinteresse an depressiven Störungsbildern im Kindes- und Jugendalter konnte auf einer breitangelegten und international etablierten Forschung im Erwachsenenalter aufbauen. Nach dem heutigen Wissensstand sind die Formen depressiver Störungen, die man bei Kindern und Jugendlichen vorfindet, nicht grundsätzlich andere als bei Erwachsenen. Was sich unterscheidet, sind die altersbedingten Ausprägungen in den depressiven Symptomen. Dieses gilt in besonderer Weise für das Kleinkind- und Kindesalter. Mit fortschreitendem Jugendalter gleichen sich die Symptome immer stärker denen im Erwachsenenalter an.

Depressive Störungen näher bezeichnet

Jeder hat ein bestimmtes Alltagsverständnis von einer Depression. Depression bezeichnet einen bestimmten Zustand, der durch Störungen im Fühlen, Denken, Verhalten und der körperlichen Befindlichkeit geprägt ist. Traurigkeit, Lustlosigkeit, negatives Denken und Hoffnungslosigkeit sind ebenso häufig anzutreffen wie körperliche Beschwerden und Schlafstörungen. Es gibt Merkmale von Depression, die täglich beobachtet und über die ebenso häufig miteinander gesprochen wird. Aber wird wirklich über das gleiche gesprochen?

Der Begriff „Depression" kann grundsätzlich auf verschiedenen Ebenen verwendet werden. Es ist ein Unterschied, ob der Begriff „Depression" im Sinne eines Symptoms oder Merkmals (beispielsweise Traurigkeit oder Lustlosigkeit) benutzt wird, wie beispielsweise von der Mutter, wenn sie zu ihrer Tochter sagt: „Du kommst mir heute so depressiv vor!" (was bedeuten soll: Du bist ja heute so traurig!), oder ob mit „Depression" eine klinisch definierte depressive Störung, ein sog. depressives Syndrom gekennzeichnet werden soll, das eine bestimmte Anzahl depressiver Einzelsymptome beinhaltet. Leidet ein Kind unter einer Vielzahl schwerwiegender depressiver Symptome oder Merkmale, so ist klinisch diagnostisch möglicherweise eine sog. „Major Depression" festzustellen. Bei der Major Depression als schwere depressive Störung handelt es sich um ein depressives Syndrom mit einer Reihe einzelner depressiver Symptome.

In der Regel wird in diesem Buch von „depressiven Störungen" gesprochen, die bei Kindern und Jugendlichen in unterschiedlicher Ausprägung und Stärke auftreten. Differenzierend wird von leichten, mittleren oder auch schweren depressiven Störungen gesprochen, was dann auch auf entsprechende klinische Störungsbilder verweist. Die allgemeine Verwendung des Begriffs „depressive Störung" verweist aber vor allem darauf, daß in diesem Buch alle Kinder und Jugendlichen mit einer depressiven Befindlichkeit gemeint sind, nicht nur diejenigen mit einer klinischen Diagnose einer „Major Depression" oder „Dysthymen Störung" (siehe dazu Teil II).

Was kennzeichnet Kinder mit depressiven Störungen?

Wodurch fallen depressive Kinder und Jugendliche im Alltag auf? Fallen sie überhaupt auf? Die folgenden Fallbeispiele demonstrieren die unterschiedlichen Ausdrucksformen einer depressiven Befindlichkeit. Dabei spielen die Schule und ihre Bewältigung offensichtlich eine zentrale Rolle.

Das erste Beispiel zeigt einen depressiven Schüler, wie er 1926 von dem deutschen Psychiater Homburger beschrieben wurde:

„Das Tragen des Schulsackes ist mühsam, wie alles andere Handeln. Die Hemmung, die auch das Denken und Entschließen befällt, tritt in der Schule kraß zutage. Das Schreiben ist erschwert, die Stimme leise, es fällt dem Kind nichts mehr ein, es kann dem Unterricht nicht mehr folgen; wenn es älter ist, sagt es das selbst. ... Das depressive Kind ist verlassen, steht in den Pausen auf dem Schulplatz abseits. ... Stundenlang sitzt es vor einer Hausaufgabe und bringt nichts zustande. Wenn es einmal so weit gekommen ist, dann bleibt manches Kind dem Unterricht überhaupt fern, verläßt zwar am Morgen das Elternhaus, treibt sich herum oder kauert in einem Winkel, nur noch darauf bedacht, ungefähr zur rechten Zeit wieder daheim zu sein."

Das folgende Beispiel zeigt den 14jährigen Jonas, einen Schüler im Jahre 2000:

Jonas macht seit einigen Wochen kaum mehr die Hausaufgaben, obwohl die Versetzung in die 8. Klasse ansteht. Er achtet nicht mehr auf saubere Kleidung, und seine Arbeitsmaterialien sind unvollständig. Er bewegt sich in der Schule wie einer, der eigentlich lieber nicht gesehen und angesprochen werden möchte, das Baseballcap tief ins Gesicht gezogen, den Blick stets nach unten auf den Boden gerichtet, den Oberkörper deutlich nach vorne gebeugt. Jonas schämt sich wegen seiner roten Haare, und er findet sich häßlich. Er trägt schwere Gefühle des Alleinseins in sich und vertritt unerschütterlich die Meinung, daß er zu dumm für den Erfolg in der Schule sei. Seine Noten sind schlecht geworden, und die Mitschüler meiden ihn mehr und mehr. Designer-Klamotten kann er sich nicht leisten, mit einem Handy kann er auch nicht angeben. „Ich habe keinen, der mir hilft, und ich selber kann mir auch nicht helfen", meint er immer wieder ohne großen Kommentar und mit bewegungsloser Miene. Oft ist sein Gesicht ausdruckslos und fast steinern. Nach der Schule treibt er sich in den Kaufhäusern herum und spielt Computerspiele. Der Schulbesuch ist unregelmäßig geworden, seine Anstrengungsbereitschaft gegen Null gesunken. Für die Lehrer ist sein „Abstieg" ein Rätsel.

Die beiden dargestellten Fälle depressiver Kinder gleichen einander auf verblüffende Weise, obwohl sie zeitlich so weit auseinanderliegen. Was spricht bei den beiden Jungen eigentlich für eine depressive Problematik? Möglicherweise vor allem die deutlich niedergedrückte, dysphorische Stimmung der beiden Schüler. Darüber hinaus vielleicht auch noch der ausgeprägte Pessimismus, das negative Denken und die Situation, ohne Freunde oder soziale Gruppe zu sein. Eigentlich aber wird die Frage erst richtig zu beantworten sein, wenn man die Auffälligkeiten im Denken und Handeln der beiden näher betrachtet und sie mit den innerhalb depressiver Störungen bekannten möglichen Symptomen vergleicht.

Wie sehen die typischen Symptome depressiver Störungen aus? Welche Vielfalt findet sich bei Kindern und Jugendlichen?

Symptome depressiver Störungen im Kindes- und Jugendalter

Symptome oder Merkmale depressiver Störungen finden sich, wie im Erwachsenenalter auch, auf unterschiedlichen Ebenen bzw. auch in unterschiedlichen Systemen in jeweils verschiedener Ausprägung. Eine Unterscheidung dieser Systeme erscheint sinnvoll und notwendig, weil damit bestimmte mögliche Symptome beim Kind gezielter beobachtet werden können. Dabei wird dann auch deutlich, daß sich die Merkmale depressiver Störungen auch altersentsprechend in den unterschiedlichen Systemen konzentrieren. Beispielsweise sind die Symptome einer depressiven Störung, wie noch weiter ausgeführt wird, im sehr frühen Kindesalter eher somatischer, d.h. körperlicher Natur. Je älter Kinder werden, desto stärker „wandern" die depressiven Symptome in den Bereich des Denkens und des Bewertens.

Auf dieser „kognitiven Ebene" der Wahrnehmung und des Denkens sind es vor allem negative Gedanken und Pessimismus, während die Kopf- und Bauchschmerzen jeden Morgen vor der Schule Störungen im „somatischen", d.h. körperlichen System signalisieren.

Insgesamt kann sich die psychische Problemlage des depressiven Kindes in verschiedenen Bereichen des eigenen Systems zeigen:

Depression als Störung im eigenen System

- Somatisches (körperliches) System
  (z. B. Übelkeit, Kopfschmerzen)
- Emotionales System
  (z. B. Gefühle der Traurigkeit, der Einsamkeit)
- Kognitives System – Wahrnehmung und Denken
  (z. B. verzerrte Wahrnehmung, negatives Denken)
- Verhaltenssystem
  (z. B. Lustlosigkeit, schlechte schulische Leistungen)

Die in der Darstellung aufgeführte Trennung in einzelne Systeme dient lediglich einer Verdeutlichung. In Wirklichkeit handelt es sich um ein miteinander verbundenes, sich gegenseitig beeinflussendes Gesamtsystem. Hat ein Kind beispielsweise körperliche Beschwerden, schlagen sich diese auch emotional nieder. Das Kind wird traurig und lustlos und verweigert möglicherweise das Treffen mit den Freundinnen. Das Alleinsein verstärkt ihre Traurigkeit und Unzufriedenheit. Möglicherweise verstärken sich damit auch wieder ihre Magenbeschwerden.

Beispielsweise auch bei Julian, der mit seiner Mutter in eine andere Stadt gezogen war, weil die Mutter dort eine neue Stelle antreten konnte. Der Sohn zeigte massive Eingewöhnungsschwierigkeiten. Die Mutter versuchte, dem Jungen zu helfen, indem sie am Wochenende viel mit ihm unternahm, sich ganz nach seinen Wünschen richtete. In der Woche war Julian allerdings alleine in der Wohnung, sobald er aus der Schule kam. Er hatte von seiner Mutter einen Plan, auf dem stand, was er täglich in welcher Reihenfolge bis zum Abend erledigen sollte. Immer häufiger passierte es, daß Julian bei der Rückkehr der Mutter auf dem Bett lag, weinte und über starke Kopfschmerzen klagte. Außerdem litt er unter Schlafstörungen, wachte nachts auf, klagte über Magenschmerzen und Übelkeit. Als der Hausarzt nichts feststellen konnte, schickte die Mutter ihren Sohn in die Kinderklinik. Julian war immer ein gesunder Junge gewesen. Julian blieb zwei Wochen auf der Kinderstation, dann wurde er entlassen. Man hatte nichts

Besonderes gefunden, er war gesund. Julian ging wieder in die Schule, der Alltag kehrte wieder ein. In der Klasse hatte Julian Freundschaft mit einem Jungen geschlossen. Mit dem traf er sich auch am Nachmittag. Beide zusammen wurden zum Schrecken der Umgebung. Sie warfen faule Apfelsinen auf Balkone, stiegen in fremde Keller ein, stahlen Zigaretten aus dem Supermarkt. Die Mutter verbot die Freundschaft. Julian saß nachmittags wieder allein zu Hause. Er fing an, Briefe an seinen Vater zu schreiben, den er nun kaum noch sah. Und er nahm jede Gelegenheit wahr, mit ihm zu telefonieren. Die meiste Zeit aber setzte er sich am Nachmittag in die Straßenbahn und fuhr durch die ganze Stadt, bis zum Abend, wenn die Mutter zurückkam. Seinen Nachmittagsplan erfüllte er ebensowenig wie seine Hausaufgaben. Es schien ihm mehr und mehr egal zu sein. Die Lehrerin wurde auf Julian erst so richtig aufmerksam, als er morgens ständig zu spät in den Unterricht kam und die Angewohnheit entwickelte, im Unterricht seine Hefte zu zerreißen und sich bei einer falschen Antwort ins Gesicht zu schlagen. Danach rannte der Junge regelmäßig aus der Klasse und saß dann in irgendeiner Ecke auf dem Flur und weinte bitterlich. Im Gespräch mit der Lehrerin gab Julian an, daß ihm alles keinen Spaß machen würde. Und daß er zurück zu seinen Freunden nach Berlin wolle. Die Lehrerin machte sich Sorgen und informierte die Mutter.

Julian hat aufgrund seiner Schwierigkeiten, sich nach dem Umzug in eine fremde Stadt neu zu orientieren und an veränderte Situationen anzupassen, eine depressive Störung entwickelt. Die depressive Befindlichkeit zeigt sich an sehr unterschiedlichen Verhaltensmerkmalen. In der folgenden Tabelle werden typische Symptome oder Merkmale depressiver Störungen bei Kindern und Jugendlichen auf den unterschiedlichen Ebenen des Erlebens und Verhaltens dargestellt.

Jedes der in der nachstehenden Tabelle aufgeführten depressiven Merkmale sagt für sich allein genommen noch nicht aus, ob eine depressive Störung vorliegt. Aber jedes Merkmal oder Symptom hat schon für sich allein genommen eine mehr oder minder starke negative Kraft. Das gleichzeitige Auftreten mehrerer Merkmale verbindet und erhöht die negativen Wirkungen der einzelnen Merkmale um ein Vielfaches. Ist bei einem Kind oder Jugendlichen die klinische Diagnose einer depressiven Störung gestellt

Tabelle 1:
Allgemeine Merkmale depressiver Störungen im Kindes- und Jugendalter

Emotionen – Gefühle	Traurigkeit, Gefühle, nicht geliebt zu werden, Gefühle der Wertlosigkeit, Niedergeschlagenheit, ärgerlich-gereizte Stimmung, Wut, Lustlosigkeit (Anhedonie)
Kognitive Merkmale (Wahrnehmung und Denken)	Pessimismus, negatives Denken, negative Selbstbewertungen, geringes Selbstwertgefühl, Unentschlossenheit, Schuldgefühle, Hilflosigkeit, Hoffnungslosigkeit, Gedächtnisprobleme, Phantasien und Träume, Selbstmordgedanken
Verhaltensmerkmale	Weinen, Verlust an Interesse, Konzentrationsprobleme, Verlangsamung, Antriebslosigkeit, psychomotorische Unruhe, sozialer Rückzug, Rückgang schulischer Leistungen, Schulverweigerung, Rückgang der Aktivitäten, gestörte soziale Beziehungen, Dependenz (Abhängigkeit), suizidales Verhalten
Körperliche (somatische) Merkmale	Müdigkeit, Schlafstörungen, psychomotorische Verlangsamung, Appetitstörungen, Gewichtszu- oder -abnahme, Schmerzen, körperliche Beschwerden, z. B. Magen-Darm-Beschwerden

worden, sind innerhalb eines bestimmten Zeitraums mehrere Merkmale gleichzeitig vorhanden.

Einige der oben in der Tabelle aufgeführten Merkmale für das mögliche Vorliegen einer depressiven Störung werden im folgenden näher ausgeführt. Weitere dieser Merkmale finden im Rahmen anderer Kapitel besondere Beachtung.

Traurigkeit und/oder Gereiztheit

Hinter den aggressiven Ausbrüchen eines Kindes, der Verweigerung, an den Aktivitäten in Familie oder Schule teilzunehmen, oder auch der „coolen Maske" Jugendlicher kann sich auch eine depressive Grundstimmung verbergen. Traurigkeit und Niedergeschlagenheit zeigen sich bei Kindern nicht unbedingt nur im Weinen, in der Verlangsamung des Handelns oder der Appetitlosigkeit. Bei länger anhaltender dysphorischer (freudloser) Stimmung und damit einhergehenden Gefühlen eines allgemeinen Unwohlseins und der Belastung kann sich die Traurigkeit auch in einer eher gereizten, schnell aufbrausenden Stimmung äußern. Die Psyche kommt aus dem Gleichgewicht. Traurigkeit wird zu einem inneren Streßfaktor, d.h. einer Situation, mit der sich das Kind überfordert fühlt. Aber nicht nur die Psyche, auch der Organismus wird belastet und verbraucht Kraft und Energie. Entsprechend fühlen sich von tiefer Traurigkeit befallene Kinder und Jugendliche auch häufig in einem Zustand des „Ausgebrannt-Seins", der „inneren Erschöpfung". Je nach Ausmaß des psychischen „Downs" kann schon die kleinste Anmahnung oder Aufforderung, das leiseste Wort der Kritik eine völlig unangemessene Ärgerreaktion auslösen. Eine dauerhaft anhaltende ärgerlich-gereizte Stimmung eines Kindes oder Jugendlichen kann vor allem in Familie und Schule zu eskalierenden Schwierigkeiten in der Verständigung führen. Diese täglich in Familien und Freundesbeziehungen anzutreffende Situation der täglichen kleinen Streitereien und Ärgernisse, der „tägliche kleine Ärger" hat sich in vielen Untersuchungen als ein besonderer Risikofaktor bei der Entwicklung von Depressionen herausgestellt.

Pessimismus – Negatives Denken

Pessimistisches negatives Denken stellt einen zentralen Aspekt depressiver Entwicklungen dar (Beck et al., 1986, Seligman, 1999). Während sich bei Kindern solche Entwicklungen stärker in Form von Weinerlichkeit sowie mutlosem und verweigerndem Verhalten zeigen, können sie bei Jugendlichen auch sehr deutlich über bestimmte Äußerungen und Gespräche festgestellt werden. Pessimismus und sogenanntes „Katastrophendenken" (Seligman) sind ein zentraler Aspekt von Depression. Negatives Denken wird als eine zentrale Ursache für alle anderen Depressionssymptome angesehen (Beck). Die Auffassung depressiver Jugendlicher, die Zukunft sei trostlos, die Gegenwart unerträglich, die Vergangenheit voller Niederlagen und sie selbst nicht in der Lage, etwas zum Besseren zu verändern, erzeugt die gedrückte Stimmung, den Mangel an Schwung und Energie sowie die typischen körperlichen Symptome einer depressiven Störung. Pessimismus, so meint der amerikanische Psychologe und Wissenschaftler E. P. Seligman, ist nicht nur ein Bestandteil von Depression, sondern untergräbt auch die Fähigkeit, sich gegen eine depressive Entwicklung zu wehren.

Wut

Die Wut depressiver Kinder hat viel mit niedergedrückter Stimmung gemeinsam. Es gibt eine Theorie, nach der Depressionen unter anderem auf eine nach innen gerichtete Wut aufgrund erlittener Verluste zurückzuführen ist (siehe dazu Teil IV). Der Psychoanalytiker John Bowlby hat u. a. darauf aufmerksam gemacht, daß Kinder (vor allem auch Kleinkinder) im Zustand tiefer Trauer eine erste Phase des Protests durchleben, die mit starker Wut einhergeht. Wut als ein Versuch, das Ereignis, das die Trauer ausgelöst hat, rückgängig zu machen und damit auch die Traurigkeit loszuwerden (siehe dazu auch die Ausführungen zu Einsamkeit und Trauer). Kinder und Jugendliche zeigen Wutreaktionen nicht nur in Situationen, in denen sie sich durchzusetzen versuchen oder aber gegen einen bestehenden Zustand protestieren, sondern häufiger auch in Situationen einer empfundenen psychischen Überforderung. Wut als Versuch, sich gegen zusätzliche Belastung zu wehren, als Signal für „Ich kann nicht mehr!"

Gefühle, nicht geliebt zu werden

Kinder mit depressiven Störungen tragen oftmals ein tiefes Gefühl in sich, nicht geliebt zu werden. Solche Gefühle spiegeln – wenn sie dauerhaft sind – eine mangelnde emotionale Beziehung, ein zu geringes Gefühl von „innerer Nähe" zu den Eltern oder anderen bedeutsamen Bezugspersonen wider. Von jemandem geliebt zu werden, gehört zu den Grundbedürfnissen eines jeden Menschen. Wo es fehlt, fühlen sich auch Kinder und Jugendliche einsam und verlassen. Besonders Kinder in der Entwicklung sind darauf angewiesen, dieses Gefühl in sich zu tragen. Sie brauchen es, um sich sicher zu fühlen und um mit Vertrauen und Optimismus die jeweiligen Entwicklungsaufgaben lösen zu können. Kinder ohne Liebe haben keinen Halt. In der Beobachtung von Kindern kann man entdecken, daß sie selbst oftmals große Anstrengungen darauf verwenden, geliebt zu werden und Beachtung und Anerkennung zu finden. Gefühle, nicht geliebt zu werden, ziehen weitere psychische Probleme nach sich, zum Beispiel Gefühle der Wertlosigkeit und des Versagens. Die Theorie, die Kinder daraufhin entwickeln können, heißt dann vielleicht: „Wenn mich keiner liebt, bin ich wohl ein Versager und nichts wert!" Eine gefährliche Entwicklung auch deshalb, weil damit der gesamte Nährboden für eine gesunde psychische Entwicklung des Kindes entzogen wird. Die Gefahr, eine depressive Störung zu entwickeln oder aber zu verstärken, ist eine der möglichen Konsequenzen. Eine andere wäre die Entwicklung einer schweren sozialen Störung mit hoher Aggressivität und Gewaltbereitschaft. Dieses könnte dann auch im Sinne einer Abwehr, eines Protestes gegen die Traurigkeit und innere Verletztheit gesehen werden.

Gefühle der Wertlosigkeit

Kinder und Jugendliche, die nicht erfahren, daß ihr eigenes Handeln zum Erfolg führt und von anderen geschätzt wird, bilden auf die Dauer Gefühle der Wertlosigkeit und Bedeutungslosigkeit aus. Depressive Kinder tragen häufig intensive Gefühle der Wertlosigkeit in sich. Solche Gefühle gehen, vor allem wenn sie sich dauerhaft festsetzen, mit einer deutlichen Verschlechterung des Selbstwertgefühls einher. In Kombination mit einer traurigen Stimmungslage sind sie Teil eines depressiven Zustandes, der die Entwicklung insgesamt schwer gefährden kann. Tiefe Gefühle der Wertlosigkeit können Jugendliche veranlassen, auch ihre eigene Existenz in Frage zu stellen und suizidal zu werden.

Mit der Wahrnehmung von Symptomen der Wertlosigkeit werden möglicherweise bereits vorhandene depressive Entwicklungsprozesse angezeigt. Der Entwicklung von Gefühlen der Wertlosigkeit entgegenwirken und vorbeugen heißt, entsprechend den realen Handlungserfolgen des Kindes deutliche Wertschätzung und Anerkennung ausdrücken. Über den Weg der positiven Rückmeldungen von außen kann eine positive, wertschätzende Einstellung des Kindes zu sich selbst als ein Schutzfaktor gegen Depression aufgebaut werden. Depressive Kinder sind in besonderem Maße auf deutliche Rückmeldungen ihrer Fähigkeiten und ihrer persönlichen Bedeutsamkeit angewiesen.

Negative Selbstbewertungen, geringes Selbstwertgefühl

Ein negatives Selbstwertgefühl hat mit den Gefühlen der Wertlosigkeit vieles gemeinsam. Auch hier schätzt sich ein Kind oder Jugendlicher als Persönlichkeit gering ein. Es kommt zu negativen Einschätzungen sich selbst und den eigenen Leistungen gegenüber. In der wissenschaftlichen Literatur gibt es zahlreiche Belege dafür, daß depressive Kinder und Jugendliche diese Merkmale nicht nur deutlich zeigen, sondern daß es sich dabei um eines der häufigsten Merkmale handelt (Stark, 1990). Negative Selbstbewertungen und ein geringes Selbstwertgefühl sind allerdings nicht nur typisch für Depression, sondern können auch innerhalb anderer psychischer Störungen auftreten.

Das Vorhandensein negativer Selbstbewertungen läßt sich zum Beispiel dadurch einschätzen, daß man Kinder und Jugendliche bei der Bewältigung von schulischen oder anderen Aufgaben beobachtet und dabei gezielt auf negative Bemerkungen zur eigenen Leistungsfähigkeit wie z. B. „Ich bin eben zu blöd" oder „Hat sowieso keinen Sinn" achtet. Solche Äußerungen könnten, sollten sie immer wieder über einen längeren Zeitraum hinweg auftreten, als Signale für ein tieferliegendes negatives Selbstwertgefühl eines Kindes gewertet werden. Ein geringes Selbstwertgefühl untergräbt die gesamte Leistungsfähigkeit eines Kindes oder Jugendlichen und verhindert die Entwicklung von positiven Selbstüberzeugungen. Positive Selbstüberzeugungen aber sind die Grundlage eines guten Selbstwertgefühls. Das Erleben von Bewältigung und Erfolg und das Vermeiden von Mißerfolg können die notwendigen Grundlagen hierfür schaffen.

Kai sitzt im Mathematikunterricht einer 4. Klasse und soll im Rechenbuch eine Reihe von Aufgaben lösen. Das Rechenbuch liegt aufgeschlagen vor ihm, und er starrt ins Leere. Dabei kaut er an einem Bleistift herum. Dann stützt er seinen Kopf auf und sieht angestrengt in das Buch. Die Zeit vergeht, die Kinder um ihn herum rechnen eifrig. Es ist leise in der Klasse. Kai beginnt, die ersten Zahlen in das Heft zu schreiben. Ohne zuvor das Datum über die Arbeit zu setzen. Ohne die Aufgabe mit der Nummer im Buch entsprechend zu kennzeichnen. Die Zahlen, die er ins Heft schreibt, sind zu groß für die kleinen Kästchen. Er schreibt die erste Zeile der Aufgabe, und er schreibt die zweite ... und fegt Buch und Heft plötzlich mit einem Ausdruck von Verzweiflung und Ablehnung vom Tisch. Alle Schüler schauen auf ihn. Er verläßt den Klassenraum, geht den Flur entlang und weint vor sich hin.

Nicht immer stimmen die negativen Selbstüberzeugungen eines Kindes oder Jugendlichen mit dem überein, was die Realität an positiven Erfolgen zeigt. Das depressive Kind tendiert aber dazu, sich selbst und die Dinge negativ zu sehen, und es lenkt sein Denken und Handeln entsprechend.

Hilf- und Hoffnungslosigkeit

Studien zu depressiven Kindern und Jugendlichen zeigen immer wieder, daß ein hoher Prozentsatz von ihnen (ca. 70 %) Hoffnungslosigkeit erleben. Bei Schulkindern mit mehr oder weniger stark ausgeprägten depressiven Symptomen ist es etwa ein Drittel der Schüler (Stark, 1990). Das hoffnungslose Kind fühlt sich entmutigt, weil es keine Hoffnung auf eine Besserung der vorhandenen Situation hat. Kinder und Jugendliche mit solchen Gefühlen glauben, daß ihr gegenwärtiger Zustand sich nicht ändern wird und auch in Zukunft nicht mehr ändern kann. Sie fühlen sich hilflos, selbst etwas daran zu ändern, und hoffnungslos gegenüber der Möglichkeit einer Hilfe durch andere. Ein möglicher Ausgangspunkt für die Entwicklung von Hoffnungslosigkeit kann bei Kindern und Jugendlichen die dauerhafte Nichtbewältigung schulischer Anforderungen sein, aber auch massive Probleme in der Familie (ständige schwere Konflikte, Mißachtung der Person und Bedürfnisse des Kindes, Gewalterfahrungen) können mitbeteiligt sein. Auch der Verlust einer geliebten Person durch Tod oder Trennung kann zu schweren Gefühlen der Hoffnungslosigkeit führen. Hoffnungslosigkeit steht in aller Regel in Verbindung mit einer depressiven Grundstimmung. Um solche Gefühle zu korrigieren, sind Maßnahmen notwendig, die zu einer für das Kind oder den Jugendlichen spürbaren Verbesserung der täglichen Lebenssituation führen. Starke, andauernde Hoffnungslosigkeit gemeinsam mit anderen depressiven Merkmalen gilt als besonders bedeutsamer Indikator für ein hohes Suizidrisiko (Risiko der Selbsttötung). Weitere Ausführungen zu Hilf- und Hoffnungslosigkeit finden sich in Teil IV.

Konzentrations- und Gedächtnisprobleme

Die Konzentrationsfähigkeit von Kindern und Jugendlichen sowie die Gedächtnisprozesse können durch emotionale Belastungen ebenso wie durch besondere und belastende Familienereignisse stark beeinträchtigt werden. Depressive Kinder können besonders in zielorientierten Lernsituationen wie der Schule deutliche Konzentrations- und Behaltensprobleme zeigen. Dieses hat in aller Regel einen unerwarteten Rückgang in den schulischen Leistungen zu Folge. Die mit dem schulischen Mißerfolg einhergehenden negativen Konsequenzen, die teilweise durch das Elternhaus zusätzlich verschärft werden, bedrohen das Selbstwertgefühl und setzen möglicherweise Hilflosigkeit und weitere depressive Gefühle in Gang (zum Zusammenhang von Depression und Schule siehe auch Teil III). Die plötzlich spürbar werdenden Schwierigkeiten, sich zu konzentrieren und Dinge zu behalten, werden von Kindern und Jugendlichen häufig an Eltern und Lehrer als Problem weitergegeben. So wie Pit, als er die Gelegenheit hatte, einmal in Ruhe mit einer Lehrerin zusammenzusitzen: „Ich weiß auch nicht, aber ich vergesse die Sachen so schnell wieder! Meine Oma glaubt mir das nicht." Pit hatte seit längerer Zeit immer wieder depressive Phasen. Sein Verhalten wurde dann zunehmend chaotisch und desorganisiert. Zusätzlich hatte er ein großes Bedürfnis, über seine persönliche Situation zu sprechen. Pit litt unter der Situation, von seiner Mutter aufgrund einer schweren Krankheit zur Großmutter gegeben worden zu sein und nun schon seit Jahren erleben zu müssen, daß diese Mutter mit einem neuen Partner eine Familie gegründet hat, in der er nicht gerne gesehen ist. Immer wieder versuchte er, sich in diese neue Familie mit einzuschleichen. Immer wieder wurde ihm deutlich gemacht, daß er dort keinen Platz hätte. Wie sollte er sich da auf die Schule konzentrieren können?

Schuldgefühle

Schuldgefühle depressiver Kinder und Jugendlicher haben oftmals keinen realistischen Hintergrund, sondern sind das Ergebnis negativer Selbstzuschreibungsprozesse. „Ich bin ein Versager und trage die Verantwortung dafür, daß die Dinge wieder schlecht laufen oder daß es der Mutter schlechtgeht und der Vater wütend ist!" Dabei wird das reale eigene Fehlverhalten, das im Rahmen einer ganz normalen Entwicklung häufiger einmal auftritt, stark überhöht negativ bewertet. Die Schuldgefühle werden vor allem aktiviert, wenn das Kind glaubt, eine schlimme Situation oder ein negatives Ergebnis verursacht zu haben. Beispielsweise glauben jüngere Kinder aus Scheidungsfamilien häufiger, daß sie die Trennung der Eltern verursacht hätten. Schuldgefühle erhalten besonders unter den folgenden drei Bedingungen einen Signalcharakter für eine mögliche depressive Symptomatik: wenn sie ungewöhnlich lange andauern (täglich bzw. mehrere Male in der Woche); wenn sie auftreten, obwohl feststeht, daß das Kind die Situation objektiv gar nicht verursacht haben kann; und wenn das Kind glaubt, dafür bestraft werden zu müssen. Untersuchungsergebnisse zeigen, daß etwa die Hälfte aller depressiv gestörten Kinder deutliche und unangemessene Schuldgefühle zeigt.

Antriebslosigkeit, Verlust an Interesse und Freude

Der gesamte Bereich der Freudlosigkeit und Antriebslosigkeit entspricht so gar nicht der Natur von gesunden Kindern. Aus diesem Grunde signalisieren Merkmale dieser Art in jedem Falle, daß mit dem Kind oder Jugendlichen etwas „nicht stimmen kann".

Vor allem aber dann, wenn diese Merkmale plötzlich auftreten und im Gegensatz zum vorhergehenden Verhalten stehen. Erst in solchen Fällen wird das Merkmal für eine mögliche depressive Entwicklung relevant. Depressive Kinder und Jugendliche zeigen typischerweise einen deutlichen Verlust an Freude, Antrieb, Motivation und Interesse. Wobei das Auftreten solcher Auffälligkeiten im Jugendalter schwieriger zu deuten ist, da die für das Jugendalter typischen emotionalen Schwankungen ebenfalls berücksichtigt werden müssen.

Lustlosigkeit bedeutet den Verlust des Empfindens von Freude. Ein Kind oder Jugendlicher kann sich an bestimmten Aktivitäten oder Ereignissen, die früher Spaß gemacht haben, nicht mehr freuen. Und mehr noch. Auch das Interesse daran schwindet. In der Konsequenz führt das dazu, daß viele der sonst so beliebten Dinge nicht mehr durchgeführt werden. Außerdem empfindet das Kind auch bei der Durchführung der wenigen Dinge, die es noch tut, sehr viel weniger Spaß als früher. Entsprechend kommen Langeweile und Tristesse auf. Das Merkmal der Lustlosigkeit (auch Anhedonie genannt) wird klinisch bedeutsam, wenn das Kind über eine längere Zeitspanne hinweg mehr als die Hälfte des Tages diese gelangweilte Haltung zeigt oder mehr als die Hälfte der sonst mit Freude ausgeführten Aktivitäten einfach unterläßt. Ein besonders starkes Signal für eine mögliche depressive Entwicklung oder bereits vorliegende depressive Störung wäre das Ausbleiben jeglicher Freude überhaupt. Dieses vor allem dann, wenn noch weitere der aufgeführten Merkmale für eine depressive Störung vorhanden sind.

Sozialer Rückzug aus Beziehungen

Wenn Kinder und Jugendliche sich aus ihren vorhandenen sozialen Beziehungen zu Freunden oder Peers (Gleichaltrigen) aus eigenem Antrieb heraus immer mehr zurückziehen, kann etwas nicht stimmen. Dahinter können sich die unterschiedlichsten Motive verbergen. Untersuchungsergebnisse und Praxiserfahrungen zeigen, daß Kinder und Jugendliche mit depressiven Störungen weniger Freunde, vor allem weniger enge Freunde als andere haben. Nicht selten sind auch gar keine Freunde vorhanden, mit denen sie ihre Freizeit verbringen können. Innerhalb des sozialen

Rückzugs kommt es zu einem deutlichen Rückgang in der Häufigkeit und Intensität von Kontakten zu anderen Gleichaltrigen (Blöschl, 1998). Nicht nur Freunde und Bekannte werden weniger häufig besucht oder angesprochen, sondern auch in der eigenen Familie zeigen vor allem Jugendliche deutliche Tendenzen, sich zu isolieren. Verwandtenbesuche werden ebenso abgelehnt wie gemeinsame Sonntagsausflüge, die zuvor noch als sehr attraktiv galten. Sozial zurückgezogene, depressive Kinder und Jugendliche bleiben lieber allein zu Haus. Sie sitzen traurig und gelangweilt stundenlang vor dem Fernsehapparat, ohne daß sich ihre depressive Befindlichkeit dadurch grundlegend verbessert. Untersuchungen haben gezeigt, daß ein zentraler Grund für den Rückzug aus sozialen Beziehungen in mangelnden sozialen Kompetenzen zu finden ist. Solche Defizite in den sozialen Fertigkeiten haben für Kinder nicht nur die Konsequenz eines wachsenden Mangels an positiven Rückmeldungen und positiver Verstärkung, sondern führen auch zu Erfahrungen von Ablehnung und Verlust von Freunden und vorhandenen sozialen Kontakten. Auf diesem Hintergrund negativer Erfahrungen bilden sich depressive Störungen heraus oder aber werden weiter verstärkt. Zusätzlich haben Untersuchungen zum Interaktionsverhalten depressiver Kinder und Jugendlicher ergeben, daß die Kontakte zu Gleichaltrigen in der Tendenz eher konfliktreich und instabil sind und depressives Verhalten von Kindern und Jugendlichen bei anderen Ablehnungsverhalten auslöst, was zu weiteren depressiven Reaktionen führt. Der Rückzug depressiver Kinder in die soziale Isolierung kann in eine starke Einsamkeit münden und löst dann weitere Symptome einer Depression aus.

Zum Beispiel Anika: Das 10jährige Mädchen war eine fröhliche, unbekümmerte Schülerin, bis sie in der 4. Klasse der Grund- bzw. Volksschule erleben mußte, daß sie aufgrund ihres Aussehens, vor allem ihrer Übergewichtigkeit, von den Mitschülerinnen und Mitschülern immer mehr abgelehnt wurde. Ausgangspunkt waren die Sportstunden, in denen sie wegen ihrer mangelnden Beweglichkeit nicht mithalten konnte und ausgelacht wurde. Bei Wettspielen im Freien wurden Schüler richtig wütend, wenn Anika mit in ihre Gruppe mußte. Sie meinten, sie solle lieber zu Hause bleiben. Sie sei „ein dickes Schwein". Anika hatte die negativen Zuschreibungen in ihr eigenes Selbstbild übernommen, sie schätzte sich inzwischen selber als „dick, fett, häßlich" ein. Die Eltern fühlten sich hilflos gegenüber der Entwicklung der Tochter. Immer häufiger saß das Mädchen zu Hause und weinte. Mehr und mehr lehnte sie den Besuch von Freundinnen ab. Sie ging nicht mehr zum Turnverein, wo die Eltern sie auf ihr Drängen hin bereits vor zwei Jahren hingeschickt hatten, und sie holte auch ihr Fahrrad nicht mehr aus dem Keller. Sie vermied die soziale Kontaktaufnahme, wo immer sie konnte. Ihr Selbstwertgefühl war schwer erschüttert. In der Schule hatte sie starke Angst vor Mißerfolg entwickelt und versuchte immer häufiger, unter Angabe von Bauchschmerzen zu Hause zu bleiben. Schon abends stand ihr der neue Tag in der Schule bevor. Über vermehrtes Essen versuchte sich das Mädchen selber über depressive Verstimmungszustände hinwegzuhelfen.

Langanhaltender sozialer Rückzug von Kindern und Jugendlichen verhindert die Entwicklung von altersentsprechenden sozialen Kompetenzen. Kinder, die sich nicht in Gleichaltrigengruppen aufhalten, haben zuwenig Möglichkeiten, zu lernen, wie man sich in einer Gruppe verhält, wie man Konflikte austrägt oder auch gemeinsam Probleme löst. Der schwerwiegendste Aspekt für die Kinder und Jugendlichen, die sich sozial isolieren, ist allerdings, daß sie in aller Regel massiv darunter leiden, keine Sozialpartner, weder Freunde noch Clique zu haben.

Körperliche Beschwerden

Körperliche Beschwerden wie Kopfschmerzen, Magenschmerzen, Rückenschmerzen, Verdauungsprobleme oder auch allgemeines „sich nicht wohl fühlen" sind besonders bei depressiven, aber auch ängstlichen Kindern häufig anzutreffen. Die Einschätzung der Ernsthaftigkeit körperlicher Beschwerden sollte von einem entsprechenden Arzt vorgenommen werden. Mit entscheidend ist, wie stark der Ablauf des Tages und die Aktivitäten des Kindes durch Schmerzen und Unwohlsein beeinträchtigt werden. In den folgenden Fällen können die Beschwerden psychische Probleme, möglicherweise auch depressiver Natur, beinhalten oder nach sich ziehen:

- Das betroffene Kind klagt mehrere Male in der Woche über Schmerzen oder Unwohlsein, und weder ein Medikament noch eine andere Behandlung des Arztes sind wirksam.

- Das beständige Unwohlsein wirkt sich negativ auf die Schulleistungen aus.
- Die Aktivitäten des Kindes oder Jugendlichen werden dadurch beeinträchtigt.

Die psychomotorische Verlangsamung betrifft die Sprache, das Denken, die Bewegungen. Die Sprache depressiver Kinder und Jugendlicher ist in aller Regel langsam und monoton, der Ton leise und monoton. Sprachumfang und Ausdruck sind verringert.

Kinder mit depressiver Befindlichkeit flüchten sich häufig in Unwohlsein und körperliche Beschwerden, nicht selten um unangenehmen Situationen, beispielsweise der Schule und dem Unterricht, zu entgehen. Häufig bleiben sie mittels eines ärztlichen Attests als „verdeckte Schulverweigerer" zu Hause. Klagt ein Kind oder Jugendlicher über körperliche Beschwerden, ohne daß ärztlich eine Beeinträchtigung festgestellt werden kann, sollte man sich der Frage nach der vorhandenen „psychischen Gesundheit" zuwenden und eine entsprechende fachliche Beratung aufsuchen.

Eß- und Schlafstörungen

Schlafstörungen bei Kindern und Jugendlichen sind generell aus den unterschiedlichsten Gründen häufig vorhanden. Sie können durch vielfältige Ursachen hervorgerufen werden, unter anderem auch durch starkes Streßerleben, Angst, Depression. Kinder und Jugendliche mit depressiver Befindlichkeit können entweder nur sehr schwer Schlaf finden, oder aber sie haben ein ungewöhnlich hohes Schlafbedürfnis. Depressive Kinder und Jugendliche leiden bereits häufig unter dem sog. „Morgentief" und haben extreme Schwierigkeiten, frühzeitig aufzustehen. Auf die häufige Verbindung zwischen Eßstörungen (Anorexia nervosa bzw. Bulimie) und Depression wird in Teil II eingegangen.

Bei der Beobachtung und Einschätzung depressiver Merkmale sollten auf keinen Fall vorschnelle Schlüsse auf das Vorliegen einer depressiven Störung klinischen Charakters gezogen werden. Zum einen sind es Merkmale oder Symptome, die sich auch in anderen psychischen Störungsbildern wiederfinden lassen. Beispielsweise innerhalb von Aufmerksamkeitsstörungen, Angststörungen, Störungen des Sozialverhaltens bzw. auch Anpassungsstörungen von

Kindern und Jugendlichen. Zum anderen ist es ohnehin nicht zulässig, vom Vorliegen einzelner depressionstypischer Symptome auf eine klinische Depression zu schließen.

2. Alterstypische Symptome

Die Symptomatik depressiver Störungen verändert sich entsprechend dem Alter und Entwicklungsstand des Kindes. Daß sich die Symptome depressiver Störungen vor allem auch bei Kindern und von denen im Erwachsenenalter unterscheiden, hat u.a. die folgenden Gründe:

1. Kinder befinden sich in der Entwicklung. Ihr psychischer Apparat ist entsprechend dem Alter noch gar nicht oder aber noch nicht voll ausgebildet, und es fehlen auch die persönlichen Ausformungen.
2. Die Fähigkeiten zur Selbstreflexion sind je nach Alter und Entwicklungsstand noch sehr reduziert. Die Reflexion des eigenen Erlebens ist noch nicht voll bewußt und kann auch nur sehr begrenzt artikuliert werden.
3. Je jünger die Kinder sind, desto mehr fehlen ihnen neben der Bewußtheit der eigenen psychischen Befindlichkeit die Sprache und der Ausdruck.
4. Kinder existieren in absoluter Abhängigkeit von den Erwachsenen. Sie leben in ihren Familiensystemen und nehmen die Werteskalen auf, die dort vermittelt werden.
5. Kinder haben noch kein eigenes Bezugssystem. Sie haben kaum Erfahrungen, daß andere Kinder die Welt anders erleben als sie selber, höchstens über die Medien vermittelt.
6. Kinder übernehmen in ihrer Abhängigkeit von den Eltern auch Teile ihrer psychischen Beeinträchtigungen bzw. auch Störungen.

Insgesamt bestehen bis in das spätere Jugendalter hinein altersbedingte Ausprägungen depressiver Merkmale. Während die Symptome im Bereich des Wahrnehmens und Denkens (d.h. die kognitiven Symptome) in ihren entsprechenden Ausdrucksformen mit zunehmendem Alter eine wachsende Rolle spielen, liegt das Schwergewicht einer depressiven Symptomatik im Kleinkindalter eher auf den somatischen Symptomen.

Bereits Mitte des 19. Jahrhunderts gab es in Deutschland namhafte Psychiater, die folgendes feststellten: „Die Anfälle von Depressionen, welche bei Kindern beobachtet werden, haben ihr eigenartiges, vom analogen Zustand beim Erwachsenen verschiedenes Gepräge" (Schüle, 1878; zitiert nach Nissen, 1999).

Tabelle 2: Altersbezogene Symptome depressiver Störungen im Kindes- und Jugendalter (in Anlehnung an Nissen, 1999; Essau & Petermann, 1999; Essau & Petermann, 2000)

	Psychische Symptome Verhaltensmerkmale	Psychosomatische und körperliche Symptome
Klein- und Vorschulkinder (3–5 Jahre)	Schreien, Jammern, Reizbarkeit, starke Anlehnungsbedürftigkeit, gestörtes Spielen, Spielhemmung, nervöse Unruhe, Traurigkeit, Wut, Apathie, sozialer Rückzug	Weinkrämpfe, Einkoten (ab 3. Lebensjahr), Einnässen, Schaukelbewegungen, Appetitstörungen bzw. Nahrungsverweigerung, Gewichtsverlust, Rückstand in der allgemeinen und motorischen Entwicklung, Schlafstörungen, Kränkeln
Jüngere Schulkinder (6–12 Jahre)	Geringes Selbstwertgefühl, Lustlosigkeit, Gereiztheit, Unsicherheit, mangelnde Belastbarkeit, Selbstbestrafung, Stehlen, Spielhemmung, sozialer Rückzug, Einsamkeit, Kontaktsucht, Angst, Lernhemmung, Schulversagen, Suizidgedanken	Einnässen, Einkoten, Dunkelangst, genitale Manipulationen, Wein- und Schreikrämpfe, Müdigkeit, Ernährungsprobleme
Ältere Schulkinder, Jugendliche (12–18 Jahre)	Stimmungsschwankungen, Verlust an Interesse, Reduzierung von Aktivitäten, mangelnder Antrieb, Zukunftslosigkeit, Bedrücktheit, Wut, starke Selbstzweifel, geringes Selbstwertgefühl, Minderwertigkeitsgefühle, Grübeln, oft schlechte Schulleistungen, delinquentes Verhalten, Drogenmißbrauch, sozialer Rückzug, Suizidimpulse	Druckgefühle in Brust und Magen, vegetative, funktionelle Störungen, Libidoverlust, Verstopfung, Kopf- und Rückenschmerzen, Ruhelosigkeit, Appetitverlust, Schlaflosigkeit

Die vorstehende Übersicht gibt einen Überblick über die besonderen Ausprägungen depressiver Symptome entsprechend dem Lebensalter der Kinder und Jugendlichen. Die Erkenntnisse basieren zum großen Teil auf Forschungsergebnissen während der letzten dreißig Jahre.

Bei jüngeren Schulkindern machen sich depressive Störungen sowohl durch psychische als auch körperliche und verhaltensorientierte Probleme bemerkbar. Bei älteren Schulkindern und Jugendlichen zeigen sich verstärkt typische depressive Symptome des Erwachsenenalters. Allerdings lassen sich besonders im Jugendalter einzelne depressive Merkmale nur schwer von den alterstypischen Entwicklungsproblemen unterscheiden. Starke Stimmungsschwankungen zwischen „himmelhochjauchzend" und „zu Tode betrübt" gehören ebenso zum bekannten Bild wie soziale Konflikte oder Gefühle der Hilflosigkeit. Diese Entwicklungsphase enthält viele mögliche Enttäuschungen und Rückschläge, die in der Folge zu Traurigkeit, Niedergeschlagenheit und Enttäuschungen führen können. Sie sind deshalb nicht ohne weiteres in den Rahmen einer depressiven Störung einzuordnen. Das heißt, daß der oftmals schmerzliche Prozeß der Loslösung vom Elternhaus und der Entwicklung von Identität, Selbständigkeit und Eigenständigkeit im Jugendalter Berücksichtigung finden muß, wenn ein kritisches Verhalten als depressiv betrachtet wird. Erfahrene Diagnostiker halten deshalb insbesondere bezogen auf das Jugendalter eine sorgfältige Untersuchung für unerläßlich, die sowohl auf die Ernsthaftigkeit der Symptome eingeht als auch feststellt, in welchem Ausmaß dadurch die Bewältigung des täglichen Alltags beeinträchtigt wird.

Im folgenden wird auf die unterschiedlichen Ausdrucksformen depressiver Befindlichkeiten in den unterschiedlichen Alters- und Entwicklungsphasen näher eingegangen werden.

Depressive Merkmale im Säuglings-, Kleinkind- und Vorschulalter

Sehr beeindruckende frühe Belege für das mögliche Auftreten depressiver Störungen im Säuglings- und Kleinkindalter gibt es durch die Arbeiten des Psychoanalytikers Rene Spitz, der vor allem durch seine Studien zur emotionalen und sozialen Entwicklung von Kindern in Heimen und Waisenhäusern (der sog. Hospitalismusforschung) in den frühen vierziger Jahren in Amerika bekannt wurde. Spitz hat in seinen Ausführungen zur frühen Mutter-Kind-Beziehung die Zustände sog. „affektiver Mangelerkrankungen" sehr eindrucksvoll geschildert. Diese Zustände sind nach Spitz vor allem das Ergebnis einer physischen Abwesenheit der Mutter durch Krankheit, Tod oder Einweisung des Kindes in ein Heim. Daneben können nach Spitz solche Zustände einer sog. „anaklitischen Depression" („Anlehnungs-Depression") auch dadurch hervorgerufen werden, daß eine Mutter ihrem Kind trotz körperlicher Anwesenheit die „normale affektive Zufuhr vorenthält, und es schließt auch nicht aus, daß die Mutter ihr Kind vernachlässigt, weil sie außer Haus beschäftigt ist, entweder aus finanziellen Gründen oder weil sie sich nicht genug für ihr Kind interessiert" (Spitz 1965; 1987, S. 279). Spitz fand, daß Säuglinge in Heimen und Waisenhäusern, die im Alter von 6 Monaten von ihrer Mutter (oder festen Bezugsperson) getrennt wurden, nicht nur ununterbrochen weinten, apathisch mit starrem Gesichtsausdruck in ihrem Bett lagen und wenig Appetit sowie Schlafstörungen zeigten, sondern außerdem auch den Kontakt zu anderen verweigerten und in ihren Reaktionen insgesamt stark verzögert erschienen. Innerhalb dieses fortschreitenden Verlaufs einer „anaklitischen Depression" sei, so Spitz, das Absinken des Entwicklungsquotienten dramatisch. Besonders gravierende Entwicklungsschäden stellten sich ein, wenn die Mütter nicht wiederkamen und die Säuglinge ohne jede emotionale Zuwendung und Anregung nur rein körperlich versorgt wurden und ansonsten in ihren Bettchen lagen. Bezogen auf die Abwesenheit der Mutter, ist entscheidend, daß der zur Verfügung gestellte „Mutterersatz" entweder unzureichend oder praktisch nicht vorhanden war.

Fachleute sind sich darüber einig, daß schwere depressive Störungen theoretisch in jedem Alter, so auch bereits im Säuglingsalter, auftreten können. Als zentrales Verursachungsmoment im frühen Alter gilt dabei allgemein der Verlust der Bindung zu der ersten festen Bezugsperson des Kindes, Kindesvernachlässigung, Entbehrung mütterlicher Zuwendung, psychische Störungen der Eltern sowie schlechte institutionelle Pflege.

Depressive Störungen, so wird aus dem Schaubild deutlich, drücken sich bei Kleinkindern verstärkt in psychosomatischen

Beschwerden aus. Das sind Beschwerden, die sowohl auf körperliche (somatische) als auch psychische Ursachen zurückgehen.

Tabelle 3: Typische Symptome depressiver Störungen im Säuglings-, Kleinkind- und Vorschulalter

Schreien, Jammern, Reizbarkeit, starke Anlehnungsbedürftigkeit, gestörtes Spielen, Spielhemmung, nervöse Unruhe, Traurigkeit, Wut, Apathie, sozialer Rückzug Weinkrämpfe, Einkoten (ab 3. Lebensjahr)	Einnässen, Schaukelbewegungen, Appetitstörungen bzw. Nahrungsverweigerung, Gewichtsverlust, Rückstand in der allgemeinen und motorischen Entwicklung, Schlafstörungen, Kränkeln

Dreijährige depressive Kinder zeigten in klinischen Befunden Appetitstörungen, Ausbleiben der Gewichtszunahme, mangelnde affektive Reaktionen gegenüber Personen (kaum Lächeln oder Lachen, keine Freude etc.) sowie Rückzugsverhalten. Depressive Kindergartenkinder klagen häufig über Bauch- und Kopfschmerzen. Die ursprünglich dominierenden körperlichen Merkmale werden dabei allmählich auch durch vereinzelte psychische Symptome ergänzt. Dabei spielt neben einer latenten Traurigkeit, die sich auch im Gesicht in der Regel widerspiegelt, sehr oft Angst eine herausragende Rolle. Kindergartenkinder zeigen manchmal bis ins Vorschulalter hinein verstärkt Trennungsangst. Sie wollen ihre Eltern nicht gehen lassen, weinen, wirken mehr oder weniger verstört und hilflos. Schon im Kindergartenalter zeigen sich bei depressiven Kindern Teilnahmslosigkeit, Lethargie, Lustlosigkeit und Unruhe. Das Sozialverhalten ist häufig sehr auffällig, die Kinder können sich nicht alleine beschäftigen, sind konzentrationsschwach und leicht störbar. Ebensowenig aber gelingt diesen Kindern das Spielen mit anderen. Hier zeigen sie sich kaum belastungsfähig und wenig in der Lage, abzuwarten, sich in die Gruppe einzuordnen. In vereinzelten Studien zu depressiven Vorschulkindern zeigten sich Symptome wie umfassende Traurigkeit (ständig trauriger Gesichtsausdruck), Unglücklichsein, Gereiztheit, Bauchschmerzen, Schlafstörungen mit begleitender Angst sowie Appetitstörungen. Die Kinder waren zurückgezogen, gelangweilt, unzufrieden bzw. schwer zufrieden zu stellen sowie kaum in der Lage, sich zu freuen. Außerdem waren für diese Kinder Schaukelbewegungen des Oberkörpers sowie Wiederholungen immer gleicher Aktivitäten, unterbrochen von zeitweiligen Phasen hektischer Überaktivität, charakteristisch. Innerhalb depressiver Phasen fallen Kinder nicht selten in frühere, eigentlich schon bewältigte Entwicklungsphasen zurück. Bereits erworbene sprachliche Fähigkeiten oder auch intellektuelle Kompetenzen gehen plötzlich wieder zurück. Zudem wird wieder am Daumen gelutscht und eingenäßt. Kindern im Vorschulalter wird nachgesagt, daß sie innerhalb einer depressiven Entwicklungsphase auch suizidale Gedanken entwickeln und sich im Zusammenhang damit in sehr fahrlässige Situationen bringen, wie z. B. absichtlich auf das Fensterbrett klettern und sich aus dem Fenster beugen, vor eine Straßenbahn laufen und nicht weichen oder auch gefährliche Flüssigkeiten aus dem Haushalt der Eltern trinken.

Depressive Merkmale im Kindesalter

Mit Eintritt in das Schulalter treten bestimmte depressive Symptome mit mehr Deutlichkeit auf. Depressive Schulkinder wirken oft traurig, niedergedrückt und ängstlich. Depressive Kinder im jüngeren Schulalter reagieren auf ihre depressive Stimmungslage verstärkt mit körperlichen Symptomen wie Bauchschmerzen, Übelkeit, Kopfschmerzen, Einschlaf- und Schlafstörungen, Einnässen und Einkoten. Letzteres führt bei den Kindern zu zusätzlichen Ursachen von sozialer Ausgrenzung, vor allem in einer Schulklasse. Daneben zeigen sich allmählich auch Merkmale wie Konzentrationsschwierigkeiten, Motivationsverlust, Verlust an Freude und Interesse an sonst beliebten Aktivitäten. Je älter die Kinder werden, desto deutlicher werden innerhalb depressiver Entwicklungen die psychischen Symptome. Sie sind mehr und mehr in der Lage, über sich selbst nachzudenken. Entsprechend zeigen sich in der depressiven Symptomatik auch erste Schuldgefühle und unangemessene Selbstvorwürfe. Im Rahmen schulischer Anforderungen entwickeln sich Lernunlust und Lernversagen. Negative Rückmeldungen aufgrund mangelnder Kompetenzen können zu deutlichen Beeinträchtigungen des Selbstwertgefühls führen. Oftmals beginnen depressive Kinder unter den Erfahrungen von schulischem Mißerfolg, sich selber ungerechtfertigt stark zu kritisieren und zu bestrafen (ins Gesicht schlagen, Kopf gegen die Wand schlagen, wichtige Arbeitshefte zerreißen etc.) oder aber jede Art von Tätigkeit zu verweigern. Depressive Schulkinder sind häufig nicht in der Lage, gezielt alleine zu spielen. Sie haben auch weniger Kontakt zu anderen Kindern. Im Spiel mit anderen fällt es ihnen schwer, sich einzuordnen. Sie streiten häufig und sind sehr auf sich bezogen. Innerhalb von sozialen Vergleichsprozessen nehmen sich depressive Kinder als weniger beliebt und weniger kompetent als andere wahr. Die psychischen Symptome depressiver Befindlichkeit führen zu verschiedenen offenen Verhaltensproblemen, die dann den Anlaß darstellen, das Kind beim Kinderarzt vorzustellen oder einen Termin beim Schulpsychologen einzuholen.

Tabelle 4: Typische Symptome depressiver Störungen im Kindesalter (6–12 Jahre)

Geringes Selbstwertgefühl, Lustlosigkeit, Gereiztheit, Unsicherheit, mangelnde Belastbarkeit, Selbstbestrafung, Stehlen, Spielhemmung, sozialer Rückzug, Einsamkeit, Kontaktsucht, Angst	Lernhemmung, Schulversagen, Suizidgedanken, Einnässen, Einkoten, Dunkelangst, genitale Manipulationen, Wein- und Schreikrämpfe, Müdigkeit, Ernährungsprobleme

Nicht alle depressiven Schulkinder fallen durch eine eher gedämpfte Stimmungslage und reduziertes Aktivitätsniveau auf. Es gibt depressive Kinder, die eher durch Unruhe, starken Bewegungsdrang und starke Umtriebigkeit auffallen. Dabei spielen sie sich dann gerne über Clownerien in den Mittelpunkt. Auf diese Weise täuschen sie über ihre eigentlich depressive Stimmungslage hinweg. Von Eltern und Lehrern werden sie in ihrer eigentlichen depressiven Problematik verkannt. Oftmals gelten sie entsprechend ihrem beobachtbaren Verhalten als insgesamt „verhaltensgestört". Diese Bezeichnung ist insoweit nicht ganz falsch, als ein Drittel aller depressiven Kinder zusätzliche psychische Störungen, darunter auch Störungen im Sozialverhalten, aufweist (siehe dazu Teil II). Zahlreiche Untersuchungsergebnisse der letzten Jahre haben auf einen engen Zusammenhang zwischen Depression und Hyperaktivität bei Schulkindern hingewiesen. Die sog. „depressive Hyperaktivität" ist durch eine freudlose Grundstimmung geprägt. Eßstörungen finden sich durchgehend über alle Altersstufen hinweg. Depressive Schulkinder essen entweder kaum, oder aber sie essen zuviel und ständig. Im höheren Kindesalter (8–12 Jahre) setzt depressives Denken deutlicher ein und führt im Rahmen negativen Denkens und negativer Selbstzuschreibungen sowie Schuldgefühlen auch zu Gedanken über den eigenen Tod sowie Suizidphantasien (siehe dazu Teil II).

Depressive Symptome im Jugendalter

Im Jugendalter verändert sich die Symptomatik deutlich. Vor allem kommen starke negative Gedanken über die eigene Person, die Umwelt und die eigene Zukunft sowie suizidales Verhalten verstärkt hinzu.

Tabelle 5: Typische Symptome depressiver Störungen im Jugendalter
(12 –18 Jahre)

Stimmungsschwankungen, Verlust an Interesse, Reduzierung von Aktivitäten, mangelnder Antrieb, Zukunftslosigkeit, Bedrücktheit, Wut, starke Selbstzweifel, geringes Selbstwertgefühl, Minderwertigkeitsgefühle, Grübeln, oft schlechte Schulleistungen, delinquentes Verhalten	Drogenmißbrauch, sozialer Rückzug, Suizidimpulse Druckgefühle in Brust und Magen, vegetative, funktionelle Störungen, Libidoverlust, Verstopfung, Kopf- und Rückenschmerzen, Ruhelosigkeit, Appetitverlust, Schlaflosigkeit

Depressive Jugendliche sind traurig, resigniert, pessimistisch, hoffnungslos, grüblerisch, mit Minderwertigkeitsgefühlen behaftet, in sozialen Beziehungen oft überfordert und mit einer starken Tendenz, sich sozial zu isolieren. Besonderheiten in der Symptomatik im Jugendalter beziehen sich im Vergleich zum Kindesalter vor allem auf ein deutlicheres Hervortreten von dysfunktionalen Denkmustern (pessimistische Einschätzung der eigenen Person und Zukunft, verzerrte Wahrnehmung der Realität und irrationales Denken), ein negatives Selbstwertgefühl, ein entsprechend negatives Körperbild („ich finde mich häßlich", „ich hasse mich") und eine starke Selbstaufmerksamkeit.

Wie im Kindesalter finden sich auch bei Jugendlichen noch starke emotionale Abhängigkeit und oftmals auch deutliche soziale Unsicherheit. Verstärkt sind Substanzmißbrauch und/oder hoher Nikotin- und Alkoholkonsum anzutreffen. Darüber hinaus kann im Jugendalter eine deutlich ansteigende Suizidgefährdung beobachtet werden. Nicht selten finden sich in der Biographie von depressiven Kindern und Jugendlichen sexueller Mißbrauch bzw. sexuelle Gewalterfahrungen, dabei häufiger, aber nicht ausschließlich, bei Mädchen. Depressive Jugendliche haben nach neueren Untersuchungsergebnissen bis in das höhere Jugendalter hinein auch eine Reihe von atypischen Symptomen einer Depression, darunter vor allem ausagierendes, dissoziales Verhalten. Mit zunehmendem Alter gleichen sich die Symptome immer mehr dem Erscheinungsbild im Erwachsenenalter an.

Symptome wie der Rückzug aus dem Familienleben und der Rückgang von emotionaler Offenheit und Zugewandtheit im Rahmen der familiären Beziehungen, eine extreme Empfindlichkeit gegenüber sozialer Zurückweisung, Phasen wechselnder emotionaler Befindlichkeit mit Traurigkeit und Niedergeschlagenheit (sog. „Depri-Phasen"), Einbrüche im Selbstwertgefühl, Selbstzweifel, Gefühle von Überforderung oder aber Müdigkeit, Lustlosigkeit und mangelnde Antriebskraft können auch als normale Bestandteile einer jugendlichen Entwicklung bezeichnet werden und sind aus diesem Grunde nur schwer als depressive Merkmale zu erkennen. Hier kommt es darauf an, die Intensität und Dauer der Symptome sowie mögliche äußere Anlässe festzustellen.

Jugendliche mit Depression zeichnen sich vor allem auch dadurch aus, daß sie in der Regel bereits eine frühe Geschichte psychischer Probleme wie dissoziale Auffälligkeiten, Aggressivität, Konflikte in der Familie, Schulprobleme oder aber auch depressive Störungen hinter sich haben. Eine eher geringe Bereitschaft, professionelle Hilfe in Anspruch zu nehmen, führt oftmals dazu, daß eine Beratungseinrichtung erst dann aufgesucht wird, wenn bereits von einer Krise gesprochen wird. Zu einem solchen Zeitpunkt sind die Jugendlichen in der Regel nicht mehr ausreichend in der Lage, ihren alltäglichen Verpflichtungen, vor allem in der Schule, nachzukommen.

So zum Beispiel auch Viktoria. Als die 14jährige Schülerin in die Beratungsstelle kam, war sie schwarz gekleidet und trug eine schwere Metallkette um den Hals. Viktoria war eine erfolgreiche Gymnasiastin, obwohl sie schon seit einiger Zeit in einer depressiven Krise steckte. Sie hatte offenbar noch ausreichend viel Kraft, den notwendigen Verpflichtungen in der Schule nachzukommen. Auf der anderen Seite bat sie um Unterstützung in der Bewältigung ihres außerschulischen Lebens. Sie hatte zu Hause den Halt verloren, seit die Mutter sich einen neuen Lebenspartner auswählte. Mit diesem verstand sie sich nicht, und er war im übrigen zu einem Konkurrenten in bezug auf die Zuwendung durch die Mutter geworden. Für die Mutter, so meinte sie, sei sie seit längerer Zeit nur noch Luft. Durch den Wegfall der emotionalen Stützung durch die Mutter fühlte sich Viktoria einsam. Besonders quälend seien die negativen Gedanken in bezug auf ihr eigenes Leben. Sie hatte Angst, in ein Unglück zu kommen, und ging kaum mehr in fremde Umgebungen. Außerdem gab es mit ihrer Mutter nur noch schwere Auseinandersetzungen. Dabei sei sie gar nicht streitsüchtig. Sie hatte es mit einem Freund versucht. Aber als sie merkte, daß der mit ihr ins Bett wollte, machte sie ganz schnell Schluß, obwohl die Zeit mit ihm schön gewesen war. Dann versuchte sie, sich an eine Freundin zu hängen. Als sie die Wochenenden dort schlief, heulte sie nachts nur und konnte nicht schlafen. Sie wußte aber nicht so richtig, warum. Außer, daß sie häufig ihre „Depri-Phase" bekam und schon einmal beim Jugenddienst gelandet war, weil sie sich nach heftigem Konsum von Alkohol den Arm aufgeritzt hatte. Sie wechselte dann zu einem anderen Freund, der sie mit zu den „Satanisten" nahm. Seitdem sei sie eine Anhängerin, aber sie wolle nichts darüber erzählen. Und als sie gefragt wurde, was sie denn dann erzählen wolle, erzählte Viktoria die Geschichte ihrer Kindheit. Sie erzählte von der Scheidung ihrer Eltern und dem Drama, das sich für sie abgespielt hatte: Der sehr viel ältere Bruder hatte die Rolle des Vaters eingenommen und sie unter Alkoholeinfluß mehrere Male sexuell mißbraucht, das erste Mal war sie nicht älter als 7 Jahre alt. Der Bruder hatte ihr schwere Gewalt angedroht, wenn sie etwas davon erzählen würde. Und so wußte die Mutter bis heute nicht, was während ihrer Abwesenheiten in der Wohnung geschehen war. Und Viktoria wußte nicht, wie sie diese Ereignisse bewältigen sollte. Viktoria hatte sich in der Vergangenheit vor allem mit Hilfe von Gedichten und Zeichnungen sehr düsteren Inhalts psychisch „über Wasser gehalten". Aber sie befand sich nun in einer Situation, wo ihre Gedichte sie nicht mehr trugen. Sie litt immer stärker unter Symptomen, die als schwer depressiv eingestuft werden mußten. Zusätzlich hatte sie eine starke Eßstörung entwickelt.

3. Einsamkeit und Trauer im Kindes- und Jugendalter

Kinder und Jugendliche mit depressiven Störungen klagen häufig über massive Gefühle der Einsamkeit und des Verlassenseins. Sie vermissen die soziale und emotionale Stützung durch ihre nächsten Bezugspersonen, insbesondere die Eltern. Einsamkeitsgefühle stellen aber auch ein ganz „normales" Erleben in der Alltagswelt dar. Ebenso gehören auch Traurigkeit und Trauer zu den alltäglichen Erfahrungen menschlichen Daseins. Die folgenden Ausführungen versuchen deutlich zu machen, daß weder vereinzelte Einsamkeitsgefühle noch sporadische Traurigkeit oder Trauer für sich genommen bereits Anzeichen für eine Depression sind. Wie bei allen anderen möglichen Symptomen für eine depressive Störung ist es eine Frage der Intensität, Häufigkeit und Dauer, wann aus Gefühlen der Einsamkeit und Trauer oder Traurigkeit ein Symptom einer depressiven Entwicklung wird. Die Übergänge sind allerdings eher fließend und fordern in jedem Fall eine aufmerksame Beobachtung solcher „eher normaler" Phasen bei Kindern und Jugendlichen.

Einsamkeit im Jugendalter

Einsamkeit ist bereits im Kindesalter vorhanden, wird aber aus entwicklungspsychologischer Sicht erst im Jugendalter (in der sog. Adoleszenz) zu einer stark anwachsenden Erfahrung. Die Ursachen hierfür liegen vor allem in der Ablösung von den Eltern und den elterlichen Normsystemen und der Notwendigkeit einer eigenen Identitätsbildung. Die mit zunehmendem Alter geforderte Selbständigkeit im sozialen Bereich und Sicherheit im Umgang mit sozialen Kontakten müssen erst gelernt werden und verlaufen in aller Regel nicht ohne persönliche Kränkungen und Enttäuschungen. Erfahrungen sozialer Zurückweisung, Nichteinhaltung sozialer Erwartungen oder auch Verlusterleben im Hinblick auf die erste Freundin oder den ersten Freund können bei dem einen oder anderen Jugendlichen dazu führen, sich in Traurigkeit und

Resignation sozial zurückzuziehen. Besonders gefährdet sind dabei sozial unsichere oder auch sozial inkompetente Jugendliche, denen bis ins frühe Jugendalter die „soziale Kontaktarbeit" (Kontakte knüpfen, Einladungen realisieren, Freunde und Freundinnen ins Haus holen, zu Freunden hinfahren etc.) weitestgehend durch die Mutter abgenommen wurde. Sie zeigen in der Regel nicht nur große Hilflosigkeit und Unsicherheit, sondern vor allem auch eine besonders hohe Empfindsamkeit gegenüber sozialer Zurückweisung oder Bloßstellung in der Gruppe. Ihnen mangelt es oft an der psychischen Robustheit, die notwendig wird, um sich als Jugendlicher sozial durchzusetzen und neue, tragfähige soziale Kontakte aufzubauen.

Einsamkeit im Jugendalter kann sowohl „soziale Einsamkeit" sein, das heißt eine emotionale Reaktion auf fehlende Sozialkontakte, sie kann aber auch „emotionale Einsamkeit" bedeuten. Hier ist der Mangel an emotionaler Bindung, ein Defiziterleben im Bereich von Liebe und Zuwendung grundlegend. „Soziale" und „emotionale Einsamkeit" liegen sehr dicht zusammen und sind in vielen Fällen gleichermaßen anzutreffen.

So auch bei Daniela. Sie beschwerte sich massiv über ihre Mutter und wollte unbedingt von ihr weg. Der Vater hatte die Familie bereits vor einigen Jahren verlassen. In Danielas Augen hatte die Mutter keine mütterlichen Gefühle ihr gegenüber. Zumindest hatte sie diese bei ihr immer massiv vermißt. Es gab kein Schmusen, kein spontanes „In-den-Arm-Nehmen". Daniela hatte das Gefühl entwickelt, der Mutter sei die Tochter gleichgültig, auch wenn sie materiell immer gut versorgt wurde. Mit 14 Jahren gab Daniela die Hoffnung auf echte mütterliche Zuwendung und Liebe auf. Sie hatte seit ihrer frühen Kindheit darauf gewartet und war darüber emotional vereinsamt und auch verbittert. Jetzt hoffte sie, sich in einer Wohngemeinschaft von ihren emotionalen Enttäuschungen und Einsamkeitserfahrungen zu erholen und neue soziale Bindungen einzugehen.

Die Veränderung familiärer Strukturen sowie die Armseligkeit der Eltern-Kind-Beziehungen sind oft mitverursachend für das Aufkommen eines verstärkten Bedürfnisses nach sozialer Beliebtheit und Einbindung in neue soziale Beziehungen. Entsprechend verschiedener wissenschaftlicher Untersuchungsergebnisse beklagen einsame Jugendliche in überzufälliger Weise das elterliche

Desinteresse, die eingeschränkte oder fehlende Unterstützung, die Zurückweisung durch die Eltern sowie deren negatives Etikettierungsverhalten (Elbing, 1991).

Traurigkeit und Trauer

Traurigkeit ist grundsätzlich eine ganz natürliche seelische Reaktionsform auf ein Geschehen, das einen persönlich sehr betrifft bzw. nahegeht. Die Möglichkeit, traurig zu sein, ist eine angeborene und natürliche Reaktion. Sie muß nicht erst gelernt werden. Traurigkeit ist ein Gefühl und gleichzeitig auch ein Zustand. Traurigkeit drückt Betroffenheit aus. Über das Weinen können wir erkennen, daß ein Kind traurig ist. Aber auch sog. „Freudentränen" sind möglich.

Trauer kann viele Gründe haben, bei Kindern tritt sie in der Regel nach einem erlittenen Verlust auf. Der Trauerprozeß zählt insgesamt zu einer der intensivsten und schmerzhaftesten Gefühlsbelastungen.

Der Psychoanalytiker John Bowlby (1973, 1976) und seine Mitarbeiter haben anhand zahlreicher Beobachtungen und wissenschaftlicher Untersuchungen den Trauerprozeß bei Säuglingen und Kleinkindern erforscht. „Den Trauerreaktionen, die gewöhnlich im Säuglingsalter und in der frühen Kindheit beobachtet werden, sind viele von den Zügen eigen, die das Zeichen pathologischen Trauerns beim Erwachsenen sind" (S. 28).

Bowlby hat vier typische Phasen der Trauer aufgestellt, die er wie folgt kennzeichnet: „1. Phase der Betäubung, die gewöhnlich einige Stunden bis eine Woche dauert und unterbrochen werden kann von Ausbrüchen extrem intensiver Qual und/oder Wut. 2. Phase der Sehnsucht und Suche nach der verlorenen Figur, die einige Monate und manchmal Jahre dauert. 3. Phase der Desorganisation und Verzweiflung. 4. Phase eines größeren oder geringeren Grades von Reorganisation" (S. 114). Die Phase der Sehnsucht beinhaltet neben intensiven Tränen auch große Ruhelosigkeit, Schlaflosigkeit und Beschäftigung mit Gedanken an den verlorenen Menschen.

Insgesamt lassen sich nach Bowlby innerhalb eines Trauerprozesses bei Kleinkindern die drei Hauptphasen „Wut und Protest", „Verzweiflung" und „Abwendung und Umorientierung" finden.

Bleiben Kinder in der Phase der Verzweiflung hängen, bewältigen sie den notwendigen „Trauerprozeß" nicht, sind sie in Gefahr, eine massive Störung zu entwickeln. Bowlby spricht in solchen Fällen vom sog. „pathologischen Trauern".

Von einer depressiven Entwicklung im klinischen Sinne wird im Hinblick auf Traurigkeit erst dann gesprochen, wenn diese ein „Normalmaß" an Dauerhaftigkeit übersteigt und kein konkreter Grund bzw. Anlaß vorhanden ist. So kann eine tiefe langanhaltende Traurigkeit in eine depressive Verstimmung umschlagen und sich zu einer klinischen Störung entwickeln.

Generell ist Traurigkeit als ein psychischer Zustand nicht nur ein innerer Streß, sondern es werden in der Folge auch viele Energien von der Person abgezogen. Sowohl das Denken als auch das Handeln bekommen eine negative Färbung. Es zieht Lustlosigkeit, Passivität, vielleicht sogar Verzweiflung nach sich. Kinder und Jugendliche, die in einem traurigen Zustand für die Schule lernen müssen, haben es sehr schwer. In der Regel versagen sie, weil das Denken blockiert wird.

Kinder und Jugendliche sind vor allem in Konfrontation mit bestimmten „kritischen Lebensereignissen" wie dem Verlust einer geliebten Person, Krankheit und Tod, der Scheidung der Eltern, einem Wohnungs- bzw. Schulwechsel in Gefahr, in eine depressive Entwicklung zu geraten. Nämlich dann, wenn sie ihren damit verbundenen Kummer nicht überwinden können.

Die Depri-Phase in der Pubertät gehört vor allem bei Mädchen schon fast zum Alltagsvokabular. Ist das ein Zeichen dafür, daß all diese Mädchen depressiv sind?

„Überall, wo ich bin, nehme ich meine Traurigkeit mit. Es ist so, als hätte man ständig Bauchschmerzen!" Als Nina das erklärte, fing sie an zu weinen. Sie hatte das Gefühl, ihrer Traurigkeit hilflos ausgeliefert zu sein. Schon seit einigen Wochen. Und sie hoffte auf den Tag, wo sie ohne dieses lähmende Gefühl der Niedergeschlagenheit aufwachen würde. Kinder und Jugendliche benutzen sehr unterschiedliche Begriffe und Beschreibungen, um ihre Gefühle der Traurigkeit deutlich zu machen. Jüngere Kinder sagen entweder sehr konkret: „Ich bin traurig!", oder aber sie reden nicht darüber, sondern zeigen es deutlich. Kinder, die depressiv verstimmt sind, weinen in Situationen, die von ihnen selbst als belastend empfunden werden. Mit dem Jugendalter beginnt die intensive Auseinandersetzung mit den eigenen Gefühlen. die mehr und mehr durcheinandergewirbelt werden. Mit dem bewußten Entdecken der eigenen Gefühle stellt sich in der Regel auch Scham ein, darüber mit anderen zu sprechen. Entsprechend teilt man sich in Kürzeln gefühlsmäßige Dinge mit, und das auch möglichst „cool", ohne Gefühle zu zeigen! So heißt es zum Beispiel: „Ich hab meine Depri!", „Ich hab meinen blues!", „Ich fühl mich down!", „Ich fühl mich alle!", „Ich häng durch"! u. a. mehr. Damit wird schon deutlich, daß die Verbalisierung eigener Gefühlszustände auch Jugendlichen noch sehr schwerfällt. Eltern entschlüsseln die Befindlichkeit ihrer Kinder häufig eher über nichtverbale Signale: Der Gesichtsausdruck, bestimmtes Verhalten, sozialer Rückzug können Hinweise auf besondere Traurigkeit sein. Typisch für normale Gefühle der Traurigkeit sind die Schwankungen. Die Häufigkeit des Auftretens von Traurigkeit ist einer der Indikatoren für die Ernsthaftigkeit des Zustands. Vielleicht ist das Kind nur ab und zu traurig, vielleicht aber über einen langen Zeitraum hinweg durchgängig. Je intensiver und dauerhafter Traurigkeit beobachtet werden kann, desto eher weist das auf eine ernsthafte depressive Verstimmung hin, die vielleicht schon einen chronischen Zustand erreicht hat.

Teil II
Depressiv und hilflos – Was steckt dahinter?

Täglich gehen unzählige Kinder und Jugendliche mit leichten bis schweren Depressionen durch ihren Alltag, ohne in ihrer eigentlichen Befindlichkeit erkannt zu werden. Häufig werden sie mit ihren Verhaltensauffälligkeiten auch verkannt. Mehr Wissen und Verstehen im sozialen Umfeld könnten ihnen viele Niederlagen ersparen. Im Rahmen dieses Abschnitts werden die folgenden Themen behandelt:

- Depressive Störungen in der klinischen Diagnose
- Wie häufig sind Depressionen im Kindes- und Jugendalter?
- Worunter depressive Kinder zusätzlich leiden
- Kinder und Jugendliche, die nicht mehr leben wollen
- Werden aus depressiven Kindern depressive Erwachsene?

1. Depressive Störungen in der klinischen Diagnose

Die Tatsache, daß täglich eine nicht zu unterschätzende Zahl von Kindern und Jugendlichen mit leichten bis schweren depressiven Störungen durch den Alltag läuft, ohne daß sie erkannt werden, gibt Anlaß, sich mit der Notwendigkeit und den Möglichkeiten einer diagnostischen Abklärung durch Fachleute näher auseinanderzusetzen.

Eine „depressive Störung" klinischer Relevanz bzw. ein „depressives Störungsbild" setzt sich, als diagnostische Einheit, immer aus einer Kombination einzelner Symptome oder Merkmale zusammen. Nicht alle diese Symptome sind als Verhalten nach außen hin beobachtbar, im Gegenteil. Depressive Störungen werden als affektive Störungen den sog. „internalen Störungen" zugeordnet, was bedeutet, daß eine ganze Reihe von typischen Merkmalen im innerpsychischen Bereich liegen und nicht direkt beobachtet, sondern nur über bestimmte Verhaltensäußerungen vom Beobachter erschlossen werden können. Oder aber sie werden vom Kind oder Jugendlichen selbst berichtet.

Eltern oder auch Lehrer entdecken eine depressive Verhaltenstendenz in der Regel erst dann, wenn bestimmte depressive Verhaltensmerkmale wirklich deutlich hervortreten. Nicht selten ist die depressive Entwicklung – insbesondere bei Jugendlichen – zu einem solchen Zeitpunkt bereits so weit fortgeschritten, daß man möglicherweise von einer Chronifizierung sprechen muß. Damit hat sich die depressive Symptomatik über längere Zeit hinweg als eine spezielle Befindlichkeit in der Person „eingenistet" und tritt in bestimmten Zeitintervallen immer wieder erneut – möglicherweise in stärkerer oder etwas veränderter Ausprägung – auf.

Es besteht international die Vereinbarung, bei der diagnostischen Abklärung der Kernsymptome einer depressiven Störung über alle Altersstufen hinweg die gleichen Diagnosekriterien anzulegen. Dabei werden als Diagnoseschlüssel vor allem das von der Weltgesundheitsorganisation WHO herausgegebene „ICD-10" („ICD-10" = „Internationale Klassifikation psychischer Störungen" in 10. Revision) sowie das auch in der wissenschaftlichen Forschung vielfach verwendete, von der Amerikanischen Psychiatrischen Vereinigung 1994 entwickelte und ins Deutsche übertragene „DSM-IV" zugrunde gelegt („DSM-IV" = „Diagnostisches und Statistisches Manual Psychischer Störungen" in 4. Revision, in deutscher Bearbeitung und Einleitung von Saß, Wittchen u. Zaudig, 1996). Die Unterscheidung zwischen verschiedenen depressiven Störungsbildern geschieht dabei vor allem nach dem Schweregrad der vorhandenen depressiven Symptomatik. Dieser wird vor allem nach der Anzahl, der Intensität und Dauer der zum Zeitpunkt der Diagnosestellung vorhandenen depressiven Einzelsymptome bestimmt. So wird nach leichter, mittelschwerer und schwerer depressiver Episode unterschieden („ICD-10") oder aber auch eine sog. „Major Depression" (schwere depressive Episode) bzw. eine „Dysthyme Störung" (chronifizierte mittelschwere Depression) diagnostiziert („DSM-IV"). Bei schweren depressiven Episoden sind betroffene Kinder und Jugendliche in der Regel nicht mehr in der Lage, ihren Alltag ohne deutliche Probleme zu bewältigen. Zudem besteht häufiger ein hohes Suizidrisiko.

Im folgenden werden die für das Kindes- und Jugendalter bedeutsamen depressiven Störungsbilder vorgestellt. Im Rahmen einer klinischen Untersuchung geht es im wesentlichen um die Feststellung bestimmter depressiver Symptome sowie deren Auftretensintensität und Auftretensdauer. Das zeigt, daß es keineswegs belanglos ist, welche depressiven Symptome wie lange und mit welcher Intensität bei einem Kind oder Jugendlichen beobachtet werden.

Die klinischen Störungsbilder

Im Rahmen der klinischen Betrachtung werden die depressiven Störungen in zwei große Gruppen unterteilt, die sog. *„depressiven Störungen"* sowie die sog. *„bipolaren Störungen" (bi-polar = zweiseitig).*

Zu den „depressiven Störungen" zählen (entsprechend dem Klassifikationssystem DSM-IV) vor allem die beiden depressiven Zustandsbilder „Major Depression" und „Dysthyme Störung". Sie unterscheiden sich vor allem nach Ausprägung, Intensität und Dauer. „Major" ließe sich im Sinne von „gravierend" übersetzen, bedeutet also „gravierende depressive Störung". Entsprechend wird häufig diagnostisch auch zwischen „leichten, mittelschweren und schweren depressiven Episoden" (ICD-10) unterschieden.

Grundsätzlich gelten für die Diagnose einer „depressiven Störung" für Kinder, Jugendliche und Erwachsene gleiche Kernsymptome. Darüber hinaus werden für Kinder und Jugendliche zusätzlich altersbezogene Symptome berücksichtigt (siehe weiter unten im Text). Für die Diagnose einer „depressiven Störung" ist es vor allem notwendig, daß eine Häufung von bestimmten Symptomen während der gleichen Zeitspanne auftritt.

Die „depressiven Störungen" werden insgesamt vor allem durch die Merkmale einer depressiven Verstimmung und/oder den Verlust von Interesse und Freude an zuvor gerne ausgeübten Aktivitäten charakterisiert. Statt einer depressiven Verstimmung an fast allen Tagen kann bei Kindern und Jugendlichen auch eine reizbare Verstimmung vorliegen.

Die „Major Depression"

Merkmale einer Major Depression (nach DSM-IV)

- Depressive Verstimmung, bei Kindern und Jugendlichen auch reizbare Verstimmung
- Deutlich vermindertes Interesse oder Freude an Aktivitäten
- Gewichtsverlust ohne Diät oder Gewichtszunahme; verminderter oder gesteigerter Appetit (bei Kindern auch das Ausbleiben der notwendigen Gewichtszunahme).
- Schlaflosigkeit oder vermehrtes Schlafbedürfnis
- Psychomotorische Unruhe oder Verlangsamung (durch andere beobachtbar, nicht nur das eigene Gefühl der Rastlosigkeit oder Verlangsamung)
- Müdigkeit oder Energieverlust
- Gefühle von Wertlosigkeit oder übermäßige oder unangemessene Schuldgefühle (die auch wahnhaftes Ausmaß annehmen können)
- Verminderte Fähigkeit zu denken oder sich zu konzentrieren oder verringerte Entscheidungsfähigkeit
- Wiederkehrende Gedanken an den Tod, wiederkehrende Suizidvorstellungen ohne genauen Plan, tatsächlicher Suizidversuch

---

Die „Major Depression" („Große Depression") kann als einzelne depressive Episode oder Phase auftreten oder aber in Form von aufeinanderfolgenden Episoden. Die einzelnen Episoden können als „mild", „mittelschwer" oder „schwer" eingestuft werden, je nachdem, wie viele Merkmale oder Symptome auftreten, wie stark die Symptome ausgeprägt sind, wie tief Kummer und Verzweiflung sitzen und wie weit dadurch beim Kind, Jugendlichen oder Erwachsenen bestimmte Lebensbereiche wie Schule oder Beruf, soziale Beziehungen und Aktivitäten eingeschränkt werden. Die genauen Symptomkriterien einer Major Depression nach dem offiziellen Klassifikationssystem DSM-IV finden sich im Anhang.

Eine Jugendliche, die mit der Schule und zu Hause nicht mehr zurechtkommt und sich mit täglichem „Kiffen" (Haschischrauchen) über die zahlreichen Konflikte und Schwierigkeiten hinweghilft und bereits mehrere Suizidversuche hinter sich hat, wird ausreichend viele Symptome einer schweren Major Depression erfüllen. Noch gravierender wird ein solcher Fall dadurch, daß die bei einer Major Depression zusätzlich möglichen Wahnvorstellungen und Halluzinationen auftreten. Sie können dann die ohnehin vorhandenen depressiven Inhalte wie persönliche Schuld oder Todessehnsüchte in psychotischer Form gefährlich verstärken.

Die Erholung aus einer depressiven Phase kann sowohl allmählich als auch sehr spontan erfolgen, je nachdem, wie die Bedingungen und Umstände aussehen. Wenn man den inzwischen zunehmenden Anteil von Kindern und Jugendlichen mit depressiven Störungen betrachtet, weiß man, daß sich nur ein Bruchteil davon in klinischer Beratung und Behandlung befinden. Viele Kinder und Jugendliche müssen eigenständig mit den Symptomen einer schweren, mittelschweren oder leichten Major Depression fertigwerden, weil zum einen niemand die Störung als solche erkennt und zum anderen auch niemand helfend eingreift. Auf diese Weise passiert es nicht selten, daß sich auch bei Kindern und Jugendlichen depressive Zustandsbilder chronifizieren, d.h. immer wieder neu in bestimmten Zeitabständen auftreten.

Die Kriterien für eine Major Depression gelten zwar über alle Altersstufen hinweg in ähnlicher Weise, dennoch werden für eine Diagnose bei Kindern und Jugendlichen besondere Merkmalsausprägungen angegeben (DSM-IV). Symptome wie körperliche Beschwerden, Reizbarkeit und sozialer Rückzug sind bei Kindern besonders häufig. Vor der Pubertät kommen Episoden (oder Phasen) einer Major Depression häufiger in Verbindung mit einer anderen psychischen Störung wie beispielsweise einer Angststörung, einer Aufmerksamkeitsstörung oder einer Störung sozialen Verhaltens vor. Bei Jugendlichen finden sich häufig zusätzlich Eßstörungen oder Drogenmißbrauch.

Die „Dysthyme Störung"

Kriterien für eine „Dysthyme Störung" (DSM-IV) als einer leichteren, dafür aber dauerhafteren Form einer depressiven Störung, liegen in ähnlicher Weise als Grundlage einer klinischen Diagnose vor (siehe dazu Anhang). Die Dysthyme Störung (dys = gestört; thymie = Gemüt) zeichnet sich vor allem dadurch aus, daß sie eher früh (d.h. in der Kindheit oder im Jugendalter bzw. auch im frühen Erwachsenenalter) und sehr schleichend beginnt, dann aber zumeist einen chronischen Verlauf nimmt, also dauerhaft wiederkehrend bleibt. Entsprechend gilt für eine solche Diagnose, daß die Merkmale oder Symptome mindestens 1 Jahr andauern müssen.

Merkmale einer Dysthymen Störung (nach DSM-IV)

- Depressive Verstimmung (bei Kindern und Jugendlichen auch reizbare Verstimmung)
- Appetitlosigkeit oder übermäßiges Bedürfnis zu essen
- Schlaflosigkeit oder übermäßiges Schlafbedürfnis
- Energiemangel oder Erschöpfung
- Geringes Selbstwertgefühl
- Konzentrationsstörungen oder Entscheidungserschwernis
- Gefühl der Hoffnungslosigkeit

Bei Kindern scheint die Dysthyme Störung bei Jungen und Mädchen gleich häufig aufzutreten. Kinder und Jugendliche mit Dysthymer Störung sind im allgemeinen ebenso reizbar und schlecht gelaunt wie dysphorisch. Sie sind daneben pessimistisch, haben ein niedriges Selbstwertgefühl und geringe soziale Fertigkeiten. Körperliche Beschwerden treten bei der Dysthymen Störung weniger häufig auf als bei der stärkeren Ausprägung einer Major Depression. Die Störung hat für Kinder im Schulalter in aller Regel sowohl eine deutliche Beeinträchtigung der schulischen Motiviertheit und Leistungsfähigkeit zur Folge als auch deutliche Konflikte und Rückzugstendenzen im Bereich sozialer Kontakte in Schule, Familie und Freizeit.

Aus einer Dysthymen Störung kann sich auch eine Major Depression entwickeln, bzw. eine Major Depression setzt sich auf die Dysthyme Störung auf. Damit verstärkt sich der depressive Zustand eines Kindes oder Jugendlichen gravierend. Im Erwachsenenalter ist die Dysthyme Störung bei Frauen zwei- bis dreimal häufiger als bei Männern.

Manisch-depressive Störungen (Bipolare Störungen)

Die „bipolaren Störungen" werden deshalb als „zwei-seitige Störungen" bezeichnet, weil sie nicht nur depressive, sondern auch manische Phasen beinhalten.

Zu den *bipolaren Störungen* gehören u.a. die verschiedenen Kombinationen „manischer", „hypomanischer" und „mit Depression gemischter" Episoden.

Für depressive Störungen sind Stimmungsveränderungen in negative Richtung – traurig, entmutigt, niedergeschlagen, bedrückt, hoffnungslos – charakteristisch. Das Pendel kann aber auch in das andere Extrem ausschlagen: Im Gegensatz zur dysphorischen Stimmung kann es zu einer ungewöhnlich gehobenen euphorischen Stimmung kommen. Wenn diese vom Normalzustand abweichende Stimmungsveränderung über mehrere Tage anhält und zusätzlich mit einer Reihe anderer Verhaltensveränderungen einhergeht, sprechen Fachleute von einer manischen Episode. Wechseln sich euphorisch-manische und depressive Episoden ab, wird von *bipolaren Störungen* gesprochen.

Manische Symptome bei Kindern und Jugendlichen

- Anhaltend gehobene Stimmung (manchmal auch reizbare Stimmung)
- Übersteigertes Selbstwertgefühl bis hin zu Ideen von Größenwahn
- Vermindertes Schlafbedürfnis
- Rededrang
- Ideenflucht oder Gedankenjagen
- Erhöhte Ablenkbarkeit
- Gesteigerte Betriebsamkeit (sozial, bei der Arbeit, in der Schule) oder große Unruhe
- Exzessive Beschäftigung mit angenehmen Aktivitäten

Diese Symptome können sich bei Heranwachsenden wie folgt äußern:

Die aufgekratzte, ungewöhnlich gute, fröhliche *Stimmung* wirkt auf andere Menschen oft sehr ansteckend. Ein Jugendlicher, der sich „high" fühlt, kann in eine Gruppe Gleichaltriger ziemlich viel Schwung und Elan bringen und andere mitreißen; das Knüpfen von Kontakten auch zu Fremden fällt leicht und geschieht direkt und undifferenziert. Manchmal kann sich als vorherrschende Stimmungslage allerdings Reizbarkeit zeigen oder ein Wechsel zwischen Reizbarkeit und Euphorie. Dann wird es für die soziale Umwelt schon etwas schwieriger.

Das *verminderte Schlafbedürfnis* führt dazu, daß sich die Betroffenen die Nächte um die Ohren schlagen, sehr spät zu Bett gehen und auch schon nach drei bis vier Stunden wieder ausgeschlafen sind. Das generell erhöhte *Aktivitätsniveau* äußert sich darin, daß innerhalb einer kurzen Zeitdauer mehrere Sachen gleichzeitig ausgeführt werden: ein Flugzeug basteln, ein Buch illustrieren, telefonieren, einen Kuchen backen.

Typisch sind das *erhöhte Selbstwertgefühl* und *Größenideen*, die sich beispielsweise darin äußern können, daß Schüler den Unterricht ihrer Lehrer kritisieren oder meinen, die könnten einem gar nichts sagen. Dies kann so weit gehen, daß Schüler absichtlich in bestimmten Fächern durchfallen, weil sie glauben, das Fach sei falsch unterrichtet worden. Die Betroffenen können davon überzeugt sein, daß Gesetze zwar für alle anderen gelten, nicht aber für sie, und daß es daher für sie legitim sei zu stehlen. Bei Jugendlichen zeigen sich Größenideen in bestimmten, völlig unrealistischen Berufsvorstellungen: Trotz mangelnder objektiver Voraussetzungen sind sich solche Jugendlichen sicher, z.B. ein berühmter Anwalt oder ein prominenter Rockstar zu werden.

Erhöhte Sprechgeschwindigkeit/Redseligkeit ist in allen Altersgruppen zu finden. Manche Betroffenen können ununterbrochen auf andere einreden und dabei auch witzig und amüsant sein. Insgesamt wirkt die Sprache gehetzt, laut, schnell und schwer zu unterbrechen.

Die Gedanken rasen schneller, als man sprechen kann. Gedankensprünge sind dabei häufig. Da erzählt Rob noch von der Party vom letzten Wochenende und den teilnehmenden Personen, um dann von einem Moment zum anderen auch schon wieder detailliert über die technischen Daten des neuesten Computerspiels auf seinem PC zu berichten. Kleinigkeiten (wie herumliegende Gegenstände oder andere Reize) können die Gedanken extrem leicht ablenken.

Die Betroffenen beschäftigen sich exzessiv mit angenehmen Aktivitäten mit potentiell gefährlichem oder riskantem Ausgang; dies äußert sich beispielsweise in sexuell betonten Aktivitäten (Masturbation, sexuell anzügliche Kommentare in der Schule, Telefon-Sex) oder im Umgang mit Geldangelegenheiten (Versandhausbestellungen). Bei älteren Jugendlichen ist das extrem riskante Verhalten im Straßenverkehr besonders gefährlich.

Insgesamt läßt sich festhalten, daß manisch-depressive Störungen in der Regel erst im Jugendalter auftreten und extrem selten im Kindesalter. Sie werden aber oft nicht als solche erkannt und fälschlicherweise als Verhaltensstörung, Schizophrenie oder als Aufmerksamkeits-Überaktivitätsstörung diagnostiziert.

Auch Schuleschwänzen, Schulversagen, antisoziales Verhalten und Drogenmißbrauch kommen häufig in diesem Zusammenhang vor. Für diese Jugendlichen ist es nicht nur spannender, die Vormittage für sich zu gestalten, als in der Schule zu sitzen oder an einem langweiligen Arbeitsplatz, sondern sie handeln auch danach. Beurteilungen des Verhaltens durch andere werden dabei ignoriert. Die gesteigerte Risikobereitschaft senkt die Hemmschwelle für kleinere Gesetzesverstöße (z. B. „etwas mitgehen lassen") und das Experimentieren mit Drogen.

Kinder und Jugendliche mit einer familiären Vorbelastung, mit einem manisch-depressiven Elternteil, weisen ein erhöhtes Risiko für bipolare Entwicklungen auf. Interessanterweise sind von bipolaren Störungen beide Geschlechter gleichermaßen betroffen. In der Vorgeschichte lassen sich bei einem beachtlichen Prozentsatz Verhaltensstörungen finden; als Auslöser sind häufig psychosoziale Belastungsfaktoren zu finden. In der Behandlung werden hauptsächlich bestimmte Medikamente eingesetzt (z. B. Lithium), die aber durch geeignete Maßnahmen auf der psychosozialen Ebene ergänzt werden müssen.

2. Wie häufig sind Depressionen im Kindes- und Jugendalter?

Neuere Studien aus den 90er Jahren können eindeutig belegen, daß es besonders in jüngeren Altersgruppen eine Zunahme an depressiven Störungen gibt, auch wenn man vielleicht Zweifel anmelden möchte, weil die behauptete Zunahme auch ein Ergebnis eines genaueren Hinsehens auf psychische Befindlichkeiten von Kindern und Jugendlichen heute sein könnte. Tatsächlich werden Kinder und Jugendliche seit etwa zehn Jahren international wesentlich häufiger und umfassender als früher im Hinblick auf depressive Störungen klinisch-wissenschaftlich untersucht. Der Blick für depressive Störungen bei Kindern und Jugendlichen hat sich auch in der klinischen Praxis geschärft, aber eben vor allem aufgrund einer nicht zu übersehenden Zunahme an Fällen depressiver Störungen.

„Zeitalter der Melancholie"

1988 schreibt Alonso-Fernandez vom Jugendalter als der bevorzugten Brutstätte des „modernen Depressionsbooms". Klerman betitelte ebenfalls 1988 einen Artikel in einer Fachzeitschrift mit „Age of youthful melancholia" – Zeitalter jugendlicher Melancholie.

Tatsache ist, daß 15- bis 24jährige ein deutlich höheres Depressionsrisiko haben: Man hat festgestellt, daß sie 1,7mal so häufig wie 54jährige von einer Depression berichten. Zudem ist zu erkennen, daß sich das Alter bei Beginn der Störung bei den jüngeren Jugendlichen nach vorne verschiebt. Das heißt: Immer mehr Jüngere leiden immer früher unter einer Depression. Der Leiter des Max-Planck-Instituts München kommentiert diese Ergebnisse wie folgt: Es „... ist davon auszugehen, daß wir derzeit eine erhebliche Zunahme depressiver Erkrankungen verzeichnen können, die fast epidemischen Charakter hat. In einer 10-Jahres-Spanne konnten wir beobachten, daß fast eine Verdoppelung der Raten depressiver Erkrankungen bei Jugendlichen und jungen Erwachsenen zu verzeichnen war" (Wittchen, 1994, S. 21).

Dieser Trend gilt besonders für leichte bis mittelschwere Depressionen, wobei die konkreten Gründe derzeit noch nicht eindeutig erforscht sind. Einige der möglichen Ursachen sind dabei zweifellos in den veränderten Bedingungen des Aufwachsens heute zu finden.

Was sagen die Zahlen?

Die Ergebnisse zahlloser empirischer Studien belegen inzwischen deutliche Zusammenhänge zwischen Entwicklungs- und Lebensbedingungen von Kindern und Jugendlichen sowie depressiven Störungsbildern. Aber wie häufig kommen depressive Störungen im Kindes- und Jugendalter vor? Die in der wissenschaftlichen Literatur auffindbaren Angaben unterscheiden sich je nach Ausprägung der erfaßten depressiven Störungen sowie angewendeten

Kennwerte oder Häufigkeitsmaße (Unterschiede in der Erfassung lauten zum Beispiel: Wie viele Menschen sind zu einem bestimmten Zeitpunkt depressiv? Wie viele waren im bisherigen Leben depressiv? Wie viele neue Fälle gibt es innerhalb eines Jahres?). Zusätzlich ist die jeweilige Zusammensetzung der untersuchten Stichprobe von Einfluß: Man erhält bei Schulklassen mit „normalen" Kindern andere Ergebnisse als bei einer klinischen Patientengruppe im Krankenhaus.

Zu einem bestimmten Zeitpunkt depressiv

Untersucht man, wie viele Kinder zu einem bestimmten Zeitpunkt unter einer schweren, klinisch bedeutsamen depressiven Störung leiden, d.h. sich in klinischer Behandlung befinden, so kommt man etwa zu folgenden Ergebnissen (Reicher & Rossmann, 2000):

- Im Vorschulalter sind es ca. 1 %,
- im Schulalter ca. 2–3 % und
- im Jugendalter bereits 4–8 %.

An leichteren, aber länger andauernden depressiven Verstimmungszuständen leiden entsprechend den Ergebnissen neuerer empirischer Studien etwa 0,6 % bis 2 % der jüngeren Schulkinder (ca. 5–8 Jahre) und 8 % bis 10 % von älteren Schulkindern und Jugendlichen. Der Anteil depressionsgefährdeter Kinder und Jugendlicher wird insgesamt mit mehr als 30 % angegeben.

Im bisherigen Leben depressiv

In der sogenannten Bremer Jugendstudie (Essau et al., 1998) wurden 1035 Schülerinnen und Schüler mittels eines diagnostischen Interviews befragt, ob sie in ihrem Leben schon einmal unter einer depressiven Befindlichkeit gelitten hätten. Dabei wurde noch einmal unterschieden zwischen einer stärkeren Störung, der sog. *Major Depression,* und einer schwächeren, dafür aber chronischen Erscheinungsform, der sog. *Dysthymen Störung* (siehe dazu auch Teil II). Die Ergebnisse sind in der nachfolgenden Tabelle dokumentiert (vgl. Essau et al., 1998):

> **Wie häufig sind depressive Störungen bei Jugendlichen?**
>
> Depressive Störungen insgesamt 17,9 %
> > 12,6 % der Jungen und 21,5 % der Mädchen
>
> *Major Depression* 14,0 %
> > 10,7 % der Jungen und 16,3 % der Mädchen
>
> *Dysthyme Störung* 5,6 %
> > 2,9 % der Jungen und 7,5 % der Mädchen

Auch andere Studien aus Deutschland kommen zu ähnlichen Ergebnissen: In einer umfangreichen Studie des Max-Planck-Instituts für Psychiatrie in München (Wittchen et al., 1998) gaben 16,8 % der untersuchten 14- bis 25jährigen an, in ihrem Leben depressiv gewesen zu sein, 10 % in den letzten 12 Monaten. Für leichtere Störungen werden Werte zwischen 2,1 % (Münchner Studie) und 5,6 % (Bremer Jugendstudie) berichtet. Im Erwachsenenalter steigen diese Werte auf mehr als 20 % an: Bereits jeder vierte Erwachsene leidet in seinem Leben irgendwann unter einer depressiven Störung.

Mädchen sind häufiger depressiv

Bis zur Pubertät (ca. 12. Lebensjahr) finden sich depressive Störungen bei Jungen und Mädchen in etwa gleicher Häufigkeit, in manchen Studien sind die Jungen sogar etwas häufiger als die Mädchen betroffen. Ab der Pubertät zeigt sich dann allerdings ein deutliches Überwiegen der Mädchen. Dieser einsetzende Geschlechtsunterschied bleibt dann statistisch über alle Altersgruppen hinweg stabil. So sind Frauen in ihrem Leben wesentlich häufiger von depressiven Störungen betroffen als Männer. Ausführungen zu den möglichen Hintergründen einer solchen geschlechtsspezifischen Verteilung finden sich an anderer Stelle in diesem Buch (siehe dazu Teil IV).

3. Worunter depressive Kinder zusätzlich leiden

„Reine" Depressionen sind im Kindes- und Jugendalter eher eine Seltenheit. In zwei Drittel aller Fälle haben depressive Kinder und Jugendliche zusätzliche Probleme, darunter Angststörungen, Störungen im Sozialverhalten, Eßstörungen und Aufmerksamkeitsstörungen. Daneben treten häufig Schulprobleme auf. Solche gleichzeitig vorhandenen psychischen Problemlagen können eine zugrundeliegende depressive Störung verdecken oder überlagern. Das gemeinsame Auftreten von mindestens zwei Störungen in einem Individuum wird als *Komorbidität* (Ko-Morbidität = gemeinsame Erkrankung) bezeichnet.

Zusätzlich zu den komorbiden Störungen ist aber ein weiterer Zusammenhang nicht zu vernachlässigen: die Gruppe der chronisch kranken Kinder und Jugendlichen, bei denen sich aufgrund ihrer körperlichen Erkrankung sekundär (in weiterer Folge) u. a. eine depressive Befindlichkeit entwickeln kann.

Depressionen treten häufig gemeinsam mit anderen Verhaltens- und Erlebensproblemen wie den folgenden auf:

- Angststörungen (v.a. Trennungsängste, Überängstlichkeit, Kontaktvermeidung, Schulverweigerung)
- Verschiedene Verhaltensstörungen (z. B. Aggression, oppositionelles Trotzverhalten, Gesetzesverstöße)
- Überaktivität und Aufmerksamkeitsstörungen
- Eßstörungen (Magersucht, Eß-Brech-Sucht)
- Drogen- oder Alkoholmißbrauch und -abhängigkeit
- Sogenannte „Somatoforme Störungen" (körperliche Beschwerden wie Müdigkeit, Appetitlosigkeit, Magen-Darm-Beschwerden ohne medizinischen Befund)

In der Bremer Jugendstudie fanden Essau und MitarbeiterInnen (1998) heraus, daß von 1035 untersuchten Jugendlichen zwischen 13 und 17 Jahren, die als depressiv eingestuft wurden, knapp die Hälfte (ca. 44 %) ausschließlich depressiv waren. Dieser Prozentsatz liegt deutlich niedriger als bei depressiven Erwachsenen. Einige Fachleute meinen, daß das relativ seltenere Vorkommen „reiner" Depressionen ein entwicklungstypisches Merkmal depressiver Störungen sei.

Während depressive Mädchen häufiger unter Angst- und Eßstörungen leiden, weisen depressive Jungen eher Verhaltensstörungen, Aufmerksamkeits- und Überaktivitätsstörungen oder Alkohol- und Drogenmißbrauch auf. Hier zeichnet sich ein geschlechtsspezifisches Reaktionsmuster ab: Mädchen zeigen nach innen gerichtete Symptome („in sich hineinfressen"), Jungen hingegen nach außen (gegen andere) gerichtete Auffälligkeiten.

In der Regel entwickeln sich komorbide Störungen nicht gleichzeitig mit der depressiven Symptomatik: Bisherige Untersuchungsergebnisse zeigen, daß Angststörungen in den meisten Fällen einer Depression vorausgehen; wohingegen bei Verhaltensstörungen die Depression in den meisten Fällen erst als Folge auftritt. In bezug auf Alkohol- und Drogenmißbrauch ist eine eindeutige Aussage nicht möglich: Es gibt Kinder, die ihre schlechte psychische Befindlichkeit mit Drogen bekämpfen, andererseits können Depressionen durchaus auch als Folge von Alkohol- oder Drogenmißbrauch sowie im Rahmen von Entzugserscheinungen auftreten. In bezug auf Eßstörungen treten bei ca. der Hälfte der Betroffenen Depressionen und Eßstörungen gleichzeitig auf.

Der Blick hinter die Fassade …

Man weiß also, daß der überwiegende Prozentsatz depressiver Heranwachsender zusätzlich gleichzeitig eine andere psychische Störung aufweist. Diese Tatsache macht für die Bezugspersonen das Erkennen einer depressiven Störung besonders schwierig. Insbesondere bei bestimmten Verhaltensauffälligkeiten besteht die Gefahr, daß die depressive Problematik einfach übersehen bzw. verkannt wird. In der Regel werden zuerst die im täglichen Verhalten deutlich werdenden Verhaltensprobleme bemerkt, bevor man dann überrascht im Rahmen eines psychologischen Untersuchungs- und Behandlungsverfahrens entdeckt, daß das Kind auch depressiv ist. Umgekehrt kommen viele als depressiv erkannte Kinder erst in psychologisch-therapeutische Behandlung, nachdem sie durch bestimmte Verhaltensauffälligkeiten die Aufmerksamkeit auf sich gezogen haben und Eltern und Lehrer damit zwingen, endlich Hilfemaßnahmen einzuleiten.

In den folgenden Abschnitten sollen die häufigsten, mit einer Depression gemeinsam auftretenden Störungen etwas ausführlicher beschrieben werden. Es ist der erweiterte Blickwinkel dessen, was sich möglicherweise hinter der Fassade von bestimmten Verhaltensauffälligkeiten verbirgt.

Angst und Depression

In bestimmtem Ausmaß sind Ängste in der Entwicklung von Kindern und Jugendlichen eine normale Erscheinung. Wenn sie aber so stark werden, daß das gesamte Verhalten dadurch beeinträchtigt wird, ist es notwendig, therapeutisch einzugreifen. Andernfalls besteht die Gefahr, daß das Kind in seiner weiteren Entwicklung schwer gefährdet wird. So zum Beispiel, wenn ein Kind so starke Trennungsangst hat, daß es sich weigert, in die Schule zu gehen. Oder aber, wenn massive soziale Ängste das Kind oder den Jugendlichen daran hindern, Kontakt mit Gleichaltrigen, Freunden und anderen sozialen Partnern aufzunehmen oder aufrecht zu erhalten.

Formen von Angststörungen

Bei Kindern finden sich hauptsächlich folgende Angststörungen:

* *Trennungsangst:* Diese Kinder zeigen eine überdauernde und exzessive Angst in Situationen der Trennung von wichtigen Bezugspersonen, von der gewohnten Umgebung oder vom Zuhause. Im Säuglings- und Kleinkindalter ist das ein durchaus normales Phänomen. Besteht die Trennungsangst aber auch nach dem Alter von 4 bis 5 Jahren noch in einem außergewöhnlichen Schweregrad, äußert sie sich mit Eintritt in die Schule durch Schulverweigerung oder der Weigerung, Gleichaltrige und Freunde zu besuchen, liegt mit hoher Wahrscheinlichkeit eine Angststörung vor, durch welche die normale Sozialentwicklung des Kindes dramatisch eingeschränkt werden kann.

* *Störung mit sozialer Ängstlichkeit:* Kinder mit dieser Störung zeigen in bezug auf soziale Situationen, in denen das Kind mit fremden oder wenig vertrauten Menschen (auch Gleichaltrigen) zu tun hat, stark ausgeprägte Ängste. Zu vertrauten Personen bestehen hingegen gute soziale Beziehungen. Diese Kinder erscheinen, wenn sie sich in Gesellschaft Gleichaltriger oder auch Erwachsener befinden, schüchtern, zurückgezogen, unsicher und schwach, sie vermeiden öffentliches Sprechen, Unterhaltungen mit anderen und Blickkontakt. Gelegentlich kommen körperliche Symptome wie Herzklopfen, Erröten, Übelkeit dazu. Die Kinder sind extrem gehemmt, haben auch in der Schule Angst vor dem

Aufgerufenwerden und vor dem öffentlichen Sprechen (z. B. mündliche Beiträge, an die Tafel gerufen werden, Referat halten).

* *Schulangst:* Eine starke Angst, in die Schule zu gehen. Dahinter können sich Leistungsangst, soziale Angst oder anderes verbergen. Die Angst ist auf das Handlungsfeld Schule bezogen. Sie kann sich in weitere Bereiche ausdehnen.

* *Schulphobie:* Eine panische Angst vor dem Schulbesuch. Dahinter liegen ursächlich massive Trennungsängste, in der Regel bezogen auf die Mutter. Das Kind hat aufgrund starker Befürchtungen, es könne der Mutter zu Hause etwas passieren, überstarke Angst, die Mutter zu verlassen.

Angst als Risikofaktor für Depressionen

In etwa der Hälfte aller Fälle treten Angststörungen und Depressionen gemeinsam auf. In der Regel geht die Angststörung der Depression voraus, wofür es mehrere wissenschaftliche Belege gibt. Angststörungen sind also ein Risikofaktor für depressive Störungen. Kinder und Jugendliche mit Angststörungen und Depressionen haben ausgeprägte soziale Probleme! Treten deutliche Merkmale für Angst auf, sollte professionelle Beratung eingeholt werden. Damit kann möglicherweise das Ausbrechen einer Depression vermieden werden.

Für die therapeutische Bearbeitung von Angststörungen liegen inzwischen – ebenso wie für Depressionen – gut erprobte Behandlungsverfahren vor, so z. B. Angstbewältigungstrainings, Training sozialer Fertigkeiten, Problemlösetraining, Selbstsicherheitstraining, Entspannungsverfahren etc.

Verhaltensstörungen und Depression

Die häufigsten Gründe, mit Kindern und Jugendlichen eine psychologische Beratung in Anspruch zu nehmen, sind Aggressionen und Gewalt sowie Aufmerksamkeitsstörungen mit und ohne Hyperaktivität. Hinter solchen Verhaltensproblemen kann sich zusätzlich eine depressive Störung verbergen.

Wie häufig treten Depressionen und Verhaltensstörungen gemeinsam auf? Studien berichten von Prozentzahlen zwischen 22 % und 83 %! Vor allem die Jungen sind häufiger betroffen.

Verhaltensstörungen können unterschiedlicher Natur sein. Die folgenden beiden Formen werden hier näher behandelt:
- Aggressives Verhalten (Störungen des Sozialverhaltens und Oppositionelles Trotzverhalten)
- Aufmerksamkeits- und Überaktivitätsstörungen (siehe nächster Abschnitt)

Aggression und Depression

Was versteht man unter aggressivem Verhalten? Aggressives Verhalten führt dazu, daß jemand direkt oder indirekt geschädigt wird. Es ist dies ein wiederholtes und anhaltendes Verhaltensmuster, durch das die Rechte anderer oder aber altersentsprechende Normen verletzt werden. Ein solches Verhalten kann sich unterschiedlich äußern:

* *In einer „Störung des Sozialverhaltens"*: Das Kind zeigt aggressives Verhalten gegenüber Menschen und Tieren, bedroht andere, beginnt Schlägereien, benutzt Waffen, zerstört Eigentum. Betrug, Diebstahl oder schwere Regelverstöße (von zu Hause ausreißen, häufiges Schulschwänzen, im Supermarkt stehlen) kommen ebenfalls vor. In der Regel handelt es sich dabei nicht um Reaktionen auf ein desolates, soziales Umfeld. Beeinträchtigungen im schulischen, Ausbildungs- und sozialen Bereich sind häufig massiv (z.B. Schulverweis, Akte bei der Polizei, Lehrstellenwechsel, Verlust der Arbeitsstelle).

* *In einer „Störung mit Oppositionellem Trotzverhalten"*: Diese Diagnose wird dann gestellt, wenn ein mindestens 6 Monate andauerndes Muster negativistischen, feindseligen und trotzigen Verhaltens gegenüber Autoritätspersonen, insbesondere Eltern, besteht. Der Jugendliche wird schnell ärgerlich, läßt sich von anderen leicht verärgern, streitet sich häufig mit Erwachsenen, widersetzt sich den Anweisungen Erwachsener, verärgert andere absichtlich, schiebt die Schuld für eigene Fehler auf andere, ist empfindlich, häufig wütend oder beleidigt sowie boshaft und nachtragend.

Zeitlich gesehen, treten Depressionen meist in der Folge solcher Verhaltensstörungen auf. Erfahrungen von Unbeliebtheit und Zurückweisung durch Gleichaltrige spielen dabei eine Rolle. Kinder, die sowohl depressiv als auch aggressiv sind, zeichnen sich durch geringe soziale Kompetenz aus. Sie haben Schwierigkeiten im Umgang mit anderen Menschen, insbesondere Gleichaltrigen; sie können sich schwer in eine Gruppe einfügen, sind nicht kooperativ, nehmen keine Rücksicht auf andere, u. ä. (Nevermann, 1992; 1999; Reicher, 1999). Der Prozeß könnte dann wie folgt aussehen:

> **Verhaltensauffälligkeiten ⇒ Unbeliebtheit und Zurückweisung ⇒ Depression**

Aufmerksamkeitsstörungen/Hyperaktivität und Depression

Kernsymptome der in Fachkreisen auch als „Hyperkinetische Störung" (Hyper = überstarke; Kinese = Bewegung) bezeichneten Störungen sind Unaufmerksamkeit, Überaktivität und Impulsivität.

Unaufmerksamkeit: Das Kind kann sich nur schwer konzentrieren, hört nicht zu und ist leicht ablenkbar. Es beachtet Einzelheiten nicht und macht Flüchtigkeitsfehler. Es hat Schwierigkeiten, Aufgaben und Aktivitäten zu organisieren, und verliert oft Gegenstände. Bei der Erfüllung von Aufgaben und Pflichten zeigt es sich oft sehr vergeßlich. Die Symptome treten weniger stark auf, wenn sich das Kind für die Aktivitäten und Aufgaben sehr interessiert.

Überaktivität: Es zappelt mit Händen oder Füßen, rutscht auf dem Sessel herum, läuft in unpassenden Situationen durch die Gegend. So z. B., wenn in der Schule alle auf dem Platz sitzen und arbeiten. Es scheint, als könne das Kind nicht eine Minute still sitzen und sich beschäftigen.

Impulsivität: Kennzeichnend ist, daß das Kind spontan handelt, ohne zu überlegen. In der Schule platzt es einfach ungefragt mit den Antworten heraus. Das Kind kann nur schwer warten, bis es an der Reihe ist, es unterbricht Lehrer und Schüler und stört häufig. Daneben redet es übermäßig viel. Bedürfnisse können nicht aufgeschoben, sondern müssen sofort befriedigt werden.

Diese Verhaltensweisen treten vor allem in Situationen auf, in denen eine längere Aufmerksamkeitsspanne verlangt wird: in der Schule, zu Hause bei den Hausaufgaben, beim Essen. Bei Lieblingsbeschäftigungen (Computerspiel, Fernsehfilm, Lego) müssen die Kinder nicht unbedingt auffällig sein. Im Gegenteil: Sie können sogar sehr aufmerksam sein.

Wie in anderen Bereichen auch sind vor allem die Dauer und Intensität von Auffälligkeiten dafür ausschlaggebend, ob eine Störung diagnostiziert wird: Nicht jedes aktive Kind mit einem starken Bewegungsdrang ist gleich hyperaktiv; viele der Symptome treten in frühen Altersstufen vorübergehend auch innerhalb einer ganz normalen Entwicklung auf. Erst wenn über einen Zeitraum von 6 Monaten eine bestimmte Anzahl von typischen Symptomen der Überaktivität, Impulsivität oder Unaufmerksamkeit in unangemessenem Ausmaß vorhanden sind und das schulische und soziale Leben beeinträchtigt wird, spricht man von einer „Aufmerksamkeitsstörung mit oder ohne Hyperaktivität" (bzw. auch einem „Aufmerksamkeits-Defizit-Syndrom" „ADS" oder einer „Hyperkinetischen Störung", „HKS"). Aufmerksamkeitsstörungen beginnen vor dem 7. Lebensjahr und haben einen kontinuierlichen Verlauf.

Etwa 15–20 % der Kinder mit Aufmerksamkeits-Hyperaktivitätsstörungen weisen zusätzlich depressive Störungen auf. Abzugrenzen ist die Aufmerksamkeits-Überaktivitätsstörung von Konzentrationsstörungen und Übererregtheit bei bestimmten Depressionsformen (sogenannten „agitierten Depressionen"). Aufmerksamkeitsstörungen mit Überaktivität können auch mit manisch-depressiven Störungen überlappende Auffälligkeiten aufweisen: Ablenkbarkeit, Unaufmerksamkeit, Impulsivität und Hyperaktivität etc.

Ständige Mißerfolge machen depressiv

Aufmerksamkeitsgestörte Kinder sind oft von starken Stimmungsschwankungen betroffen, die durch geringfügige Anlässe (z.B. in einem Spiel verlieren) ausgelöst werden können. Hintergrund sind dabei sicher auch die häufigen negativen Rückmeldungen und Mißerfolgserlebnisse in sozialen und Lernsituationen. Durch ihr unkontrolliertes Verhalten und soziale Schwierigkeiten in Interaktionen mit Gleichaltrigen erfahren sie häufig soziale Ablehnung. In der Schule sind sie nicht selten von Ausschluß aus dem Unterricht, Klassenumsetzungen und Klassenwiederholungen bedroht. Sie erreichen oftmals schlechtere Noten, als es ihren Fähigkeiten entsprechen würde. Langfristig bleiben sie in der Regel weit hinter ihrer eigentlichen Leistungsfähigkeit zurück, was das Selbstwertgefühl schwer beeinträchtigen und deutliche depressive Verstimmungszustände auslösen kann. Auch ihre Beziehungsprobleme – sie sind zudringlich, kaspern, albern, stellen sich in den Mittelpunkt, möchten andere dominieren – führen dazu, daß sie von Gleichaltrigen abgelehnt werden. Die Beziehungen zu Eltern und Lehrern sind oftmals extrem belastet: Sie verhalten sich aufgrund der starken Inanspruchnahme durch das Kind häufig eher negativ, bestrafend und kontrollierend. Dabei werden die positiven Seiten des Kindes häufig zu wenig angesprochen. „Aufmerksamkeitsgestörte Kinder haben jedoch eine feine Antenne. Sie nehmen recht genau wahr, wie sie von ihrer Umwelt abgelehnt werden" (Lauth, Schlottke & Neumann, 1999). Das insgesamt negative Selbstbild, das diese Kinder im Rahmen einer stark durch negative Erfahrungen geprägten Entwicklung aufbauen, führt nicht nur dazu, daß sie an sich selbst zweifeln, sondern gefährdet ihre gesamte Persönlichkeitsentwicklung.

Eßstörungen und Depression

Eßstörungen treten bereits im Säuglings- und Kleinkindalter im Rahmen von Depressionen und depressiven Verstimmungszuständen auf. Sie stehen in dieser Altersphase im Zusammenhang mit allgemeinen Regulationsstörungen. Magersucht (Anorexia nervosa) und Eß-Brech-Sucht (Bulimia nervosa) sind die typischen Eßstörungen des Jugendalters. Sie haben in den letzten Jahren deutlich zugenommen. Zu 95 % sind Mädchen betroffen. Noch bis in die 70er Jahre hinein wurden Eßstörungen als eine Form von depressiven Störungen angesehen. Heute wird zwischen den beiden Störungsbildern eine Trennung vorgenommen, wobei die Häufigkeit des gemeinsamen Auftretens hoch ist. Für die Magersucht werden Komorbiditätsraten (Raten eines gleichzeitigen Auftretens) zwischen 15 und 60 % berichtet, für die Eß-Brech-Sucht sogar 20 bis 70 %!

Magersucht/Anorexie

Diese Störung tritt fast ausschließlich bei 12- bis 18jährigen Mädchen auf. Zentrales Merkmal ist absichtlicher Gewichtsverlust durch Fasten, Diäten, Mißbrauch von Abführmitteln oder übertriebene sportliche Aktivitäten bis hin zur Verweigerung der Nahrungsaufnahme. Oftmals zeigen diese Mädchen eine übermäßige Beschäftigung mit Essen (Kalorienzählen, Kochbücher lesen, Kochen) und dem Körpergewicht: Die Mädchen haben große Panik vor Gewichtszunahme, wobei sie in ihrer Körperwahrnehmung gestört sind und auch Körpersignale leugnen. Sie bezeichnen sich trotz extremer Magerkeit als dick oder „eben noch normal". Als objektives Gewichtskriterium für eine Magersucht gelten 15 % unter dem Idealgewicht. Dieses geringe Gewicht sowie die ständige Mangelernährung führen zum Ausbleiben der Menstruation sowie zu nervösen Störungen (Stimmungsschwankungen, Euphorie-Depression, Überlegenheits-, Schuld- und Schamgefühle). Insgesamt ist mit massiven körperlichen Folgen (Verfall der Kräfte, Stoffwechsel- und Verdauungsstörungen, Herz-Kreislauf-Störungen, hormonelle Störungen) zu rechnen.

Das Selbstwertgefühl und die tägliche Stimmungslage hängen vom Zeiger an der Waage ab. Eine Anorexie tritt häufiger bei angepaßten „braven" Mädchen aus erfolgsorientierten Elternhäusern mittlerer und höherer Schichten auf, in denen eine übermäßige Kontrolle ausgeübt wird, ohne daß die nötige Eigenständigkeit ermöglicht wird. Die Hintergründe der Entstehung liegen u. a. darin, daß die Betroffenen Probleme bei der Lösung bestimmter Entwicklungsaufgaben haben. Vor allem sind es Schwierigkeiten, sich vom Elternhaus zu lösen, sowie Probleme mit der eigenen sexuellen Reifung (den eigenen weiblichen Körper zu akzeptieren).

Eß-Brech-Sucht/Bulimie

Das Wort „Bulimia" geht auf „Ochsenhunger" zurück und beschreibt damit auch schon das zentrale Symptom dieser Störung. Es kommt zu einem wiederholten Auftreten von Freßattacken, während der in kurzer Zeit enorme Kalorienmengen (3–4000 kcal, in Extremfällen bis zu 15000 kcal!) verschlungen werden. Die Kontrolle über das Eßverhalten geht dabei völlig verloren. Um nicht an Gewicht zuzunehmen, werden nach der Freßattacke Maßnahmen ergriffen, die Nahrung schnell wieder loszuwerden: Erbrechen, Einsatz von Abführmitteln; dazwischen eingeschränktes

Essen. Die körperlichen Folgeprobleme (Störungen des Elektro-
lyt- und Hormonhaushaltes, Herzrhythmusstörungen, Muskel-
lähmungen, Nierenversagen) und psychische Beeinträchtigungen
(extreme Gefühlsschwankungen, Depressionen, suizidale Tendenzen) können massiv sein.

Die Betroffenen zeigen eine ständige gedankliche Beschäftigung
mit Essen und Gewicht und jagen einem kulturellen Ideal des
Schlankseins nach. Mitunter entsteht ein schwierig zu durchbre-
chender Teufelskreis: Das ständige Diäthalten führt zu einem körperlichen Mangelzustand, der Heißhunger aufkommen läßt. Dieser wiederum löst eine Freßattacke aus. Um nicht zuzunehmen,
wird Erbrechen herbeigeführt.

Gehäuft tritt das Krankheitsbild ab dem 17./18. Lebensjahr auf.
In der Risikogruppe junger Frauen sind es sogar 10 %, die an
einer Bulimie leiden. Eines der schwierigsten Probleme bei dieser
Störung liegt in der Tatsache, daß die Mädchen und Frauen lange
Zeit noch normalgewichtig bleiben und es damit schaffen, ihre
Eßstörung vor anderen zu verbergen.

Die Mädchen weisen ein niedriges Selbstwertgefühl auf. Sie
sind in extremer Weise von dem abhängig, was andere über sie
sagen oder was an sozialen Normen und aktuellen Werten, besonders auch über die Medien, vermittelt wird. Es besteht eine massive Unsicherheit in ihrer weiblichen Rolle. Negative Gefühlen wie
Einsamkeit oder Ängste und Spannungen können ebenfalls Heiß-
hungerattacken auslösen.

Drogenmißbrauch und Depression

In unserem Kulturkreis wird auch gesetzlich deutlich zwischen
dem legalen Gebrauch von sogenannten Alltagsdrogen (Alkohol
und Nikotin) sowie einem Konsum von illegalen Drogen (Ha-
schisch, Kokain, Heroin, Ecstasy u. a.) unterschieden.

Störungen durch Substanzkonsum beinhalten Alkohol- und
Drogenmißbrauch und -abhängigkeit. In der Bremer Jugendstudie
zeigte sich, daß bei ca. 12 % einer großen Stichprobe von 12- bis
17jährigen Jugendlichen Störungen durch Alkoholmißbrauch und
Cannabis-(Haschisch-)Mißbrauch vorlagen. Insgesamt sind Al-
kohol- und Drogenprobleme bei Jungen deutlich häufiger als bei
Mädchen.

Das Risiko zu Depressionen ist bei jungen Menschen, die an einer Substanzstörung leiden, erhöht. In der Bremer Studie wiesen ca. 15 % von den Jugendlichen mit Substanzstörungen eine gleichzeitige depressive Störung auf. In der Hälfte der Fälle tritt eine Depression nach einer Substanzstörung auf; bei etwa einem Drittel war die Depression bereits vorher vorhanden. Hier kann der Griff z.B. zu Alkohol als ein Versuch verstanden werden, vorhandene negative Gefühle zu bewältigen, sie gleichsam zu ertränken und sich über Stimmungstiefs hinwegzuretten. Die Betroffenen glauben, mit Hilfe von Alkohol wirksamer gegen Angst, Schlafprobleme und Unsicherheit angehen zu können. Depressionen können auch als direkte Wirkung auf den Konsum von Drogen auftreten sowie beim Entzug. Wichtig bleibt, sich darüber klar zu sein, daß die gezielte Behandlung der Suchtproblematik nicht automatisch die Depression verringert. Nach einem Drogenentzug steht deshalb häufig die gezielte Arbeit an der Depressionsproblematik an.

Gefährdete Kinder und Jugendliche

Risikofaktoren für Alkohol- und Drogenkonsum sind sozialer Druck in der Clique oder Gruppe sowie das Fehlen von Vertrauenspersonen in der Familie bzw. im Elternhaus. Wie sich in einer aktuellen österreichischen Studie zum „Jugendlichen Drogenkonsum" (Gasser-Steiner & Stigler, 1996) zeigt, sind dabei Zusammenhänge mit Faktoren wie persönlichen Belastungen: Trennungen, Ausbildungsabbrüchen, eigenen Krankheiten oder Krankheiten in der Familie vorhanden. Bei arbeitslosen Jugendlichen findet sich ein deutlich höherer Alkoholkonsum. Bildungsabbrüche und Krankheiten können somit als Risikofaktoren eingestuft werden. Ein Hineinschlittern in massive Drogenprobleme droht vor allem dann, wenn Kinder eine „innere Nähe" zu Drogenkonsum haben, sich grundlegend schlecht und belastet fühlen und glauben, damit persönliche, auch psychische Probleme lösen zu können. Dabei spielt auch der familiäre Umgang mit Alkohol und anderen Drogen (auch Medikamenten) eine Rolle. Das heißt, hier wäre auch die Art der Vorbildwirkung durch die Eltern zu hinterfragen.

Körperliche Beschwerden und Depression

Unter somatoformen Störungen („soma" = Körper) versteht man körperliche Beschwerden (z. B. Müdigkeit, Appetitlosigkeit, Magen-Darm-Beschwerden, Bauch- oder Kopfschmerzen), ohne daß diese Beschwerden nach eingehender Untersuchung auf einen medizinischen Krankheitsfaktor zurückgeführt werden können.

Die Bremer Jugendstudie kommt zum Ergebnis, daß in mehr als 10 % der Fälle somatoforme Störungen gemeinsam mit depressiven Störungen auftreten (Essau et al., 1998). Lange Zeit wurde angenommen, daß vor allem nur jüngere Kinder ihre Depression vorwiegend auf die Körperebene verlagern. Klagt ein Kind immer wieder über körperliche Beschwerden, (z. B. „Ich habe Bauchweh!"), ist es in jedem Falle notwendig, das Kind einem Arzt vorzustellen. Bleibt die körperliche Untersuchung ohne medizinischen Befund, kann auch eine psychische Verursachung vorliegen. Die körperlichen Symptome können auch Ausdruck alltäglicher Überforderung in Familie, Schule und in der Freizeit sein und als Streßsymptome gewertet werden (Lohaus & Klein-Heßling, 1999).

- Hinter die Fassade von Verhalten sehen.
- Nicht den Blick auf die Gefühle eines Kindes oder Jugendlichen verlieren.
- Depressive Störungen treten sehr oft gemeinsam mit anderen Störungen auf. Diese erschweren ein Erkennen möglicher depressiver Störungen.

Chronische Erkrankung und Depression

Chronische Erkrankungen sind im Kindes- und Jugendalter weit verbreitet: Beinahe jedes 5. Kind litt oder leidet aktuell unter einer chronischen Erkrankung (Warschburger u. Petermann, 2000). Bei den betroffenen Kindern und Jugendlichen – u. a. Kindern und Jugendlichen mit Epilepsie, mit schweren Infektionskrankheiten, Asthma, Multipler Sklerose oder Krebserkrankungen – sind zusätzlich zur körperlichen Erkrankung mögliche zusätzliche funktionelle und psychosoziale Folgewirkungen mit zu berücksichtigen. So besteht kein Zweifel darüber, daß chronische Erkrankungen ein erhöhtes Risiko für die Ausbildung negativer psychosozialer Folgebelastungen darstellen. Die Häufigkeiten, mit denen solche Belastungen auftreten, sind insgesamt schwer festzustellen. Im Hinblick auf emotionale Störungen sind die Ergebnisse vorhandener Studien noch wenig aussagekräftig. Während auf der einen Seite die relative emotionale Stabilität chronisch kranker Kinder betont wird, gibt es andererseits auch Angaben, nach denen unter den depressiven Kindern etwa 6–8 Prozent von einer chronischen Erkrankung und anderen organischen Beeinträchtigungen betroffen sind (Nissen, 1999). Die Erfassung der tatsächlichen psychischen bzw. emotionalen Befindlichkeit dieser Kinder ist auch deshalb schwierig, weil viele von ihnen einen sog. „verleugnenden Bewältigungsstil" aufweisen, d.h. ihre negative Befindlichkeit lieber verdrängen. Am deutlichsten werden von betroffenen Kindern Ängste im Hinblick auf bevorstehende Behandlungen und damit verbundene Nebeneffekte sowie Gefühle der sozialen Isolierung bedingt durch viele Arzt- und Krankenhausaufenthalte geäußert. Es hat sich herausgestellt, daß nicht alle chronisch kranken Kinder in gleicher Weise von negativen psychischen Folgewirkungen betroffen werden. Für den Grad einer Gefährdung scheinen Personenfaktoren wie Intelligenz des Kindes oder Bewältigungsstil entscheidender zu sein als Merkmale der Erkrankung oder der sozialen Umgebung (Warschburger u. Petermann, 2000). Depressive (affektive) Störungen aufgrund eines medizinischen Krankheitsfaktors können sich bereits im frühen Lebensalter eines Kindes entwickeln.

4. Kinder und Jugendliche, die nicht mehr leben wollen

„Wozu lebe ich denn eigentlich noch?" – „Ich weiß nicht mehr weiter!" – „Was soll das Leben noch für mich?" – „Ich mach Schluß! Ich will nicht mehr!" – „Mir kann keiner mehr helfen. Es ist alles sinnlos geworden!" Was mag dem 12jährigen Schüler aus Berlin von all diesen Sätzen wohl durch den Kopf gegangen sein, als er sich im Januar 2001 morgens um 6.30 Uhr auf seinem Bett sitzend mit einem Revolver seines Vaters in den Kopf geschossen hat? Niemand weiß es, und auch keiner wird es jemals wissen. –

Was in solchen tragischen Situationen bleibt , sind die zermürbenden Fragen und die Ratlosigkeit der Eltern, die tiefe Betroffenheit und Hilflosigkeit der Lehrer und Schüler. Der 12jährige Schüler Ben war das erste Opfer eines Suizids bei Kindern zwischen 10–15 Jahren im Jahr 2001 in Berlin. Im Jahr 1999 waren es drei Jungen dieses Alters, die sich das Leben nahmen.

Welche Motive führen Kinder und Jugendliche dazu, sich selbst zu töten? Aus welchen Gründen geraten sie in eine suizidale Entwicklung hinein? Und wie läßt sich verhindern und vorbeugend helfen? In diesem Kapitel soll versucht werden, auf diese und andere Fragen einzugehen.

Die Gefahr einer möglichen suizidalen Entwicklung läßt insbesondere depressive Störungen im Kindes- und Jugendalter zu einer ernstzunehmenden Problematik werden. Wird das tägliche Lebensgefühl von tief empfundener Einsamkeit und Verlassenheit geprägt, werden Hilflosigkeit und Hoffnungslosigkeit gegenüber den täglichen Entwicklungsaufgaben übermächtig, läuft das Denken in immer gleichen negativen Zirkeln, so stellt sich auch schon bei Kindern, viel häufiger aber noch bei Jugendlichen suizidales Denken und Handeln ein („sui caedere" = sich selbst töten). Bei den 15–20jährigen Jugendlichen ist ein deutlicher Zuwachs an Suiziden zu verzeichnen. Hinter jedem Suizid oder Suizidversuch eines Kindes oder Jugendlichen steht nicht nur Impulsivität und Kontrollverlust, sondern vor allem tiefes persönliches Leiden. Welche Faktoren im einzelnen Fall an dem Entschluß einer Selbsttötung beteiligt sind, kann keine wissenschaftliche Theorie ausreichend aufklären. Nur wer den destruktiven Angriff auf die eigene Person überlebt hat und in der Lage ist, über das eigene Erleben und deren Hintergründe etwas auszusagen, kann wissen, was ihn selbst zu diesem Schritt bewogen hat.

Suizidales Verhalten wird nicht in jedem Fall durch eine Depression ausgelöst. Aber das Vorliegen einer depressiven Störung bedeutet eine besonders hohe Gefährdung, suizidal zu werden. Es gilt als empirisch gesichert, daß Depression in allen Altersgruppen den stärksten Risikofaktor für suizidales Verhalten darstellt. Weitere Verursacher können schwere psychosoziale Krisen, schizophrene Erkrankungen oder auch körperlich bedingte schwere Depressionen sein.

Unter dem Begriff „suizidales Verhalten" werden allgemein alle Verhaltensweisen zusammengefaßt, die:

1. eine bewußte Selbsttötungsabsicht oder das bewußte „In-Kauf-Nehmen" eines möglichen tödlichen Endes beinhalten;
2. zum Tod der Person oder aber zu einer Selbstbeschädigung ohne tödlichen Ausgang führen;
3. mehr oder weniger bewußt eingesetzt werden, um wichtige, lebensverändernde Ziele zu erreichen.

Insbesondere im Jugendalter sind viele Suizidversuche als ein drastischer Appell an das unmittelbare soziale Umfeld (Eltern, Freunde) gerichtet, bestimmte Bedingungen des täglichen Lebens zu verändern, weil man sie so nicht mehr ertragen kann. Der Suizid, die Selbsttötung oder der Selbstmord, stellt in aller Regel das Ende eines langen Entwicklungsprozesses in Richtung zunehmender negativer Einengung und Hoffnungslosigkeit dar.

Der Schülerselbstmord in der Statistik

Der empirisch ermittelte Tatbestand, daß der Suizid zu den häufigsten Todesursachen im Jugendalter gehört, ist alarmierend. Viele Jugendliche, die einen Selbsttötungsversuch verüben, hatten bereits im Kindesalter depressive Symptome. Aufgrund solcher Zusammenhänge wird davon ausgegangen, daß depressive Kinder ein um das Dreifache erhöhtes Risiko haben, irgendwann einen Suizidversuch durchzuführen.

Statistische Angaben zu Suiziden sind insgesamt nur als eine Annäherung an tatsächlich verübte Selbsttötungen zu lesen. Das liegt nicht zuletzt an der Tatsache, daß nicht jeder Suizid von dem Täter vorher als ein solcher deklariert wird. So wird beispielsweise davon ausgegangen, daß bestimmte Autounfälle von Jugendlichen einen suizidalen Hintergrund haben. Auch die statistisch kaum vorkommenden Selbsttötungen vor dem 10. Lebensjahr werden kritisch hinterfragt. Vielleicht müssen bestimmte, die Gesundheit und das Leben des Kindes gefährdende Aktivitäten und Aktionen, deren Gefährlichkeit das Kind vom Entwicklungsstand her eigentlich einschätzen können müßte, in entsprechenden Fällen auch als Formen suizidalen Handelns gesehen werden. Gemeint sind hier vor allem das Trinken von Reinigungs- und Putzflüssigkeiten, das waghalsige Herumturnen auf Fensterbänken oder Baugerüsten, das Spielen auf gefährlichem Gelände.

Zum Beispiel der 8jährige Sven: Er hatte vor zwei Jahren, als er aus der Schule nach Hause kam, seine Mutter tot im Wohnzimmer aufgefunden. Sie hatte sich das Leben genommen. Sven hatte diesen Schock auch nach zwei Jahren noch nicht überwunden. Das wurde allen Beteiligten deutlich, als der Junge nicht nur in der Schule versagte, sondern auch am Nachmittag extreme Verhaltensauffälligkeiten zeigte. So wurde er wiederholt dabei beobachtet, wie er über die Schienen der Straßenbahn balancierte und sich in das Schienenbett legte, sobald sich eine Straßenbahn näherte. Mitschüler berichteten in der Schule, es habe wieder eine Straßenbahn plötzlich halten müssen, weil Sven sich in den Weg gelegt hatte. Insgesamt mußte man bei Sven den Eindruck gewinnen, er wolle versuchen, sich das Leben zu nehmen.

Entsprechend den Angaben des statistischen Bundesamtes haben sich in der Bundesrepublik Deutschland (alte und neue Bundesländer) im Jahr 1997 insgesamt 12 256 Menschen das Leben genommen. Davon waren bezogen auf Kinder und Jugendliche bzw. junge Erwachsene:

Unter 10 Jahren	3
10 bis 15 Jahre (unter 15)	34
15 bis 20 Jahre (unter 20)	298
20 bis 25 Jahre (unter 25)	444

(nach einer Aufstellung von NEUhland, Berlin)

Die häufigsten Suizide finden zwischen dem 20. und 25. Lebensjahr statt. Generell nimmt die Wahrscheinlichkeit eines Suizids mit dem Lebensalter zu. Männer sterben doppelt so häufig durch Suizid wie Frauen. Die unten aufgeführte Tabelle zeigt die Häufigkeiten von Suiziden bis zum Alter von 25 Jahren bezogen auf Berlin (nach West- und Ostteil der Stadt getrennt).

Allerdings müssen die in der nachstehenden Tabelle angegebenen Häufigkeiten von Suiziden stark relativiert werden. Zum Beispiel, weil die seit Jahren ansteigenden Zahlen von Todesfällen mit ungeklärter Todesursache nicht enthalten sind, obwohl sie einen bedeutsamen Anteil an der zu berücksichtigenden hohen Dunkelziffer bilden. Suizide im Kindesalter stehen statistisch an 10. Stelle, im Jugendalter an 2. Stelle der Todesursachen. Im Gegensatz zu vollendeten Suiziden werden über durchgeführte Suizidversuche keine amtlichen Statistiken geführt.

Jahr	Berlin West	Berlin Ost	Suizide in Berlin West(nach Alter)		
			Männl. bis 25 J.	weibl. bis 25 J.	0 – 25 J.
1994	384	183	15	5	20
1995	415	221	15	10	25
1996	377	206	14	3	17
1997	354	166	11	5	16

(Auszug aus einer Tabelle von NEUhland Berlin)

Man muß davon ausgehen, daß die Zahl der Suizidversuche bei jungen Menschen um etwa das Dreißigfache höher liegt als die Zahl der vollendeten (d. h. gelungenen) Suizide. In Zahlen ausgedrückt heißt das: Der Relation von etwa 1: 30 (1 Suizid auf 30 Suizidversuche) für den Jugend- und jungen Erwachsenenbereich (bis zum 25. Lebensjahr) steht eine Relation von 1:10 (1 Suizid auf 10 Suizidversuche) für den Erwachsenenbereich gegenüber.

> **Das Jugendalter stellt die Lebensphase mit der höchsten Rate an Suizidversuchen überhaupt dar.**

Zu der Frage, ob Jungen oder Mädchen stärker betroffen sind, gibt es die folgenden statistischen Zahlen: Ab dem frühen Jugendalter dominieren die Mädchen hinsichtlich durchgeführter Suizidversuche gegenüber den Jungen in einem Verhältnis von 3 bis 9:1 (etwa 3–9 Suizidversuche bei den Mädchen steht nur 1 Versuch bei den Jungen gegenüber), während die Relation im Erwachsenenalter nur noch bei gut 2:1 liegt (auf zwei „weibliche" Suizide kommt 1 „männlicher" Suizid). Die im Jugendalter deutlich ansteigende Zahl suizidaler Mädchen steht zweifellos in Verbindung mit dem deutlichen Anstieg depressiver Störungen (und auch hier wieder vor allem bei den Mädchen) in dieser Altersphase.

Suizidalität als Entwicklungsprozeß

Um bei einem Kind oder Jugendlichen von geplanter Selbsttötung sprechen zu können, muß nicht nur eine bestimmte Vorstellung über Tod und Selbsttötung vorhanden sein, sondern auch ein gewisses kognitives Niveau vorausgesetzt werden können. Psychologisch sind die Todesvorstellungen bei Kindern mit normaler Intelligenz altersmäßig etwa wie folgt entwickelt (grobe Orientierung):

- 0–2 Jahre: kein Todeskonzept, aber emotionale Reaktion auf Verlust;
- 3–5 Jahre: Tod wird gleichgesetzt mit Trennung und Schlaf, ist zeitlich begrenzt und reversibel (animistisches Denken);
- 6–9 Jahre: Tod wird personifiziert und als Strafe z. B. für schlechtes Verhalten gesehen (magisches Denken);
- 10–14 Jahre: Anerkennung des Todes als irreversibel, Gleichsetzung mit dem körperlichen Ende der Person;
- Jugend- und Erwachsenenalter: Entwicklung eines persönlichen Todeskonzeptes, meist als Konglomerat aus den verschiedenen Vorstellungen.

In aller Regel wird die suizidale Entwicklung eines Kindes oder Jugendlichen von dem unmittelbaren sozialen Umfeld nicht wahrgenommen oder erkannt. Der Suizid bzw. Suizidversuch kommt für sie überraschend und unvorbereitet. Dennoch steht, abgesehen von sog. Kurzschlußhandlungen, hinter jedem Suizid oder Suizidversuch in der Regel ein langer Prozeß von Depression, Minderwertigkeitsgefühlen, Leistungsrückgang und aggressiven Handlungen sowie vor allem von Gefühlen von Überforderung, Streß und Hoffnungslosigkeit.

Ringel (1953) hat diesen Entwicklungsprozeß als sog. „präsuizidales Syndrom" näher beschrieben und auch auf Kinder und Jugendliche bezogen. Danach sind vor allem die folgenden drei Symptome für den Prozeß kennzeichnend: die Einengung des Denkens, Wahrnehmens und Handelns, eine gegen die eigene Person gerichtete Aggression sowie Suizidgedanken und -phantasien.

Der Suizid wird von Ringel als „Abschluß einer krankhaften Entwicklung" betrachtet. Kinder und Jugendliche, die sich das Leben nehmen, entwickeln das negative und selbstzerstörerische Denken und Handeln vor allem in Reaktion auf Ereignisse, Lebensbedingungen und emotionale Belastungen, die ihnen unerträglich erscheinen. Der Suizid oder Suizidversuch steht als Lösung der so empfundenen Situation.

Entsprechend den Ergebnissen empirischer Untersuchungen gehen bis zu 40 % aller Suizide und Suizidversuche im Jugendalter auf depressive und Angststörungen zurück, und mindestens 20 % sind auf dissoziale Störungen zurückzuführen. Erhöhte Suizidraten gibt es darüber hinaus bei Jugendlichen mit Persönlichkeitsstörungen, Borderline-Störungen (hohe Instabilität in zwischenmenschlichen Beziehungen, im Selbstbild und in den Affekten sowie starke Impulsivität) sowie Störungen mit Alkohol- und Drogenabusus (Abusus = Mißbrauch).

Wie entsteht suizidales Denken und Handeln?

Theoretisch gibt es eine Reihe von unterschiedlichen Vorstellungen, wie sich suizidales Verhalten entwickelt. So gibt es Theorien, die dem suizidalen Verhalten bei Kindern und Jugendlichen eine sog. „narzißtische Störung" zugrunde legen. Unter „Narzißmus" lassen sich die verschiedenen Zustände des Selbstwertgefühls, die affektiven Zustände des Menschen zu sich selbst (Selbstgefühl, affektives Gleichgewicht) zusammenfassen. Narzißtische Störungen können sowohl in einem übertriebenen Selbstwertgefühl als auch in einem übertriebenen Minderwertigkeitsgefühl zum Ausdruck kommen. Suizidale Menschen gelten danach als stark verunsicherte Persönlichkeiten mit besonderer Kränkbarkeit und starken Minderwertigkeitsgefühlen. Sie sind häufig unfähig, angemessen mit aggressiven Impulsen umzugehen, und resignieren im zwischenmenschlichen Umgang schneller als andere. Henseler (1990) hat einige zentrale Thesen zum idealtypischen Bild der suizidalen Persönlichkeit entwickelt, die sich auch auf suizidale Jugendliche übertragen lassen. So zum Beispiel: „Der zur Selbstmordhandlung neigende Mensch ist eine in ihrem Selbstgefühl stark verunsicherte Persönlichkeit." Oder: „Das heißt für sein subjektives (bewußtes und unbewußtes) Erleben, daß er sich vermehrt bedroht fühlt, in einen Zustand totaler Verlassenheit, Hilflosigkeit und Ohnmacht zu geraten, aus dem er sich selber nicht mehr retten kann." Und weiter: „Zum Schutz seines Selbstgefühls bedient er sich deshalb in hohem Maße der Realitätsverleugnung und der Idealisierung der eigenen Person wie seiner Umgebung."

Aus dem lerntheoretischen Blickwinkel heraus betrachtet, kann suizidales Denken und Handeln im Sinne eines Problemlösungshandelns wie jedes andere Verhalten auch gelernt werden. Im Mittelpunkt stehen dabei Prozesse wie „das Lernen am Modell" oder aber auch „das Lernen über Bekräftigung" von suizidalem Verhalten. Ein Modell für suizidales Denken und Verhalten bilden nicht selten die eigenen Familienmitglieder, häufiger die eigene Mutter. Es hat sich nämlich gezeigt, daß suizidale Kinder und Jugendliche überzufällig häufig einen suizidalen Elternteil hatten.

Zum Beispiel auch der 11jährige Dieter. Er zeigte vor allem ein stark auffälliges Sozialverhalten. Seine aggressiven Attacken gegenüber anderen Schülern wurden so stark, daß er, weil nicht mehr ausreichend gruppenfähig, in einen Spezialunterricht der Schule gegeben wurde. Dort zeigte sich ein stark depressives Verhalten. Immer wieder versuchte Dieter, in den Pausen in das oberste Stockwerk der Schule zu gelangen, um dort vom Treppengeländer aus in den Flur des Erdgeschosses zu springen. Nachdem die Lehrer ihn dreimal mit Erfolg davon abhalten konnten, ging Dieter für einige Wochen in die Klinik, um seine psychische Befindlichkeit intensiver diagnostisch klären zu lassen. In der Klinik wurde eine schwere depressive Störung mit begleitenden Verhaltensstörungen und suizidaler Gefährdung festgestellt. Die Gespräche mit den Eltern ergaben, daß die Mutter des Kinder unter schweren Depressionen litt und schon häufiger vor den Augen des Kindes versucht hatte, sich durch einen Sprung vom Balkon der Wohnung das Leben zu nehmen.

Wer als Kind immer wieder erleben muß, daß die eigene Mutter auch über entsprechende Handlungen androht, sich das Leben zu nehmen, speichert nicht nur die Dramatik des Geschehens, sondern auch die Handlung selbst. Das Verhalten der Mutter wird für das Kind in einer entsprechenden Problemsituation zu einer Handlungsmöglichkeit.

Aber nicht nur das Lernen am Modell kann von Bedeutung sein. Zusätzlich können auch mögliche Verstärkungsprozesse suizidaler Verhaltensweisen durch die soziale Umwelt eine Rolle spielen. Zeigt die Mutter beispielsweise immer nur dann besondere Zuneigung zu dem Kind, wenn dieses suizidale Gedanken äußert, könnten sie möglicherweise, je häufiger dies passiert, die suizidalen Gedanken des Kindes unbewußt verstärken. Denn das Kind vermißt genau diese Zuwendung der Mutter so schmerzlich.

Es gibt aber noch weitere bedeutsame Einflußfaktoren, die auf die mögliche Entwicklung eines suizidalen Verhaltens negativ bzw. verstärkend einwirken können. So zum Beispiel Suggestion, Imitation und Identifikation.

Kinder sind in besonderer Weise suggestiv zu beeinflussen. Mit anderen Worten, man kann ihnen Dinge so tief einreden, daß sie wirklich daran glauben. In diesem Zusammenhang wird angenommen, daß bestimmte Suizide, die scheinbar ohne jede Ursache oder sichtbaren Grund durchgeführt werden, auch Ergebnis einer zwanghaften Reaktion auf eine hypnoseähnliche Suggestion sein können. So können beispielsweise Kinder über die Lektüre von Büchern oder auch bestimmte Filme in derart intensiver Weise mit einem Selbstmord einer ihnen attraktiv erscheinenden Person konfrontiert werden, daß sie in der Folge Phantasien entwickeln, die sich darum drehen, sich ebenfalls umzubringen. Weitere suggestive Einflüsse können über Situationen ausgelöst werden, in denen einem Kind von den nächsten Angehörigen (Vater, Mutter oder Geschwister oder vielleicht auch Freund) Wünsche vermittelt werden, besser tot zu sein. Zum Beispiel:, wenn es heißt: „Es wäre besser, Du wärest gar nicht da!" oder „Du bist ein ungewolltes Kind!" Unter bestimmten Umständen können solche Botschaften sich beim Kind zu einer wachsenden Überzeugung entwickeln, sterben zu müssen. Kinder, die offene Ablehnung durch ihre Eltern erfahren, die gesagt bekommen, daß sie unerwünscht sind, haben, wenn noch weitere ungünstige Bedingungen hinzukommen, ein höheres Risiko, suizidal zu werden, als andere.

Suizidales Verhalten kann auch, im Sinne des bereits erwähnten Modellernens, über Imitation (Nachahmung) oder Identifikation mit einer bestimmten Persönlichkeit mit ausgelöst werden. Bekannt geworden sind diesbezüglich der sog. „Werther-Effekt" (ein bestimmter Selbstmord löst nachfolgend eine ganze Welle von weiteren Selbstmorden aus) oder sog. „Gedenktag-Selbstmorde" (der Zeitpunkt für einen Selbstmord wird bewußt so gewählt, daß er mit dem Todestag eines besonderen „Idols" zusammenfällt (z.B. des Rock-Idols Kurt Cobain). Betont werden muß dabei, daß solche Auslösemechanismen nur da wirksam werden können, wo sie auf eine entsprechende suizidale Bereitschaft bzw. Befindlichkeit treffen.

Zum Beispiel Hanna: Sie befand sich bereits tief in einer depressiven Krise, als sie in die Beratung kam. Lehrer hatten sie in großer Sorge beim Schulpsychologen angemeldet, nachdem sie entdeckten, daß Hanna nur noch schwarze Kreuze in ihre Hefte malte und einige Zeilen eines Todessongs von Kurt Cobain auf den Arbeitstisch geschrieben stehen hatte. Die 15jährige Hanna kam weder mit den Mitschülern noch mit den Lehrern sonderlich gut aus. Sie war häufig aggressiv, legte sich mit allen an, beteiligte sich nur ungenügend an der Unterrichtsarbeit. Ihre Zensuren gingen mehr und mehr in den Keller, obwohl das von ihrer Intelligenz her nicht zu erklären war. Sie bezeichnete sich selbst als das „kleine Dummchen" in der Klasse. Bereits im zweiten Beratungsgespräch eröffnete Hanna dem Schulpsychologen, daß sie sich gemeinsam mit ihrer Freundin am Tage X, dem Todestag ihres Idols Kurt Cobain, umbringen wolle. Das sei ganz sicher. Beide Schülerinnen konnten letztendlich von ihrem Vorhaben abgebracht werden.

Kim und Karen hingegen, zwei Mädchen aus der 10. Klasse eines Gymnasiums, sprangen 1997 gemeinsam aus dem 11. Stockwerk eines Hochhauses, nachdem sie sich entsprechend einem genauen Plan morgens vor der Schule getroffen und vor dem Sprung in den Tod mit Alkohol betäubt hatten. Eine der beiden Schülerinnen litt unter starken Depressionen, von der anderen Schülerin wurde nur bekannt, daß sie keine Lehrstelle gefunden hatte.

Untersuchungsergebnisse der letzten Jahre zeigen, daß unter Kindern mit depressiven Störungen mehr als 80 % über Selbstmordgedanken berichtet hatten. Und bei einer Untersuchung von Schulkindern fanden sich immerhin etwa 14 % , die bereits deutliche Selbstmordgedanken hatten (Stark, 1990). Massiver täglicher Ärger, Wut und Zorn gehören nicht selten zum psychodynamischen Bild von Jugendlichen mit suizidalem Verhalten. Suizid ist oft auch ein Akt der Wut, geboren aus Frustration und angestautem Ärger.

Trotz relativ geringer Häufigkeit von Suiziden im Kindesalter (bis zum 12. Lebensjahr) kann ein Auftreten von suizidalem Verhalten in dieser Altersphase grundsätzlich nicht ausgeschlossen werden. Es ist eher die Frage, ob das suizidale Verhalten auch als ein solches erkannt wird.

Psychosoziale Belastungen

Zu den schweren inneren und äußeren Konflikten, mit denen sich der suizidale Jugendliche hilflos und verzweifelt konfrontiert sieht, gehört vor allem die Beziehungsstörung mit der Familie oder/und auch den Freunden. Je älter die Jugendlichen werden, desto mehr werden familiale Beziehungskonflikte durch Probleme in Liebesbeziehungen abgelöst.

Konflikte, besonders belastende Umstände oder Ereignisse in der Familie wirken sich in jedem Fall auf die psychische Befindlichkeit von Kindern negativ im Sinne eines hohen Streßerlebens aus. Dazu zählen nicht nur typische Belastungsfaktoren wie Gewalt, Alkoholismus in der Familie oder Arbeitslosigkeit und soziale Not, sondern vor allem auch Trennung und Scheidung der Eltern und alles, was mit solchen Umständen im Zusammenhang steht. Dazu gehören auch die oftmals massiven Streitereien zwischen den Eltern. Kinder fühlen sich diesen Ereignissen nicht nur oftmals hilflos ausgeliefert, sondern aktivieren auch besondere Ängste und Befürchtungen, daß einem Elternteil etwas passieren könnte oder aber sie selber irgendwann in gleicher Weise „fertiggemacht" werden würden.

Eine tiefgreifende Hoffnungslosigkeit der Kinder und Jugendlichen kann beispielsweise zu „Abschiedsbriefen" wie dem folgenden führen, in denen allen, insbesondere aber den Eltern, mitgeteilt wird: „Ich kann nicht mehr weiter!"

„Ich saß oft allein da, doch mir wurde nichts klar.
Mein Leben ist ein einziger Haufen Dreck,
ich muß endlich hier weg!
Raus aus meinem Körper, raus aus meiner Welt.
Ich möchte nicht mehr leben,
dann koste ich meinen Eltern kein Geld."

Rita, 9. Klasse

Hintergründe und Auslöser für suizidales Handeln

Warum Kinder oder Jugendliche sich das Leben nehmen, ist eine extrem schwierige Frage, die viele Antworten notwendig macht. Vor allem muß jeder Einzelfall gesondert betrachtet werden, um nicht in pauschale Beurteilungen oder sogar Verurteilungen zu geraten. Während im Kindesalter die kognitive Reife (Entwicklung der Wahrnehmungen und des Denkens) und Planungsfähigkeit noch nicht so weit vorhanden und auch das Nachdenken über sich noch nicht so stark ausgeprägt ist, finden sich bei jugendlichen Suizidenten als psychischer Hintergrund neben emotionalen Störungen vor allem auch Persönlichkeitsstörungen und Streßreaktionen. In der Mehrzahl der Fälle stellt der Suizidversuch im Jugendalter eine Ausdrucksform dar, die gewählt wird, weil man sich in einer unerträglichen Situation zu befinden meint, die keine andere Lösung zuläßt.

Eine besondere Rolle spielt die Pubertät mit ihrer ganz eigenen Psychodynamik. Diese Entwicklungsphase „stellt per se eine normative Krise in der psycho-physischen Entwicklung dar und wird von suizidgefährdeten Jugendlichen besonders deutlich als krisenhafte Zeit der Umstrukturierung, Neuorientierung und des Experimentierens erlebt" (Klosinski, 1999). Für Jugendliche, die bereits im Kindesalter unter depressiven Verstimmungszuständen gelitten haben, stellt die Pubertät eine besonders schwierige Zeit des Erlebens und der Herausforderungen dar. Eine progressive körperliche Entwicklung und die anstehende Umstrukturierung im psychischen Bereich, gekoppelt mit der allmählichen Loslösung vom Elternhaus, stellen hohe Anforderungen an psychische Stabilität und Stärke.

Selbstzerstörerisches Verhalten im Sinne der Zerstörung oder aber totalen Vernichtung des eigenen Körpers ist der Ausdruck einer tiefen Selbstwertkrise. Hoffnungslos und verzweifelt werden Gedanken und Taten darauf gerichtet, nicht andere, sondern sich selbst zu zerstören. Entsprechend der Zunahme an depressiven Zustandsbildern bei Mädchen mit Beginn der Pubertätsphase finden sich auch ab diesem Zeitpunkt bei Mädchen häufiger die verschiedensten Formen selbstzerstörerischen Verhaltens, angefangen bei den leichten Selbstverletzungen bis hin zu schweren Selbstmordhandlungen mit tödlichem Ausgang.

Auch die Magersucht (Anorexia nervosa) und die Eß-Brech-Sucht (Bulimie) können zu den Störungsbildern mit chronisch selbstzerstörerischem Verhalten hinzugerechnet werden. Wenn die Statistik hier eine sog. „Mädchenwendigkeit" ab der Pubertät feststellt (d.h., ab der Pubertät sind mehr Mädchen als Jungen von dem Problem betroffen), so darf das allerdings nicht so gedeutet werden, als seien die Jungen von diesem Problembereich nicht auch betroffen. Ganz im Gegenteil: Erfahrungen aus der Praxis zeigen, daß die Jungen bedauerlicherweise in diesem Bereich stark „aufholen".

Wenn das Faß zum Überlaufen kommt

Generell werden bei Jugendlichen familiäre Konflikte, Partnerschaftskonflikte und Schulprobleme als die wichtigsten suizidauslösenden Faktoren dargestellt. Grundsätzlich bedeutsam sind allerdings bestimmte altersbezogene Aspekte.

Am 11. April 2000 berichtet die Berliner Zeitung: „Junge springt aus Wohnhaus. 12jähriger schwer verletzt".

„Ein Schüler aus Prenzlauer Berg ist vermutlich in Selbstmordabsicht aus einem Haus in der Immanuelkirchstraße 20 Meter gesprungen. Der Junge hatte am Montag gegen 7.50 Uhr die Wohnung seiner Mutter im selben Haus verlassen. Nach Angaben der Polizei ist der 12jährige mit dem Aufzug auf die Dachterrasse im 5. Stock gefahren. Dort ist der Schüler dann über die Brüstung geklettert und 20 Meter tief in den betonierten Innenhof gesprungen. Nachbarn sahen das Kind in die Tiefe stürzen und alarmierten Feuerwehr und Polizei. Der Junge wurde mit schweren Knochenbrüchen ins Krankenhaus Friedrichshain gebracht. Nach mehreren Operationen ist der Junge außer Lebensgefahr. Als Grund für den Sprung vermutet die Polizei schulische Probleme."

Ein Schüler bringt sich in der Regel nicht allein deshalb um, weil er schulische Probleme hat. Aber er bringt sich vielleicht um, weil die schulischen Probleme „den Tropfen darstellen, der das Faß zum Überlaufen bringt". Schulische Probleme sind im Leben von Kindern und Jugendlichen ein deutlicher Streßfaktor, und sie können zum Risikofaktor für psychische Gesundheit allgemein werden. Sie können immer auch zum „Auslöser" für suizidales Verhalten werden, vor allem wenn eine Depression vorliegt. Nicht die schulischen Probleme sind die eigentliche Ursache, sondern die depressive Störung. Die schulischen Probleme haben möglicherweise tatsächlich bei dem Jungen aus Prenzlauer Berg den Suizidversuch ausgelöst. Die Ursache aber lag ganz woanders.

Auch wenn die schulischen Probleme nicht die Ursache des suizidalen Handelns sind, so sind sie doch mitverantwortlich für den sich verschlechternden psychischen Zustand im Sinne einer fortschreitenden depressiven Störung. Eine Verbesserung der psychischen Grundbefindlichkeit des Jungen setzt unter solchen Umständen eine Verminderung bzw. Lösung der schulischen Probleme voraus.

> Suizidanlässe dürfen nicht mit Suizidursachen verwechselt werden. Oftmals sind die Anlässe eher banal. Sie bilden dann den „letzten Tropfen, der das Faß zum Überlaufen bringt". Der Anlaß wird lediglich zum Auslöser für ein Verhalten, das eigentlich ganz andere Ursachen hat.

Der „Auslöser" für einen Suizidversuch bzw. Suizid kann im Prinzip jede Botschaft, jedes noch so geringfügige Ereignis sein, das eine bereits vorhandene Bereitschaft zum Suizid verstärkt. Ein Auslöser ist nicht die eigentliche Ursache oder der Grund für den unternommenen Versuch. Weil das so ist, kann kaum verhindert werden, daß eine eigentlich unbedeutende Situation für den einen oder anderen zum Auslöser für einen Suizidversuch wird. Dieser Tatbestand macht den Umgang mit depressiven und suizidal gefährdeten Kindern und Jugendlichen extrem schwierig und verantwortungsvoll.

Signale, die auf eine Suizidgefährdung hinweisen

Suizidversuche haben im Gegensatz zu Suiziden eine starke Appellfunktion. Der Appell wird, bewußt oder unbewußt, an die nächste soziale Umgebung, die Eltern oder Freunde, gerichtet. Nicht der feste Wille, aus dem Leben zu gehen, steht im Vordergrund, sondern die Hoffnung, in seinem Elend wahrgenommen zu werden, Hilfe zu erhalten, Veränderungen zu erwirken. Suizidversuchen, so meint der deutsche Psychiater Tölle (1988), liegt häufig die Tendenz zugrunde, „durch Angriff auf das eigene Leben die Umwelt zu alarmieren, sie in Angst und Schrecken zu versetzen, sie zu beschämen und zu demütigen, sich an ihr zu rächen".

Jugendliche in einer suizidalen Entwicklung kündigen den geplanten Suizid häufig im voraus an. Diese direkten Suizidankündigungen werden allerdings in der Regel entweder gar nicht wahrgenommen oder aber nicht ernst genommen. Zum Teil auch aufgrund der falschen Meinung, wer vom Suizid rede, bringe sich nicht um. Diese Auffassung ist nicht nur fachlich widerlegt, sondern sie ist auch gefährlich. Sorgt sie doch dafür, daß suizidale Krisen nicht rechtzeitig erkannt werden.

Es gibt bestimmte Verhaltensweisen und Äußerungsformen, die Zeichen für eine extrem starke Krisensituation sein können. So zum Beispiel, wenn liebgewonnene Dinge, Haustiere, der Spardoseninhalt usw. verschenkt werden. Oder wenn Äußerungen fallen wie: „Es wäre besser, wenn ich gar nicht da wäre!" oder „Mich will eh keiner haben!" Bei solchen Äußerungen geht es darum zu ergründen, ob das Kind vielleicht im Augenblick besonders belastet ist bzw. sich belastet fühlt. Dabei reicht es nicht aus, die objektive Situation des Kindes vom Standpunkt des Erwachsenen aus einzuschätzen, sondern es sollte immer auch die persönliche Einschätzung des Kindes oder Jugendlichen über gemeinsame Gespräche erfaßt werden.

Die folgenden Ereignisse sind Warnsignale für eine Krisensituation. Sie können als „indirekte Suizidankündigung" gesehen werden. Die Ankündigung wird nicht offen ausgesprochen, sondern durch bestimmtes Verhalten vermittelt:

- ein plötzlicher Leistungsabfall in der Schule,
- Schulverweigerung,
- Weglaufen von zu Hause,
- Verweigerung von Gesprächen in der Familie, mit dem Lehrer, mit Freunden,
- Aufgabe von gewohnten Aktivitäten, Hobbys, Verabredungen,
- großzügiges Verschenken persönlicher Gegenstände,
- Verfassen von kleinen Mitteilungen, Briefen, Gedichten, die Tod und Todessehnsüchte sowie persönliches Leiden beschreiben.

Weglaufen von zu Hause kann vieles bedeuten. So zum Beispiel das Weglaufen aus einer Konfliktsituation in der Familie, ein Machtverhalten gegenüber den Regeln der Eltern in der Erziehung. Das Kind oder der Jugendliche erprobt, wieweit man sich gegen bestimmte elterliche Vorgaben und Gebote wehren kann. Weglaufen kann aber auch ohne besonderen äußeren Anlaß durchgeführt werden und unter gegebenen Umständen als ein Warnsignal für eine psychische Krise des Kindes bzw. Jugendlichen oder sogar einen geplanten Suizidversuch verstanden werden. Vor allem dann, wenn sonst ein eher sehr regelangepaßtes und normorientiertes Verhalten vorhanden war. Weglaufen wird unter Umständen auch anstelle eines Suizidversuchs durchgeführt. Bei allen möglichen Interpretationen ist das längere Weglaufen von Kindern und Jugendlichen aus der elterlichen Wohnung fast ausnahmslos als eine Flucht aus einer als unerträglich empfundenen Situation zu sehen.

Zum Beispiel der 16jährige Mirko: Als er zum dritten Mal von zu Hause weggelaufen war, wußte er nicht mehr, ob er überhaupt noch nach Hause zurückkehren sollte. Die Mutter erdrückte ihn mit Aufgaben und Geboten, in der Schule reihte sich ein Mißerfolg an den anderen, der Bruder zeigte keinerlei Interesse mehr an ihm, und der Stiefvater war nur streng und kontrollierend. Seine Freunde hatte er längst verloren, weil er sich nur noch mit ihnen gezankt hatte. Die Nacht verbrachte er unter einer Brücke im Freien. Er war voller Haß gegen die Welt und gegen sich selbst. Und er fühlte sich nirgends mehr zugehörig. Seine Mutter hatte einen neuen Partner, der ihn nicht leiden konnte. Mirko hatte sich schon lange mit Tod und Selbsttötung beschäftigt. In der zweiten Nacht sprang Mirko vom Hochhaus. Zuvor hatte er seine Sachen verschenkt und das Geld vom Sparbuch einer Wohltätigkeitsvereinigung gespendet. Einige der Mitschüler waren so tief erschüttert, daß sie selber in eine depressive Krise gerieten.

Verachtung der eigenen Person und der eigenen Zukunft, Aggression, die sich gegen die eigene Person wendet, Phantasien, Gedanken und die konkrete Planung eines Suizids kennzeichnen wesentliche Prozeßmerkmale der suizidalen Entwicklung des Schülers. Der Schüler hatte eine ganze Reihe von Signalen seiner Befindlichkeit an seine Umwelt gerichtet, nur hat sie keiner „entschlüsseln" können.

Die Auseinandersetzung mit dem Tod bzw. konkretes suizidales Denken werden sehr oft, insbesondere bei Mädchen, über kleine Botschaften, Notizen, Briefe oder Gedichte mitgeteilt. In Schulheften oder auf Notizblättern finden sich Textauszüge aus einschlägigen Musikgruppen wie z.B. „Nirwana" oder Kritzeleien mit Todeskreuzen, auf denen der eigene Name steht. Häufig findet sich die Auseinandersetzung mit einem Suizid auch in einem Tagebuch wieder. Nicht selten lassen Jugendliche ihre „Mitteilungen" über die eigene schlechte Befindlichkeit sowie den angedachten „Lösungsweg Suizid" wie aus Versehen an einem Ort liegen, wo sie mit gewisser Wahrscheinlichkeit entdeckt werden. So zum Beispiel unter einem Arbeitstisch in der Schulklasse, auf dem Bücherregal zu Hause oder sogar in der Manteltasche. Unbewußt oder bewußt hoffen die Betroffenen, auf diese Weise entdeckt und aus ihrem psychischen Elend befreit zu werden.

Die folgende Tabelle faßt die wesentlichen Warnsignale für ein erhöhtes Suizidrisiko noch einmal zusammen:

Zwölf Warnzeichen für ein erhöhtes Suizidrisiko
(nach Kerns, 1997):

1. Deutliche Verhaltensänderungen.
2. Vernachlässigung des eigenen Aussehens.
3. Sozialer Rückzug und soziale Isolierung.
4. Verschenken von persönlichen Wertgegenständen und Regulierung persönlicher Angelegenheiten.
5. Starke Beschäftigung mit dem Thema „Tod" (Zeichnungen, Gedichte, Aufsätze, Notizen, Äußerungen etc.)
6. Offene oder verdeckte Androhung von Suizid (z.B. „Ohne mich geht es Euch ja besser!").
7. Vorangegangene Suizidversuche.
8. Auseinandersetzung mit Suizidmethoden, Besorgen von geeigneten Mitteln (z.B. Schlaftabletten).
9. Übermäßiger Konsum von Alkohol und Drogen.
10. Schulversagen.
11. Plötzlich gehobene Stimmung bei einem bis dahin eher depressiven Kind oder Jugendlichen (möglicher Hinweis auf den Entschluß).
12. Häufige Unfälle oder körperliche Beschwerden ohne medizinischen Befund.

Welche Kinder und Jugendlichen sind besonders gefährdet?

- Ein erhöhtes Risiko eines Suizids haben vor allem Jugendliche, die bereits einen Suizidversuch hinter sich haben. *Bei jedem vierten Suizidversuch folgt binnen zwei Jahren eine Wiederholung.* Kinder und Jugendliche, die in der eigenen Familie Personen erleben, die sich das Leben nehmen wollen oder bereits Suizidversuche durchgeführt haben (in der Regel bei einem Elternteil).
- Kinder und Jugendliche, die keine nennenswerten Kontakte zu Gleichaltrigen oder Cliquen in ihrem sozialen Umfeld haben, sondern im Alltag eher einsam und sozial isoliert leben. Nicht die Tatsache der sozialen Isolierung und Einsamkeit selbst, sondern die persönliche Verarbeitung und Bewertung der Situation im Denken des Kindes, das dadurch hervorgerufene Leiden, die sich einstellende Traurigkeit und Hoffnungslosigkeit bilden den Hintergrund für die suizidale Gefährdung.
- Einsame, depressive Kinder, die mit andauernden starken Belastungen alleingelassen werden.
- Kinder und Jugendliche, die einen Suizidversuch ankündigen. 60% bis 80% der Suizidenten kündigen ihre Absicht, sich das Leben zu nehmen, vorher an. Entsprechend sind verbale Äußerungen absolut ernst zu nehmen. Der Satz: „Wer sagt, daß er sich umbringen will, bringt sich nicht um!" stimmt nicht.
- Schizophrene Kinder und Jugendliche, Drogen- und Alkoholabhängige sowie Kinder und Jugendliche, die ihren Selbstmord ankündigen. Es ist längst widerlegt, daß Menschen, die vom Suizid reden, sich nicht umbringen, während diejenigen, die es tun, nicht davon reden. Auch wenn bei jugendlichen Mädchen in der Hochpubertät das suizidale Handeln häufig als ein Appell aufgefaßt werden kann, sich um das persönliche Leiden zu kümmern. Diese Mädchen wollen in aller Regel nicht sterben, sie schreien eher nach Hilfe.

Kinder und Jugendliche, die sich das Leben nehmen wollen, wissen nicht weiter. Aber sie wissen in der Regel eines ganz sicher: Sie wollen so nicht weiterleben. Ein Suizidversuch ist eine extreme Form, die eigene Hilf- und Hoffnungslosigkeit gegenüber tiefgreifenden inneren und äußeren Konflikten auszudrücken. Gleichzeitig soll ein solches Extremverhalten vor allem die engsten Bezugspersonen aufrütteln und appellieren, an ihrem Verhalten und den gegebenen Lebensumständen etwas zu ändern. „Ein Schrei nach Hilfe", so läßt sich der Suizidversuch interpretieren. Das Kind bzw. der Jugendliche setzt sein Leben aufs Spiel, um Aufmerksamkeit und Zuwendung zu erhalten.

Welche Methoden finden Anwendung?

Grundsätzlich gibt es bei Kindern und Jugendlichen in bezug auf die Durchführung eines Suizids keine jahreszeitliche Bindung wie bei Erwachsenen.

Die Vielfalt der Suizidmethoden, die zur Anwendung kommen, werden in der Fachliteratur in sog. „harte" und „weiche" Methoden unterteilt. Zu den „harten" Methoden, die vor allem (aber nicht ausschließlich) von Jungen angewendet werden, zählen vor allem Erhängen, Ertränken, Erschießen, Sturz aus dem Fenster bzw. vom Hochhaus. Die harten Methoden zählen zu den sicheren Methoden, was sich statistisch darin niederschlägt, daß bei vollendeten Suiziden mehr Jungen vertreten sind als Mädchen. Zu den „weichen" Methoden, die vorzugsweise von Mädchen angewendet werden, zählen vor allem Schlaftabletten oder andere Formen der Selbstvergiftung. Sie beinhalten im Gegensatz zu den „harten" Methoden die Chance einer rechtzeitigen Rettung.

Im übrigen hängt die Wahl der Methode auch von der aktuellen Verfügbarkeit ab. Schlaftabletten sind relativ leicht zu besorgen. Und wenn Jugendliche in einem Hochhausgebiet leben, ist die Wahrscheinlichkeit, im suizidalen Ernstfall von einem Hochhaus aus in den Tod zu springen, hoch. Vor allem, wenn es dafür schon Modelle gibt.

Als Erklärung für die höhere Häufigkeit der Mädchen bei den Suizidversuchen wird u. a. auch behauptet, daß Mädchen einen leichteren Zugriff zu sog. Selbstvergiftungsmitteln hätten als männliche Jugendliche.

In einer jüngsten Untersuchung an der Kinder- und Jugendpsychiatrie der Universität Tübingen (siehe Klosinski, 1999) konnte festgestellt werden, daß von 122 Jugendlichen, die wegen Suizidversuchen vorgestellt bzw. behandelt wurden (76 Mädchen und 46 Jungen), bei den Mädchen 13,2 % in der Altersstufe der

10–12jährigen, 59,2 % bei den 13–15jährigen und 27,6 % bei den 16–20jährigen zu finden waren. Der Autor kommt zu der Einschätzung, daß die „Hoch-Zeit" des Tabletten-Suizidversuchs bei Mädchen mit der eigentlichen Hochpubertät der Mädchen zusammenfällt und psychisch durch Störungen des Selbstwertgefühls und der Ich-Identität geprägt ist.

Neben der Methode spielt auch der Ort des suizidalen Handelns eine gewichtige Rolle. Er wird in der Regel sehr absichtsvoll und bewußt ausgewählt. Suizidhandlungen finden in aller Regel in der Nähe von wichtigen Bezugspersonen statt, bei Jugendlichen häufig direkt in der elterlichen Wohnung oder aber in unmittelbarer Nähe der Eltern oder in der Wohnung des Freundes/der Freundin. Der Ort hat Hinweis- und Appellcharakter. Hingewiesen werden soll auf die eigene Hilf- und Hoffnungslosigkeit. Der Appell richtet sich vor allem an die jeweils gemeinten Personen (z.B. die Eltern, die Freundin), bestimmte Bedingungen und Umstände des täglichen Lebens zu verändern.

Selbstschädigendes Verhalten im Sinne von Selbstbeschädigung muß von suizidalem Verhalten unterschieden werden. Vor allem, weil in den meisten Fällen weder der Tod angestrebt noch das Risiko des Sterbens bewußt in Kauf genommen wird. Es gibt Jugendliche, die sich über Verhaltensweisen wie „Ritzen" oder „Schneiden" insbesondere an den Handgelenken und den Unterarmen zu schädigen versuchen.

Im englischsprachigen Raum hat man dafür den Begriff eines „wrist-cutting-syndrome" geprägt. Der Begriff des „Syndroms" deutet darauf hin, daß sich dahinter viel mehr als nur das eine Symptom oder Merkmal des „Ritzens" verbirgt (vgl. dazu Klosinski, 1999).

Verhindern, Helfen und Vorbeugen

Die nicht kalkulierbare Situation, daß im Grunde jede leichte Kränkung, jede Zurechtweisung, jede Art eines frustrierenden Ereignisses ausreichen kann, um für ein bestimmtes Kind bzw. einen Jugendlichen zum Auslöser eines Suizids bzw. Suizidversuches zu werden, charakterisiert die schwierige Situation einer

Vorbeugung oder Verhütung. Der hier folgende Katalog an möglichen Handlungsstrategien und Verhaltensmustern für Eltern oder auch Lehrer bzw. nahe Bezugspersonen des Kindes oder Jugendlichen ist nicht ganz zufällig inhaltlich breit angelegt. Damit soll u. a. deutlich werden, daß die mögliche Absicht eines Kindes oder Jugendlichen, sich das Leben zu nehmen, so vielfach verursacht sein kann, daß es unmöglich erscheinen muß, dieses alles über einige wenige „Ratschläge" zur Hilfe und Vorbeugung abdecken zu können. Die Gefahr, sich damit Oberflächlichkeit und mangelnde Wirksamkeit einzuhandeln, ist zu groß. Um genau dieses zu vermeiden, entspricht der vorliegende Katalog an helfenden und vorbeugenden Möglichkeiten eher dem Ansatz einer Beziehungsaufnahme und -vertiefung zum suizidalen Kind oder Jugendlichen als einer breitangelegten Handlungsempfehlung:

- Suizid oder Suizidversuch sind in aller Regel geplant und vorbereitet. Das heißt, es gilt, lange Phasen von Frustration, Enttäuschung oder sozialer Isolation zu vermeiden.
- Hinter jedem suizidalen Handeln steht in der Regel ein Prozeß wachsender Hilf- und Hoffnungslosigkeit. Oder auch ein Prozeß wachsender Dissozialität und Normabweichung im Verhalten. Es gilt, solche Prozesse möglichst frühzeitig zu erkennen oder aber gar nicht erst aufkommen zu lassen.
- Die Vermeidung und Reduzierung von zu starken Belastungen und Anforderungen, auch solcher schulischer Art, kann entscheidend für die notwendige psychische Erholung depressiver und suizidaler Kinder und Jugendlicher werden.
- Äußerungen und Gedanken von Hilflosigkeit und Hoffnungslosigkeit bei Kindern und Jugendlichen über gemeinsame Gespräche aufzunehmen und ernst zu nehmen, sich als vertrauenswürdiger Partner in der Problemlage anzubieten kann Kindern die Gefühle nehmen, in schwierigen Situationen alleingelassen zu werden, und stellt vor allem einen ersten wichtigen Ansatz einer persönlichen Hilfe, Unterstützung oder auch Vorbeugung dar.
- Deutlichen Zeichen von Pessimismus sollte durch Aufbau von Optimismus entgegengewirkt werden. Dazu ist es notwendig, Kindern und Jugendlichen Erfahrungen von Erfolg des eigenen Handelns zu vermitteln. Die betroffenen Kinder und Jugendlichen müssen eine andere Überzeugung über sich selbst und ihre Person aufbauen: Dabei ist es notwendig, alte negative Selbst-

überzeugungen zu überwinden. Statt zu sagen „Ich bin ohnehin zu dumm dafür!", müssen die Selbstzuschreibungen lauten: „Ich weiß, daß ich das schaffen kann!" Positive Selbstüberzeugungen entwickeln heißt, davon überzeugt zu sein, daß mein eigenes Handeln bei entsprechender Anstrengung zum Erfolg führen kann. Erfolgserfahrungen und Selbstwirksamkeitsüberzeugungen können suizidalem Denken und Handeln entgegenwirken.

- Möglichkeiten, suizidales Verhalten zu verhindern, liegen vor allem in einem frühzeitigen Erkennen von Signalen und Alarmzeichen. Was allerdings bedeutet, daß zu dem Zeitpunkt bereits bestimmte Dinge „aus dem Lot" sind. Besser ist selbstverständlich, es im Sinne des Vorbeugens gar nicht erst zu diesen Signalen kommen zu lassen. Ein zu hoher Anspruch? Vielleicht. Auf der anderen Seite sollte man die „kritischen Ereignisse" kennen, die typischerweise zu Beziehungsstörungen, Konflikten oder gar Beziehungsabbrüchen zwischen Kindern und Eltern oder auch Lehrern und Schülern führen. So erzählte die Mutter von Jana weinend, daß sie so sehr darunter leide, daß Jana kaum mehr in der Familie reden würde. Sie wisse als Mutter schon seit längerer Zeit nicht mehr, was die Tochter denkt und wie es ihr wirklich geht. Und das würde ihr große Angst machen. Jana hatte es ihrerseits aufgegeben, sich mitzuteilen, weil sie meinte, es würde ohnehin keiner zuhören, es würde auch niemanden interessieren. Das „Nicht mehr reden" der Tochter ist zweifellos als ein „kritisches Ereignis" zu werten, das es dringend zu ändern gilt, um weitere unerwünschte Eskalationen zu vermeiden. Beziehungsbrüche bzw. Beziehungsabbrüche sind in sehr vielen Fällen der Hintergrund für suizidales Verhalten. Während es sich dabei im Kindesalter noch vorwiegend um die Beziehung zwischen dem Kind und den Eltern handelt, sind im Jugendalter auch die Beziehungen zu Freunden und Gleichaltrigen mit zu bedenken. Hinter jedem Beziehungsabbruch eines Kindes oder Jugendlichen durch Verweigerung der Kommunikation in der Familie steht ein Beziehungskonflikt. Das „Nicht reden" ist als ein Signal dafür aufzugreifen.
- Belastungsfähigkeit und psychische Widerstandskraft des Kindes stärken.
- Die Kommunikation in der Familie nicht abbrechen lassen und emotionale Nähe vermitteln. Bereitschaft zeigen, an den Kon-

flikten und Schwierigkeiten teilzunehmen und zu unterstützen. Eine gute Beziehung zum Kind und Jugendlichen sollte auch eine belastungsfähige Beziehung darstellen.

- Die Beziehung zum Kind und Jugendlichen stärken heißt: Sicherheit und Stützung geben, Vertrauen schenken, Offenheit im Denken und Handeln herstellen und vor allem Akzeptanz vermitteln. Eine gute und verläßliche Beziehung zum Kind und Jugendlichen ist eine grundlegende Voraussetzung, um suizidalem Denken und Handeln von Kindern und Jugendlichen wirklich wirksam entgegenwirken zu können.

- Miteinander reden. Einsamkeitsgefühle durch langfristiges Schweigen nicht aufkommen lassen. Wortloses Nebeneinanderherleben ist eine Art von psychischer Bestrafung, ein Liebesentzug, der Kinder schlimmer trifft als ein Entzug von Privilegien.

- Nur über die Vermittlung eines einfühlsamen „Ich verstehe Dich!" wird sich das Kind oder der Jugendliche bereitfinden, die Probleme, Sorgen und Gefühle mitzuteilen. Wo der erwachsene Gesprächspartner kein Verstehen vermitteln kann, wird kein Vertrauen entstehen können.

- Insbesondere depressive und suizidale Kinder und Jugendliche haben große Ängste, mit ihren Problemen nicht ernst genommen oder sogar verlacht zu werden. Als Kind oder Jugendlicher veröffentlicht man nicht gerne eigene Schwächen und Nöte. Und erst recht nicht Hilfsbedürftigkeit, auch nicht in der Familie. Möglicherweise fehlt dem einen oder anderen Kind auch der Glaube an die Fähigkeit der Eltern, wirklich helfen zu können.

- Nicht das „objektive" Elend zählt bei der Einschätzung der Ernsthaftigkeit einer suizidalen Krise eines Kindes oder Jugendlichen, sondern immer das subjektiv empfundene Leid. Entscheidend ist zuallererst die persönliche Bewertung einer Situation durch den Betroffenen selber. Es ist in erster Instanz die persönliche Wahrnehmung des Kindes oder Jugendlichen, die zählt.

Hilfe in Gang setzen oder veranlassen

Hat man als Eltern oder auch als Lehrer das Gefühl einer möglichen Suizidgefährdung eines Kindes oder Jugendlichen, sollte ohne große Zeitverzögerung Beratung bei Fachleuten eingeholt werden. Ansprechpartner wären z. B. spezielle Beratungsstellen für suizidgefährdete Kinder und Jugendliche, Klinische Psychologen in freier Praxis, Schulpsychologische Beratungsstellen, Erziehungs- und Familienberatungsstellen und psychiatrische Einrichtungen (siehe dazu Anhang). Eines der grundlegenden Probleme dabei ist, daß der oder die Betroffene in der Regel gar keine Beratung haben möchte und somit auch keine Gesprächsbereitschaft vorhanden ist.

Hier liegt eine Aufgabe der Eltern, manchmal auch des Lehrers, das gefährdete Kind bzw. den Jugendlichen die dringende Notwendigkeit fachpsychologischer Beratung und zusätzlicher Hilfe nahezubringen. Dies nicht mit allen Mitteln zu versuchen hieße ein Aufgeben der Hoffnung, durch den persönlichen Einsatz eine kritische Situation vielleicht auflösen helfen zu können. Dabei muß man allerdings auch wissen: Es gibt Fälle, in denen die Hilfsangebote von Erwachsenen nicht angenommen werden. Und in solchen Fällen geht es möglicherweise zuerst einmal darum, den Jugendlichen in seiner Krise vor dem Verlust der Kontrolle über sich selbst zu schützen. Man kann diese Tatsache auch als eine besondere Aufforderung verstehen, vorher sich einzuschalten und zu engagieren, nicht erst, wenn die suizidale Krise da ist.

• Auf keinen Fall suizidale Signale von Kindern und Jugendlichen ignorieren und darauf hoffen, daß sich die Dinge wieder legen.

5. Werden aus depressiven Kindern depressive Erwachsene?

Depressive Störungen sind in ihrer Stärke, ihrer Dauer sowie ihrem Verlauf sehr unterschiedlich. Die unterschiedlichen Stärken spiegeln sich in den unterschiedlichen depressiven Störungen wieder. Eine Major Depression als schwere depressive Störung ist deutlich zu unterscheiden von einer sehr viel schwächeren Form, der oftmals chronisch verlaufenden Dysthymen Störung. Solche eher chronischen Depressionsverläufe sind bei Kindern und Jugendlichen häufig zu finden. Die durchschnittliche Dauer einer depressiven Episode beträgt ca. 23–36 Wochen. Allerdings weicht etwa jedes 3. Kind von diesem Durchschnitt ab, indem es auch noch nach einem Jahr depressiv ist. Dysthyme Störungen sind dadurch gekennzeichnet, daß sie mindestens ein Jahr anhalten. Bei der Frage, von welchen Umständen es eigentlich abhängt, wenn eine schwere depressive Störung weiter anhält, wird vor allem immer wieder das gleichzeitige Vorhandensein von weiteren psychischen Störungen wie Angststörungen oder Substanzkonsum (Drogen, Tabletten etc.) genannt.

Eine depressive Episode läuft nach bestimmter Dauer oftmals auch ohne therapeutisches Einwirken aus. Aber sie kann erneut auftreten. Bei depressiven Kindern und Jugendlichen kommt es besonders häufig zu Rückfällen. Bei fast 50 % von Klinikkindern ereignet sich innerhalb der nächsten ein bis drei Jahre ein Rückfall. Offenbar wird das Risiko eines Rückfalls einer depressiven Episode durch bestimmte Lebensbedingungen wie z.B. einen niedrigen sozioökonomischen Status der Familie erhöht. Weitere, einen schnellen Rückfall begünstigende Faktoren sind z.B. ein durchgeführter Suizidversuch, Auftreten von Suizidgedanken während der ersten depressiven Episode, eine besonders schwere erste Episode einer Major Depression, ein frühes Alter bei Störungsbeginn, das gleichzeitige Vorhandensein weiterer psychischer Störungen (sog. komorbide Störungen) sowie anhaltende pessimistische, selbstabwertende selbstbeschuldigende Gedanken (Essau u. Petermann, 2000).

Insbesondere die folgenden Umstände sind mit einem negativen Verlauf depressiver Störungen verbunden:
(nach Essau & Petermann, 2000):

- früher Beginn der schweren depressiven Episode (Major Depression),
- hoher Schweregrad der Depression,
- Suizidgedanken,
- weitere, gleichzeitig vorhandene (komorbide) Störungen,
- Behandlung wegen affektiver Störungen,
- starker Emotionsausdruck,
- elterliche Depression, insbesondere Depression der Mutter,
- Probleme mit sozialen Kontakten, zum Beispiel mäßige bis schlechte Freundschaften und
- niedriger sozioökonomischer Hintergrund.

Die Tatsache hoher Rückfälle in eine erneute Depression hat natürlich unter anderem auch hohe Auswirkungen auf die Bewältigung der Schülerrolle, ganz abgesehen davon, daß auf diese Weise sowohl die Eltern als auch die Lehrer beständig Sorge vor dem erneuten Ausbruch einer depressiven Episode bei dem Kind oder Jugendlichen haben müssen. Die hohen Rückfallquoten machen die Prävention sowie die Vermittlung von Kompetenzen zum Umgang mit Depression noch wichtiger.

Bilden sich depressive Störungen einfach zurück, oder werden aus depressiven Kindern depressive Erwachsene? Welchen Verlauf nehmen depressive Störungen eigentlich? Muß man damit rechnen, daß ein Kind, welches in frühen Jahren eine erste depressive Phase erlitten hat, nun zeitlebens mit depressiven Rückfällen rechnen muß?

Da sich eine solche Frage nur auf der Grundlage von entsprechenden Erfahrungswerten beantworten läßt, werden in der wissenschaftlichen Forschung seit längerer Zeit entsprechende Langzeituntersuchungen in Form von Verlaufs- und Längsschnittstudien durchgeführt. So behalten Wissenschafter beispielsweise bestimmte Heranwachsende mit einer bereits einmal aufgetretenen depressiven Störung im Auge und registrieren in bestimmten Zeitabständen den Grad der psychischen Gesundheit, das mögliche Wiederauftreten depressiver Befindlichkeiten sowie den allgemeinen Entwicklungsverlauf. Ergebnisse solcher Studien liegen inzwischen aus den USA, aus Großbritannien, aber auch aus Island oder Deutschland vor. Auf der Grundlage dieser Ergebnisse lassen sich u. a. die folgenden Aussagen treffen.

Eine erste wichtige Botschaft: Depressive Kinder wachsen aus Depressionen nicht einfach heraus!

Kinder und Jugendliche, die bereits einmal unter einer depressiven Störung gelitten haben, weisen in ihrem weiteren Entwicklungsverlauf ein deutlich höheres Risiko auf, erneut in eine depressive Phase zu geraten oder aber auch eine zusätzliche psychische Störung zu entwickeln. Allgemein ist die Stabilität der Depression am höchsten bei Jugendlichen mit einem frühen Beginn der Störung, einer zusätzlich vorhandenen psychischen Störung sowie wiederholt auftretenden depressiven Phasen.

Dazu zählen dann beispielsweise Befunde wie der folgende: Bei 25 % aus einer Gruppe von Jugendlichen, die im Alter von 13 Jahren eine depressive Symptomatik aufwiesen, zeigten sich auch mit 18 Jahren depressive Symptome.

Eine zweite wichtige Botschaft: Insbesondere für Mädchen ergibt sich eine ungünstige Prognose: Depressive Mädchen bleiben häufiger depressiv als Jungen.

Auch bei nur leichten oder mittelschweren Ausprägungen erweisen sich depressive Symptome als relativ stabil: Hat ein Kind eine gewisse Anfälligkeit für depressive Verstimmungszustände, ist die Wahrscheinlichkeit groß, diese Befindlichkeit auch für weitere Jahre beizubehalten. Es ist also keineswegs sinnvoll, eine solche leichtere depressive Verstimmung eines Kindes zu verharmlosen. Im Gegenteil! Untersuchungsergebnisse zeigen, daß solche Befindlichkeiten das Risiko erhöhen, in eine schwere Depression zu „kippen". Damit ergibt sich bei depressiven Kindern und Jugendlichen im weiteren Entwicklungsverlauf auch ein deutlich erhöhtes Risiko für suizidale Handlungen.

Eine dritte, nicht weniger wichtige Botschaft: Kinder und Jugendliche mit depressiven Störungen haben ein höheres Risiko, auch im Erwachsenenalter vermehrt unter negativen Stimmungen zu leiden, in soziale und berufliche Anpassungsprobleme (u.a. Partner- und Beziehungsprobleme) zu geraten oder aber auch erneut eine Depression zu entwickeln.

Es gibt Auffassungen in Fachkreisen, daß depressive Episoden sog. psychische „Narben" („Scars") hinterlassen, die unter besonderen Belastungen wieder erneut aufbrechen können. Diese „Scarring"-Hypothese des Londoner Psychiaters Harrington wird als eine Erklärung für die hohe Rückfallneigung angeführt. Neben diesen psychischen Narben, so glaubt man, können sich auch neurobiologische Narben im Gehirn bilden.

Eine vierte Botschaft: Depressionen haben vielfach einen chronischen Verlauf mit hoher Rückfallneigung.

Depressive Verstimmungen dauern im Durchschnitt ca. 7 bis 9 Monate. Innerhalb von 5 Jahren erleben etwa drei Viertel dieser

Kinder erneut eine solche Episode einer Depression – bei etwa 40 % schon innerhalb von zwei Jahren. Das heißt, sie chronifizieren.

Harrington und Mitarbeiter (1990) begleiteten depressive Kinder und Jugendliche bis ins Erwachsenenalter hinein und fanden heraus, daß etwa 70 % dieser Erwachsenen im Alter von 30 Jahren wieder einen Rückfall erlitten hatten. Diese Erwachsenen berichteten über besondere Erfahrungen als Kinder im Elternhaus: häufige Schuldgefühle; gespannte Beziehung zum gleichgeschlechtlichen Elternteil, vor allem bei einer Scheidung; Depression bei der Mutter; dominante (stark bestimmend) oder aber überbehütende Haltung der Eltern gegenüber dem Kind sowie ein hohes Konfliktniveau in der gesamten Familie.

Fünfte Botschaft: Depressionen beeinträchtigen die Entwicklung von Kindern und Jugendlichen nachhaltig.

Depressive Kinder und Jugendliche weisen im weiteren Entwicklungsverlauf nicht nur ein höheres Risiko für depressive Störungen, sondern auch für andere Probleme auf. So zum Beispiel Anpassungsprobleme, soziale Schwierigkeiten und Leistungsprobleme.

Die Beziehungen zu Gleichaltrigen sind nicht nur im Jugendalter beeinträchtigt, sondern auch die Partnerbeziehungen im frühen Erwachsenenalter verlaufen nicht ohne Probleme (Kandel u. Davies, 1986). So berichten zum Beispiel junge Erwachsene acht Jahre nach der stationären Depressionsbehandlung als depressive Jugendliche über mehr Ehe- und Beziehungsprobleme als ihre Vergleichsgruppe aus nichtdepressiven psychiatrischen Patienten (Garber et al., 1988). Neuere Studien weisen darauf hin, daß die sozialen Folgeprobleme in den Fällen besonders stark ausgeprägt sind, wo zusätzlich noch eine Verhaltensstörung bestanden hatte.

Zusammenfassend kann festgestellt werden, daß Kinder und Jugendliche mit depressiven Störungen aufgrund der vielfachen Einbußen im emotionalen, sozialen und schulischen Bereich generell in der Entwicklung ihrer Kompetenzen beeinträchtigt sind und gestellte Entwicklungsaufgaben nur schwer bewältigen. Davon wird in der weiteren Folge sehr häufig auch das Erwachsenenalter mit den Hauptaspekten einer beruflichen Tätigkeit, einer festen Partnerbeziehung sowie der Familiengründung betroffen bleiben.

Teil III
Familie, Schule und Depressionen

Familie und Schule stellen innerhalb der Entwicklung von Kindern und Jugendlichen die wichtigsten sozialen Bezugspunkte dar. Depressive Kinder und Jugendliche erleben die beiden Bereiche oftmals sehr konfliktreich und zuwenig unterstützend. Immer wieder klagen depressive Kinder und Jugendliche über mangelnde Zuwendung und Unterstützung durch Eltern und Familie. Jugendliche fühlen sich zuwenig beachtet, schreiben Eltern Ignoranz und Desinteresse an den eigenen täglichen Problemen zu und ziehen sich nicht selten gekränkt und enttäuscht zurück. Läßt sich die Schule mit ihren besonderen Bedingungen vielleicht als ein Auslöser für Depressionen im Kindes- und Jugendalter bezeichnen? Warum fühlen sich Schülerinnen und Schüler gegenüber schulischen Anforderungen hilflos oder bleiben immer häufiger dem Schulbesuch fern? Den gestellten Fragen und dahinterliegenden Problemen soll in diesem Teil des Buches über die folgenden Kapitel nachgegangen werden:

- Familie und Depressionen
- Depressive Störungen und Schulerfolg

1. Familie und Depressionen

Es wäre viel zu einfach und von daher unzulässig anzunehmen, depressive Kinder und Jugendliche hätten in jedem Fall ein problemreiches, wenig förderliches Elternhaus. Das stimmt so keinesfalls. Man muß vielleicht eher betonen, daß Kinder und Jugendliche auch dann eine depressive Störung entwickeln können, wenn ein intaktes Elternhaus vorhanden ist. Die Umstände, unter denen sich Depressionen entwickeln, sind sehr viel komplexer und vielschichtiger, als daß es zulässig wäre, eine einzelne belastende Bedingung im Leben eines Kindes als Auslösefaktor zu bestimmen.

Insgesamt ist auch das Wissen um mögliche Zusammenhänge zwischen Familiensystem und elterlicher Erziehung sowie Entwicklung und Aufrechterhaltung depressiver Störungen bei den Kindern noch relativ begrenzt. Zwei Fallbeispiele sollen die Problematik verdeutlichen:

Als der 10jährige Bastian die Tür des Autos zuschlug, das ihn heute morgen wieder so bequem zur Schule gelangen ließ, schrie er zum Abschied zu seiner Mutter ins Auto hinein: „Hau bloß ab, Du blöde Kuh!" Die Mutter sprang erbost aus dem Auto und rief ihrem Sohn hinterher: „Du brauchst gar nicht nach Hause zu kommen!" Die Lehrerin, die diese Szene vom offenen Fenster des Schulgebäudes aus mit angesehen hatte, erstarrte. Und sie wußte auch gleich, daß dieser Schultag für beide wieder ein schwieriger werden würde. Basti war seit einem halben Jahr in einer Kleinklasse, um sein aggressives Verhalten mit schweren Wutausbrüchen kontrollieren zu lernen und vor allem auch mehr Optimismus und Selbstbewußtsein zu entwickeln. Denn eigentlich war Basti ein sozial ganz hilfloser Junge. Zu Hause lebte er mit seiner Mutter allein. Der Vater hatte die elterliche Wohnung vor einem Jahr verlassen. Die Mutter hatte ihm erklärt, es sei besser so. Die Eltern würden sich jetzt nicht mehr so viel streiten. Basti hatte in der Tat sehr viel Streit zwischen den Eltern erleben müssen. Die Mutter hatte dann immer nur geschrien und geweint. Oft ging es in dem Streit auch um ihn. Manchmal war die Mutter auf den Balkon gestürzt und hatte gedroht hinabzuspringen. Der Vater hatte sie dann immer zurückgehalten. Bastian saß danach stundenlang heulend in seinem Zimmer. Er konnte nicht begreifen, warum die Mutter sich umbringen wollte, wo er doch auch noch da war. Aber vielleicht war es ihr ja auch egal. In der Kleinklasse hatte er schon oft erzählt, seine Mutter habe ihn nicht lieb. Bastis Verhalten schwankte zwischen aggressiven Auseinandersetzungen mit Mitschülern und Lehrern sowie totalem sozialen Rückzug hin und her. Häufig wollte er weder mit jemandem sprechen noch etwas für den Unterricht arbeiten. Dann lag er in der Sitzecke der Klasse und klagte über Bauchschmerzen und Übelkeit. Die Lehrerin versuchte mit viel Geduld, den Jungen emotional zu beruhigen und „gruppenfähig" zu machen. Es war noch ein langer Weg bis dahin. Oft fühlte sie sich mit Bastis Verhaltensproblemen überfordert.

Bastian zeigt deutliche depressive Züge. Sozialer Rückzug, Verweigerung, sich mitzuteilen, dysphorische Stimmung sind nur einige der Symptome, die täglich zu beobachten sind. Zusätzlich treten stark aggressive Verhaltensweisen auf. Man gewinnt das Gefühl, als hätte Bastian nur die Wahl zwischen einerseits sozialem Rückzug aus jeder Gruppe und Beziehung oder andererseits einem aggressiven Bewältigungsstil in sozialen Situationen bzw. auch sozialen Konflikten. Wird er enttäuscht, schreit er die Personen ungeachtet ihrer Position und Funktion wütend und völlig unkontrolliert an. Damit verbaut er grundsätzlich jede Möglichkeit eines friedlichen Umgangs miteinander. Und er blockiert vor allem auch jedes Herankommen an seine wirklichen Probleme. Wenn es dann wieder einmal einen ganz schlimmen Wutanfall gegeben hat, bei dem auch alle möglichen Gegenstände durch die Gegend fliegen, bricht Bastian für Stunden innerlich völlig zusammen und ist nur noch am Weinen. Man muß davon ausgehen, daß Bastian seine persönliche Familiensituation schon lange als schwer belastend erlebt. Die psychischen Fehlentwicklungen mit deutlicher depressiver Problematik scheinen insgesamt so umfassend, daß Bastian für längere Zeit nicht mehr normal beschulbar ist und zusätzlich außerschulische psychologisch-therapeutische Hilfen benötigt. Das Verhalten von Bastian gegenüber seiner Mutter signalisiert eine schwere Beziehungsstörung, die zusätzlich therapeutisch bearbeitet werden muß. Bastian wird vermutlich nicht nur unter der Trennung seiner Eltern und den vielen elterlichen Auseinandersetzungen leiden, sondern ein traumatisches Erleben der Suizidversuche seiner Mutter in sich tragen. Möglicherweise ist die gesamte psychische Belastung so hoch, daß der Junge eigentlich „nur noch schreien könnte". Die aggressiven Ausbrüche könnten so etwas wie eine innere Entlastung für den Jungen darstellen. Und wenn ihm die Kraft der Rebellion fehlt, fällt er resignativ und depressiv in sich selbst zurück. Trennung oder Scheidung der Eltern gelten als ein hoher Risikofaktor für die Entwicklung psychischer Störungen bei Kindern. Wobei das Ausmaß der Folgewirkungen immer auch von der Art des gesamten Hintergrundes in der Familie abhängig ist.

Konflikte prägen das Familienleben

Studien zeigen, daß in Familien mit einem depressiven Kind über ein höheres Ausmaß an Konflikten berichtet wird. Zudem zeigt sich, daß diese Familien häufig weniger unterstützend sind und auch in bezug auf den Kommunikationsstil und die angewendeten Problemlösestrategien ungünstiger verfahren als Familien mit gesunden Kindern (Kaslow u. a., 1994). Dabei ist immer auch zu berücksichtigen, in welchem Lebensalter sich die Kinder befinden. So erlebt der Jugendliche das Verhältnis zwischen seinen Eltern und ihm innerhalb der Pubertätsphase in aller Regel deutlich angespannter als noch im Kindesalter. Hier entscheiden Erziehungs- und Kommunikationsstil der Eltern deutlich mit darüber, wie konfliktreich die Phase des Umbruchs und der Neuorientierungen abläuft. Dabei wird überall in der Literatur betont, daß der Übergang ins Jugendalter für alle Beteiligten in der Familie problemfreier verlaufen kann, wenn bereits vorher ein gutes Eltern-Kind-Verhältnis bestand. Unter solchen Umständen wird sich ein großer Teil der Veränderungen eher in Begleitung von gemeinsamen Familiengesprächen und Lösungsbemühungen in der Familie abspielen. Entsprechend dem zentralen Stellenwert des „Miteinander Redens" und „Verhandelns", der die heutige Familie als eine sog. „Aushandlungsfamilie" (Fend, 2000) vielfach von der traditionellen „Kommandofamilie" unterscheidet, werden die Konflikte zwischen Eltern und Kindern verstärkt verbal auszutragen versucht. Das schließt dennoch nicht aus, daß sich bei Kindern Depressionen entwickeln.

Bei allen Versuchen, typische Familienstrukturen depressiver Kinder und Jugendlicher zu beschreiben, ist immer auch zu bedenken, wer in der Familie Aussagen über die typischen Merkmale macht. Oftmals sind es, abgesehen von Beobachtungen des Familienlebens, auch die depressiven Kinder und Jugendlichen selbst, die ihre Familiensituation darstellen. Die betroffenen Kinder bewerten ihre Familie als konfliktreicher und feindseliger als andere Familien. Überhaupt scheint die Situation der vielen Konflikte in der Familie, entweder unter den Eltern oder aber zwischen Eltern und Kindern, ein prägendes Erleben der depressiven Kinder und Jugendlichen zu sein.

Es ist zu vermuten, daß Kinder im Rahmen dieser Konflikte auch übermäßig stark zurückgemeldet bekommen, daß sie weniger leisten, weniger attraktiv und liebenswert als andere sind. Schwere und dauerhafte Selbstwertkränkungen und negative Kompetenzzuschreibungen sind zweifellos ein gefährlicher Nährboden für depressive Entwicklungen im Kindes- und Jugendalter.

Problematische familiäre Kommunikations- und Interaktionsformen (vgl. Fend, 2000)

- Ewiges Nörgeln,
- Überwiegen negativer affektiver Äußerungen,
- Ungeduld beim Problemelösen,
- Mißachtung des anderen,
- wenig Bereitschaft zum Mithelfen,
- die Meinung des anderen nicht anhören,
- Lösungen durchsetzen, die wenig Zustimmung finden.

Die hier aufgeführten Formen des Umgangs zwischen Eltern und Kindern in der Familie wurden vor allem dort angetroffen, wo Familien unter besonderen Belastungen wie finanziellen Sorgen, Eheproblemen, Alkohol, Arbeitsüberlastung u.a. standen. Solche Bedingungen wirken auf alle Familienmitglieder belastend und führen im täglichen Alltag zu einer Vielfalt an Reibereien und Konflikten. Von besonderer Bedeutung sind solche innerfamiliären Faktoren nicht zuletzt auch deshalb, weil damit nachweislich ungünstige und einschränkende Entwicklungsbedingungen für Kinder in allen Altersphasen gegeben sind. Negative Auswirkungen sind dabei nicht nur im Bereich von Verhaltensproblemen wie verstärkter Aggression und abweichendem Sozialverhalten, schlechten schulischen Leistungen oder auch früherem Drogenmißbrauch zu suchen, sondern verstärkt auch im Bereich emotionaler Störung wie depressiven Entwicklungen.

Disziplin und Strafen

Studien, die sich eingehend mit der Interaktion, d.h. dem gemeinsamen Handeln in der Familie, insbesondere mit dem Umgang der Eltern zu ihren Kindern, beschäftigt haben, zeigen, daß in Familien mit depressiven Kindern sehr häufig eine stark strafende und kontrollierende Erziehung vorherrscht. Durch solche Erziehungspraktiken wird das Kind nicht nur persönlich erniedrigt bzw. herabgesetzt, sondern es wird damit von möglicher persönlicher Wertschätzung, materieller Belohnung und sozialer Anerkennung weitestgehend abgeschnitten. Zusätzlich zu den erwähnten Erziehungspraktiken finden sich begleitend häufiger auch emotionsgeladene, wütende Angriffe auf die Person des Kindes, was die negativen Einwirkungen auf das kindliche Selbstwertgefühl nur noch weiter verstärkt. Man spricht in diesem Zusammenhang von einem eher „zerstörenden" Erziehungsverhalten, bei dem der sich mittels Strafe und Erniedrigung durchsetzende Elternteil psychisch zerstörende Mittel und Methoden anwendet, um bei dem Kind die Einhaltung von Regeln und Verhaltensvorschriften durchzusetzen. Emotionale Zuwendung und Liebe werden bei diesen Eltern von der Erfüllung elterlicher Erwartungen abhängig gemacht. Werden diese Erwartungen vom Kind nicht erfüllt oder zeigt es Schwierigkeiten bei der Bewältigung von Aufgaben, die oftmals nicht altersangemessen erscheinen, wird das Kind unter negativer Bewertung abgewiesen und verliert die positive Zuwendung. Das Erziehungsverhalten von Eltern in Familien mit depressiven Kindern gilt tendenziell als weniger demokratisch, vor allem im Hinblick darauf, daß die Kinder bei familieninternen Entscheidungen offenbar wenig mitzureden haben.

Freizeitgestaltung und Unterstützung in der Familie

Weitere Ergebnisse wissenschaftlicher Studien zur Familiensituation depressiver Kinder weisen darauf hin, daß Familien mit depressiven Kindern offenbar weniger miteinander unternehmen, sich weniger gemeinsam den angenehmen Aktivitäten widmen als Familien ohne depressive Kinder. Worin die Ursachen dafür zu suchen sind, ist generell schwer zu sagen. Sicherlich wären verschiedene Gründe anzuführen. Zum Beispiel, daß diese Eltern solche Aktivitäten überflüssig finden oder aber sie über kein ausreichendes Geld verfügen, um sich solche Dinge zu leisten. Wenige zusätzliche gemeinsame Aktivitäten können auch auf eine angespannte berufliche Situation und einen Mangel an Zeit und Gelegenheiten zurückgeführt werden. Das Problem ist u.a., daß durch relativ eingeschränkte Außenaktivitäten in Familien mit depressiven Kindern der Einfluß eines innerfamilialen konfliktreichen und eher feindseligen Familienklimas eher noch verstärkt wird. Wo die Familie innerhalb attraktiver Unternehmungen wenig gemeinsame positive Erfahrungen machen kann, wo wenig gemeinsamer Spaß erlebt wird, können Kinder und Eltern auch kaum miteinander erfahren, daß es in der Familie auch konfliktfrei und harmonisch sein kann. Und auch die Möglichkeiten, gegenseitig die positiven Seiten des Verhaltens zu entdecken, sind damit deutlich weniger gegeben. Der Mangel gemeinsamen positiven Erlebens reduziert die Möglichkeiten der Familienmitglieder, positive Beziehungen zueinander aufzubauen.

Dabei wird zusätzlich angenommen, daß Kinder den insgesamt negativen und oftmals feindseligen Umgangsstil innerhalb der Familie übernehmen und außerhalb der Familie anwenden. Damit verschärfen diese Kinder nicht nur ihre persönliche Situation zunehmender negativer Rückmeldungen, Konflikte und sozialer Ablehnung, sondern bringen sich in der Folge noch tiefer in eine depressive Entwicklung hinein. Denn der feindselige, unsoziale Umgangsstil mit den Gleichaltrigen oder Freunden führt in aller Regel zu weiteren Erfahrungen, abgewiesen und erniedrigt zu werden. Das Selbstwertgefühl des Kindes oder Jugendlichen wird damit weiter reduziert und die depressive Befindlichkeit verstärkt.

„Keiner liebt mich, auch meinen Eltern bin ich egal!"

Eine solche Behauptung hat – wenn sie aus dem Munde des Sohnes oder der Tochter kommt – für Eltern in aller Regel eine sehr verletzende Wirkung. Was aber treibt Kinder und Jugendliche dazu, sich ungeliebt zu fühlen und dieses sogar auszusprechen?

Es ist grundsätzlich kein Zufall, daß insbesondere Kinder und Jugendliche mit depressiven Verstimmungszuständen oder ausgeprägten depressiven Störungen darüber klagen, von ihren Eltern nicht geliebt bzw. im Stich gelassen zu werden. Diese subjektiven Bewertungen können einem niedergedrückten und belasteten Gefühlszustand entspringen, der mit innerer Leere und Einsamkeit einhergeht. In diesen Fällen sind sie u. a. Ergebnis eines negativen Denkens, das sich im Rahmen depressiver Entwicklungen typischerweise ausbreitet. Ein depressives Kind hat bei entsprechender Intensität und Ausprägung der depressiven Symptomatik das Gefühl, weder von den Eltern noch von anderen Personen im sozialen Umfeld geliebt bzw. gemocht zu werden. Diese subjektive Theorie des Kindes wird durch die zusätzliche Überzeugung gestützt, selber auch keine liebenswerte Person zu sein. Das negative Denken umfaßt also nicht nur die Umwelt, einschließlich der eigenen Familie, sondern auch die eigene Person, das eigene Selbst. Im extremen Fall kommt es zu Äußerungen wie: „Es geschieht mir ganz recht, daß meine Eltern mich nicht lieben. Ich bin sowieso ein Versager und koste nur Geld!"

Eltern haben es grundsätzlich nicht leicht, solche negativen Grundüberzeugungen des Kindes zu verändern, da diese mit der gesamten depressiven Befindlichkeit verbunden sind. Gutes Zureden oder Vorhaltungen helfen da wenig. Am ehesten lassen sich solche negativen Grundüberzeugungen dadurch verändern, daß man als Eltern das Gegenteil solcher Zuschreibungen zu tun versucht. Das heißt: sich täglich und zuverlässig Zeit mit dem Kind nimmt, gemeinsam anstehende Bewältigungen durchgeht, Hilfe und Unterstützung anbietet, Entwicklung begleitet, Anteil nimmt. Und vor allem auch herauszufinden versucht, wieweit die Tochter oder der Sohn möglicherweise depressive Symptome entwickelt bzw. bereits aufweist. So könnten sich Eltern beispielsweise fragen: „Ist das immer schon so gewesen? Gibt es vielleicht einen besonderen Anlaß für so viel Pessimismus? Ist das jetzt vielleicht wieder eine eher alterstypische ‚Depri-Phase'? Habe ich mein Kind vielleicht in der letzten Zeit tatsächlich vernachlässigt?" Auch wenn Eltern keine professionellen Diagnostiker sind, so können sie dennoch fast täglich eine diagnostische Brille brauchen.

Klagt ein Kind über Gefühle, von den Eltern nicht geliebt zu werden, so kann das immer auch einen realen Hintergrund haben. Es müssen nicht in jedem Falle die sog. „negativen Verzerrungen im Denken" eines depressiven Kindes dafür verantwortlich gemacht werden. Vor allem wenn auf der anderen Seite aus der Literatur zur Entwicklung depressiver Störungen im Kindes- und Jugendalter bekannt ist, daß einer der möglichen Risikofaktoren auch für depressive Störungen eine lieblose, ignorierende oder gefühlskalte Erziehung darstellt, die dem Kind langfristig keine ausreichenden Möglichkeiten eröffnet, sich lebensnotwendige positive Zuwendung und emotionale Wärme zu holen. Hinter den

Klagen des Kindes kann sich also durchaus ein realer Tatbestand verbergen. Das Kind erhofft sich von seiner Mitteilung vor allem auch persönliche Hilfe.

So konnte aus der Grundschule folgender Vorfall berichtet werden: Als der 8jährige Jerry mit seiner Lehrerin im Förderunterricht sitzt, sagt er plötzlich „Weißt Du was – meine Mama hat mich gar nicht lieb!" Darauf erwidert die Lehrerin ganz erschrocken und überrascht: „Wie kommst Du darauf? Ich glaube das nicht." „Doch", meint Jerry, „ich weiß das. Sie kümmert sich nicht um mich. Ich bin immer allein! Das ist ihr egal." Natürlich steht dahinter die persönliche Theorie des Kindes: Wenn meine Mama mich immer so alleinläßt, dann kann sie mich nicht liebhaben! Wie kann man den Jungen eines anderen überzeugen, wenn er sich weiterhin so alleingelassen fühlt? Die ersten Symptome einer depressiven Reaktion könnten bei Jerry bereits zu finden sein.

Vielleicht sollte an dieser Stelle folgendes betont werden: Wenn Eltern möchten, daß ihre Kinder ihnen solche Gefühle mitteilen, dann werden sie dieses nur erreichen können, wenn das Kind sich bei der betreffenden Person und Situation auch sicher fühlt. Muß das Kind aber aufgrund einer solchen Äußerung mit Bestrafung, Ignoranz oder „ins Lächerliche ziehen" rechnen, wird es solche Gedanken nicht äußern. Das gilt auch für andere ähnliche Inhalte, die mit persönlichen Gefühlen zusammenhängen.

Eine breitangelegte Studie in Finnland (u. a. Puura et al., 1998) zeigte, daß Eltern in Fragebögen zum Verhalten ihrer depressiven Kinder vor allem Faktoren wie depressive Stimmung, Unbeliebtheit, sozialen Rückzug, Ungehorsam, Unaufmerksamkeit und Stehlen hervorhoben. Das macht deutlich, daß depressive Kinder in den Augen der Eltern vor allem sozial sehr auffällig sind. Massive soziale Auffälligkeiten versperren häufig den Blick für die „leiseren", versteckten depressiven Symptome. Während das depressive Kind möglicherweise eher mit Trotz und Terror die Zuwendung und Zeit der Mutter erkämpft, wird ein depressiver Jugendlicher sich eher mit wenigen, aber oft verletzend wirkenden Worten zurückziehen und schweigen. Die Flucht in die Clique oder zu Freunden steht dem depressiven Jugendlichen oftmals nicht zur Wahl, da er oftmals keine Freunde hat.

Beziehungen zu Gleichaltrigen

Freunde haben, sozial anerkannt sein, in eine Gruppe Gleichaltriger integriert zu sein, das alles gehört für Kinder und Jugendliche zu den zentralen Aspekten täglichen Lebens. Je älter Kinder werden, desto einflußreicher und bedeutsamer wird die Gleichaltrigengruppe. Einer der stärksten Gründe für Kinder und Jugendliche, sich unzufrieden und unglücklich zu fühlen, ist das Gefühl, keinen Freund zu haben und nicht gemocht zu werden. Und genau dieses passiert im Rahmen depressiver Entwicklungen nicht nur häufig, sondern auch umfassend. Depressive Kinder merken mit ihrer Sensibilität eher schneller als andere, daß sie in einer Gruppe nicht erwünscht sind bzw. aufgrund bestimmter Eigenschaften oder Merkmale von anderen nicht als attraktiv eingeschätzt werden. Wie an anderer Stelle in diesem Buch bereits ausgeführt, kann sich aus „sozialer Unbeliebtheit" ein schwer depressives Verhalten bis hin zur Suizidalität entwickeln. Kinder und Jugendliche leiden auch deshalb so massiv unter sozialem Ausschluß, weil es so deutlich gegen die täglichen Gewohnheiten aller anderen verstößt. Allein zu sein heißt, ein Außenseiter-Dasein führen zu müssen.

Schon vielfach ist versucht worden, die tatsächliche Qualität der Freundesbeziehungen von depressiven Kindern herauszufinden (Blöschl, 1987; Blöschl & Ederer, 1986). Das Schwierige an dem Thema „soziale Beziehungen" im Rahmen depressiver Störungen ist vor allem, daß Kinder, wenn sie auch noch so alleine sind, kaum anderen gegenüber zugeben möchten, daß sie keine Freunde haben. Eher sagen sie nicht die Wahrheit. Es ist die eigene Scham, zugeben zu müssen, daß man für andere nicht attraktiv ist. Sog. „enge Freunde" spielen im täglichen Leben eine wichtige Rolle. Sie geben soziale Stützung, und sie vermitteln vor allem das Gefühl, anerkannt und beliebt zu sein.

Wenn Entwicklung „normal" verläuft, orientieren sich Jugendliche mehr und mehr innerhalb ihrer Gleichaltrigengruppe. Ein großer Teil der sozialen Neuorientierung wird hier erprobt. Freunde und Gleichaltrige werden zum zentralen Orientierungspunkt bei der Bewältigung des täglichen Lebens. Hier versucht man auch, emotionalen Halt zu finden. Allerdings gelingt nicht allen Jugendlichen die Integration in eine soziale Gruppe in gleicher Weise. Entgegen dem gängigen Stereotyp von der überstarken Ausprägung jugendlicher Aktivität und Soziabilität zeigen neuere entwicklungspsychologische Ausführungen das Jugendalter auch als eine Lebensphase, in der Einsamkeitserfahrungen stark verbreitet und intensiv ausgeprägt sind.

Geraten Jugendliche während der natürlichen Ablösephase von den Eltern in sehr starke Konflikte und werden die bisherigen familialen Bindungen sehr abrupt zerschlagen, nimmt die Bedeutung der Peer-Group (Gleichaltrigen-Gruppe) als Ersatzort für Akzeptanz, Anerkennung, emotionale Zuwendung und Gemeinsamkeit deutlich zu. Ebenso flüchten sich Jugendliche sehr viel schneller und intensiver in die Jugend-Clique, wenn sie in einer „Broken-home"-Situation existieren oder aber ein Elternteil psychisch erkrankt ist. Sie fliehen damit aus zwangsläufig bestehenden starken Belastungen und Schwierigkeiten. Was ist mit den Jugendlichen, die aufgrund sozialer Ablehnung nicht in ihre „Clique" fliehen können? Hier besteht u. a. die Gefahr, aufgrund eines übergroßen Bedürfnisses nach sozialen Kontakten und sozialer Anerkennung verführbar gegenüber Angeboten einer Mitgliedschaft in einer gesellschaftlichen Randgruppe zu werden.

Wenn ein Elternteil depressiv ist

Kinder mit einem depressiven Elternteil haben ein etwa 15fach höheres Risiko, eine depressive Störung zu entwickeln, als andere Kinder mit nichtdepressiven Eltern. Weisen beide Eltern eine depressive Störung auf, erhöht sich die Wahrscheinlichkeit um etwa 40 %. Kinder mit depressiven Verwandten zweiten Grades haben hingegen kein höheres Risiko, eine depressive Störung zu entwickeln, als andere Kinder. Neben Hypothesen zu einer möglichen „genetisch verankerten Weitergabe" sind allerdings die Umweltgegebenheiten und speziellen Entwicklungsbedingungen zu beachten, in denen ein Kind aufwächst. Das Aufwachsen mit einem depressiven Elternteil, vor allem der Mutter, ist ein starker und spezifischer täglicher Einflußfaktor, der die Entwicklung des Kindes mehr oder weniger deutlich prägt.

Das Zusammenleben mit einem depressiven Elternteil kann Auswirkungen zeigen
- im direkten Umgang mit den Kindern
- im Erziehungsverhalten
- im Streßausmaß, dem die Familie ausgesetzt ist.

Der Umgang depressiver Eltern mit ihren Kindern

In der Fachliteratur gibt es zahlreiche, aber fast ausschließlich auf die Mutter-Kind-Beziehung bezogene Studien zum Zusammenhang von elterlicher Depression und möglicher depressiver Entwicklung bei den Kindern.

Beobachtungsstudien zeigen, daß sich depressive Mütter ihren Kindern gegenüber häufiger aversiv, kontrollierend und feindselig verhalten als nichtdepressive Mütter oder Mütter mit anderen psychischen Störungen. Schon mit ihren Babys gehen diese Mütter insgesamt weniger zugewandt um (z.B. Schmusen, Lachen, Spielen). Sie verbringen hingegen mehr Zeit mit Tätigkeiten und Bemühungen, unerwünschte Verhaltenssituationen zu beenden (z.B. das Schreien des Kindes und die Schwierigkeiten, es zu beruhigen).

Mütterliche Depressivität wirkt sich vor allem auf die Töchter negativ aus. Besonders im Jugendalter der Töchter steigt das Konfliktniveau innerhalb der Beziehung zueinander deutlich an. In dieser Entwicklungsphase der Mädchen stehen vor allem Aufgaben der Selbstwert- und Identitätsfindung sowie Selbständigkeit und Ablösung zur Bewältigung an. Untersuchungsergebnisse zeigen, daß auch depressive Mütter selbst in diesen Bereichen große Schwierigkeiten und Unsicherheiten zu haben scheinen. Darüber hinaus ist bekannt, daß depressive Mütter auch bevorzugt bei ihren Töchtern Hilfe, Unterstützung und Trost suchen, wenn es ihnen schlechtgeht. Das kann in der Folge leicht dazu führen, daß die Tochter gefühlsmäßig sehr stark in die Befindlichkeitsstörung der Mutter hineingezogen und emotional überbelastet wird.

Auswirkungen im Erziehungsverhalten

Depression eines Elternteils kann das Erziehungsverhalten deutlich verändern. Mögliche problematische Einflüsse lassen sich vor allem in den folgenden Bereichen finden:

Depression der Mutter
Vorhandene Erziehungs- und Kommunikationskompetenz

- Wenige positive Interaktionen
  (wenig Rückmeldung, wenig Anerkennung)
- Häufige negative Interaktionen und Kritik
- Häufiger negativer Gefühlsausdruck
- Inkonsequentes Erziehungsverhalten

Asynchronität des Eltern-Kind-Verhaltens, in Abhängigkeit von mütterlicher Depressivität

Unvorhersehbarkeit und Unkontrollierbarkeit des mütterlichen Verhaltens gegenüber dem Kind

Belastete und unsichere Mutter-Kind-Beziehung

Merkmale des Kindes: Alter, Geschlecht, Temperament	Vom Kind geprägte Erziehungs- und Kommunikationskompetenz

Risiko einer depressiven Entwicklung beim Kind

Abbildung 1: Mütterliche Depression und kindliche Entwicklung
(in Anlehnung an Essau & Petermann, 2000, S. 309)

- *Vorbildfunktion:* Eltern haben in vielen Bereichen eine Vorbildfunktion. Vieles wird von den Kindern in unbewußtem Modell- und Imitationslernen gelernt. Ein depressiver Elternteil kann vor allem in bezug auf soziale Fertigkeiten und Sozialverhalten (Umgang mit anderen Menschen) sowie in bezug auf Emotionsregulation (Umgang mit negativen Stimmungen und Gefühlen) eine problematische Modellperson sein. Durch Nachahmung können die Kinder einen depressiven Lebensstil erlernen.

- *Bindungsqualität:* Was ist Bindung? Bindung ist eine Qualität der gegenseitigen Beziehung, die vor allem in den ersten Lebensmonaten zu einer Bezugsperson aufgebaut wird. Diese erste Bindung ist prägend für spätere soziale Beziehungen. Gestörte Bindungsprozesse zeigen sich beim Baby in geringerer Ansprechbarkeit und weniger Lächeln. In der Folge kann sich eine unsichere Bindung aufbauen, die zu deutlichen Schwierigkeiten in der sozialen und emotionalen Entwicklung eines Kindes führt. Sogenannte „unsicher gebundene" Kinder fühlen sich in der Regel ungeliebt, haben ein geringes Selbstwertgefühl, Probleme, ihre Emotionen angemessen zu regulieren oder aber kompetent mit Streßsituationen umzugehen. Die Schwierigkeiten der Emotionsregulation bedeuten beispielsweise, daß diesen Kindern der Umgang mit negativen Gefühlen (Traurigkeit, Wut) schwerfällt; sie können von diesen gleichsam überschwemmt werden. Die emotionale Feinabstimmung gelingt nur unzureichend, was dazu führt, daß diese Kinder emotional unausgeglichen sind.

- *Emotionale Verfügbarkeit:* In der akuten Depression sind die Bezugspersonen für das Kind gefühlsmäßig schwer greifbar, kaum zugänglich. Besonders problematisch ist die Mischung aus Wärme, hohen Ansprüchen an sozial passendes Verhalten und dem sozialen Rückzug in der akuten depressiven Phase, der einem Liebesentzug gleichkommt. Dieser Umgang kann bei den Kindern das Vertrauen in die Fähigkeit erschüttern, soziale Interaktionen regulieren zu können.

- *Familienklima:* Generell erleben die Kinder weniger Freude und Vergnügen und mehr negative Emotionen im familiären Zusammenleben. Diese negativen Gefühle können ansteckend wirken und zu einer mitfühlenden Streßreaktion des Kindes führen.

- *Disziplinierungs- und Kontrollpraktiken:* Die Kinder müssen mehr Kritik einstecken und erhalten weniger Lob. Sie sind mit mehr Maßnahmen konfrontiert, die Angst und Schuldgefühle auslösen. Zudem erleben sie durch den depressiven Elternteil stark inkonsequentes, teilnahmsloses, forderndes oder einschränkendes Verhalten.
- *Konfliktlösestrategien:* Bei Konflikten kommen weniger effiziente Konfliktlösestrategien zum Einsatz: Von den Kindern wird Gehorsam eher erzwungen, bei Widerstand des Kindes wird aber auch nachgegeben. Manchmal sind Verhaltensweisen auch nicht altersgemäß: Während depressive Mütter bei jüngeren Kindern erklären (was diese aber nicht verstehen), geben sie älteren Kindern häufiger direkte Anordnungen ohne Erklärungen.

Wie reagieren Kinder auf eine depressive Bezugsperson?

Kinder sind äußerst sensibel, wenn es um die Stimmung und das Befinden ihrer Eltern bzw. nächsten Bezugspersonen geht. Schon 3 Monate alte Babys reagieren irritiert, wenn die Mutter ihnen ein teilnahmslos-depressives Gesicht zuwendet. Bei 6jährigen Kindern mit einem depressiven Elternteil fand man mehr Schuldgefühle, eine stärker negativ geprägte Sicht der eigenen Person und einen depressionsfördernden Erklärungsstil (z.B. „Ich weiß ja, das mein Freund nicht zu mir kommt. Der findet es bei mir langweilig!", „Die anderen können es immer besser als ich!").

Kinder können auf schwierige Familiensituationen unterschiedlich reagieren: beispielsweise mit Zurückgezogenheit (Einzelgänger) oder eher „aufmüpfigem" und rebellischem Verhalten. Manche Kinder fühlen sich für die Probleme der Eltern auch mitschuldig bzw. mitverantwortlich. Die große Gefahr insgesamt ist dabei eine emotionale Überforderung. Insbesondere Mädchen neigen zu mitfühlenden Streßreaktionen.

Was schützt Kinder depressiver Eltern vor Depression?

Nicht alle depressiven Eltern haben auch depressive Kinder – und nicht alle depressiven Kinder haben depressive Eltern. Es besteht zwar ein erhöhtes Risiko für Kinder depressiver Eltern, selbst eine

Depression auszubilden, aber auch hier können ausgleichende Schutzfaktoren im Sinne besonderer Fähigkeiten und psychischer Widerstandskräfte wirksam werden. Sog. „widerstandsfähige Kinder" zeichnen sich vor allem durch folgende Merkmale aus: ein gesundes Selbstwertgefühl, ein wirksames Problemlöseverhalten, Engagement in sozialen Beziehungen und die Fähigkeit, auch unabhängig von den Eltern zu denken und zu handeln. Zusätzlich besteht zu dem nichtdepressiven Elternteil eine gute Beziehung.

Aus den bisher vorliegenden Arbeiten über Depressionen in der Familie und ihre Auswirkungen auf Kinder läßt sich folgendes schließen: Kinder depressiver Eltern sind in aller Regel in ihren Entwicklungschancen nicht wesentlich beeinträchtigt, wenn zum einen die betroffenen Elternteile sowie die übrigen Familienmitglieder gelernt haben, mit der depressiven Störung umzugehen, und wenn zum anderen ein soziales Netz tragfähiger und stützender Beziehungen vorhanden ist (Wüthrich, Mattejat & Remschmidt, 1997).

Kinder mit einem depressiven Elternteil sind dann weniger depressionsgefährdet, wenn

- die Depression des Elternteils nur leicht und
- von kurzer Dauer ist;
- wenn keine vermehrten familiären Konflikte auftreten und
- keine Trennung oder Scheidung der Eltern droht;
- wenn sich die depressive Störung des Elternteils nicht in besonderer Weise auf das Erziehungsverhalten auswirkt.

---

2. Depressive Störungen und Schulerfolg

Die Schule ist der Ort, an dem Kinder und Jugendliche täglich für viele Stunden zusammenkommen, um gemeinsam zu lernen. Jeder von ihnen bringt nicht nur sein persönliches Können ein, sondern hat auch mit Schwierigkeiten und besonderen Belastungen zu kämpfen. Das fällt Kindern und Jugendlichen mit depressiven Störungen besonders schwer. Ihnen fehlt es in der Regel an dem nötigen Optimismus, sie fühlen sich lustlos und müde und glauben zuwenig an die eigenen Fähigkeiten. Während andere Schülerinnen und Schüler sich darauf freuen, in der Schule mit Gleichaltrigen und Freunden zusammenzutreffen, ziehen sich depressive Kinder und Jugendliche oft aus den sozialen Gruppen zurück, weil ihnen offenbar die Freude am Zusammensein mit anderen verlorengegangen ist.

Wer meint, daß Schülerinnen und Schüler mit einer depressiven Problematik eher die Ausnahme im derzeitigen Schulalltag darstellen, wird seine Vorstellungen aufgrund der jüngsten internationalen Untersuchungsergebnisse ändern müssen. Die Häufigkeit des Auftretens depressiver Störungen unter normalen Regelschulkindern wird insgesamt mit etwa 4 bis 13 % angegeben. Unterscheidet man zwischen leichten depressiven Störungen und schweren Formen der Ausprägung, so finden sich in der normalen Regelschule zweifellos eher Kinder und Jugendliche mit leichteren, oftmals aber bereits chronifizierten depressiven Störungen, die klinisch diagnostisch den sog. „Dysthymen Störungen" zugeordnet werden können (siehe dazu Teil II sowie den Anhang). Schwer depressiv gestörte Schülerinnen und Schüler mit einer sog. „Major Depression" haben in aller Regel massive Schwierigkeiten, den täglichen Schulalltag überhaupt noch zu bewältigen, und zählen häufiger, vor allem im Jugendalter, zu den aktiven Schulverweigerern. Bei Kindern und Jugendlichen mit Lernschwierigkeiten sind Depressionen entsprechend jüngster Untersuchungsergebnisse häufiger anzutreffen als bei anderen (Stark, 1990). Entsprechend den angegebenen Häufigkeiten befinden sich in jeder normalen Schulklasse etwa 2–3 Schülerinnen und Schüler mit einer mehr oder minder stark ausgeprägten depressiven Befindlichkeit. Allerdings bleibt die Mehrzahl von ihnen in ihrer speziellen Problematik unentdeckt. Anlaß genug, den Umständen und möglichen Schwierigkeiten depressiver Kinder und Jugendlicher in der Schule an dieser Stelle näher nachzugehen. Dabei soll auch die wichtige Frage möglicher Hilfen sowie vorbeugender schulischer Maßnahmen erörtert werden.

Schulische Schwierigkeiten im Lernen und Verhalten

Die erfolgreiche Bewältigung der Schülerrolle stellt im Kindes- und Jugendalter eine ganz zentrale Aufgabe dar. Langfristiges schulisches Versagen führt zu einer Gefährdung der gesamten Persönlichkeitsentwicklung und schränkt das Lebensgefühl von Kindern und Jugendlichen gravierend ein. Schulischer Mißerfolg stellt einen generellen Risikofaktor für die Entwicklung von Depression dar. Sowohl die Phase des Schuleintritts als auch der Übergang in die Oberschule bilden kritische Nahtstellen für die notwendige Entwicklung von Kompetenzgefühl und positiver Selbstüberzeugung. In beiden Fällen sind Kinder bzw. Jugendliche mit neuen Situationen und Anforderungen konfrontiert, die sehr viel Anstrengungsbereitschaft und Belastungsfähigkeit erfordern. Findet persönliche Überforderung statt und stellt sich Mißerfolgserleben ein, sind emotionale Zusammenbrüche fast vorprogrammiert. Im Erscheinungsbild können sich Angst, Wut, Resignation, Depression oder Aggression einstellen. Damit werden positive Entwicklungen in unterschiedlichen Bereichen blockiert.

Kinder und Jugendliche, die unter Depressionen leiden, fühlen sich in besonderer Weise psychisch belastet. Die Stärke dieser inneren Belastung drückt sich u. a. darin aus, wieweit sie in der Lage sind, schulische Anforderungen zu erfüllen, wobei die Höhe der Anforderungen eine entscheidende Rolle spielt. Bei eher reduzierten schulischen Anforderungen können auch depressive Kinder und Jugendliche eventuell noch erfolgreich sein. Werden die Anforderungen zu hoch angesetzt, kann es zu deutlichem Mißerfolg kommen, der möglicherweise auch auf mangelnde positive psychische Energie zurückzuführen ist. Mißerfolg ist vor allem auch deshalb ein kritisches Ereignis für depressive Kinder und Jugendliche, weil vorhandene Depression dadurch in der Regel verstärkt wird. Kinder und Jugendliche mit depressiven Störungen müssen entsprechend vor schulischer Überlastung und Überforderung geschützt werden.

Allein schon bestimmte strukturelle Merkmale von Schule können bei depressiven Schülerinnen und Schülern erhöhtes psychisches Streßerleben auslösen. Zu diesen Merkmalen zählen vor allem:

- Schule verläuft gruppenorientiert
- Strukturen und Handlungsmuster werden vorgegeben
- die Schüler werden mit immer neuen Anforderungen konfrontiert
- Schule fordert Aufschub und Unterdrückung der Bedürfnisse des einzelnen

- schulische Situationen sind vor allem Bewertungssituationen
- bewertet wird vorwiegend nach der Gruppennorm
- eine Individualisierung des Lernens findet kaum statt
- Erfolg und Mißerfolg des einzelnen werden in sozialer Öffentlichkeit (in einer Lerngruppe oder Klasse) ausgetragen
- Verhaltensabweichungen werden nur innerhalb gesetzter Normen toleriert

Gründe dafür, daß depressive Schülerinnen und Schüler gegenüber bestimmten schulischen Strukturen und Organisationsformen in ein erhöhtes psychisches Streßerleben geraten, liegen vor allem in der Symptomatik einer depressiven Störung. Depressive Schülerinnen und Schüler sind in ihrem Selbsterleben negativ. Entsprechend scheuen sie Situationen, in denen Leistungsfähigkeiten gegeneinander gestellt werden. Die Angst vor schlechter Bewertung bedroht ihr Selbstwerterleben und bedroht auch ihr inneres Gleichgewicht, um das sie sich ohnehin ständig in besonderer Weise bemühen müssen. Sie flüchten in der Regel lieber aus sozialen Vergleichsprozessen, als daß sie sich diesen stellen. Auf der anderen Seite bilden schlechte Bewertungen, vor allem wenn sie pauschal gegeben werden, ein Risiko zur Verstärkung einer Generalisierungstendenz eigenen Versagens. Depressive Schülerinnen und Schüler tendieren dazu, Mißerfolg nicht als Einzelergebnis, sondern als generelles persönliches Versagen zu werten. Auch deshalb fühlen sie sich wohler, wenn sie im Einzelkontakt mit Personen zusammen sind, die auf sie vertrauenswürdig und wenig angsteinflößend wirken. Die mangelnde Überschaubarkeit in einer sozialen Gruppe mit nicht berechenbaren sozialen Anforderungen wird eher gemieden, weil sie Unsicherheiten hervorruft und vor allem auch die Sorge, wieder erleben zu müssen, nicht so gut wie andere zu sein. Das hat nicht unbedingt mit den tatsächlichen Kompetenzen der Schülerin bzw. des Schülers zu tun, sondern sehr viel mehr mit den selbst eingeschätzten (oftmals der Realität nicht entsprechenden). Realitätsverzerrungen im sozialen und Leistungsbereich sind in unterschiedlicher Stärke Teil einer depressiven Störung. Realitätsverzerrungen beinhalten Verzerrungen der Wirklichkeit. Schülerinnen und Schüler mit depressiven Störungen verzerren schulische Wirklichkeiten und können sie auch deshalb oft nicht ertragen.

Natürlich haben depressive Schülerinnen und Schüler oftmals ein besonders hohes Bedürfnis nach persönlicher Anerkennung und Beachtung. Damit kann negatives Selbstwertgefühl reduziert werden. Auf der anderen Seite liegt in diesem hohen Bedürfnis auch immer die Gefahr, erneut enttäuscht zu werden. Lehrerinnen und Lehrer haben es ebenso wie Eltern oft nicht leicht, den Wünschen und Vorstellungen depressiver Kinder nach Nähe und Zuwendung gerecht zu werden. Die hohe Bedürftigkeit nach Nähe führt nicht selten zu aggressiven Auseinandersetzungen mit Gleichaltrigen, die in der Gruppe Konkurrenten darstellen und bekämpft werden.

Die Gruppenorientierung von Schule erhöht bei depressiven Schülerinnen und Schülern sehr leicht den sozialen Druck und das Erleben von „anders sein" und „schlechter sein als andere". Die in der Regel in der Schule nur sehr begrenzt mögliche Beachtung persönlicher Befindlichkeit vermittelt depressiven Schülerinnen und Schülern mehr noch als anderen das Gefühl der sozialen Distanz und Beziehungslosigkeit. Das Erleben von Beziehungslosigkeit verstärkt Niedergedrücktheit und Gefühle der Einsamkeit.

Depressive Kinder und Jugendliche reagieren auf Beurteilungen und Bewertungen ihrer eigenen Person und Leistung generell extrem sensibel. Jüngere Kinder fangen an zu weinen, weil sie eine schlechte Arbeit geschrieben haben, oder verlassen plötzlich den Klassenraum. Unter dem Einfluß einer starken emotionalen Betroffenheit verlieren sie die Kontrolle über ihr eigenes Verhalten. Sie „rasten aus", werden wütend, wenden die Aggression möglicherweise auch gegen sich selbst, indem sie sich absichtlich verletzen. Ältere Kinder gehen eher in die „innere Immigration" und versäumen absichtlich Unterricht. Aber nicht nur Niederlagen im Leistungsbereich, sondern auch das Erleben von mangelnder sozialer Akzeptanz bzw. sozialer Ausgrenzung durch Mitschüler kann den Rückzug in tiefere Depression bedeuten. Selbstzweifel und Gefühle des Versagens werden auf diese Weise leicht zum vorherrschenden Lebensgefühl depressiver Schülerinnen und Schüler. Aus einem solchen Zirkel herauszukommen setzt voraus, daß Personen vorhanden sind, die eine solche Entwicklung beobachten und erkennen, um entsprechend helfend eingreifen zu können. Ein Erkennen und Helfen ist auch deshalb unbedingt notwendig, weil der „depressive Rückzug" von Schülerinnen und Schülern in den unterschiedlichen Bereichen des täglichen Lebens fast zwangsläufig zu Kompetenzdefiziten führt, die dann die Grundlage für erneutes Erleben von Versagen und damit erneute depressive Gefühle bilden. – Eine „depressive Spirale", die sich unentdeckt immer weiter fortsetzen kann.

Schulschwierigkeiten mit einer depressiven Entwicklung in Verbindung zu bringen setzt voraus, daß die Leistungen der betroffenen Schüler in unerwarteter und nicht durch andere Umstände erklärbarer Weise von den sonst üblichen Leistungen abweichen und auch im Verhalten deutliche Merkmale für einen „depressiven Einbruch" (z. B. Traurigkeit oder starke Gereiztheit, Unausgeglichenheit, deutliche Lustlosigkeit und Verlust an Freude, geringe Belastbarkeit, emotionaler und sozialer Rückzug, negatives Selbstwerterleben, möglicherweise somatische Erscheinungen etc.) feststellbar sind.

Es wäre unzureichend, sich bei der Feststellung möglicher depressiver Anzeichen auf den Leistungsbereich in der Schule zu konzentrieren. Auch mögliche Veränderungen im übrigen Verhaltensbereich, vor allem im sozialen Bereich, wären dabei von Bedeutung. Nicht selten kann gleichzeitig erhöhte Angst in der Schule beobachtet werden.

Durch Depression hervorgerufene Schulschwierigkeiten können unterschiedlich ausfallen. Bei chronischen depressiven Störungen ist die Gefahr weitreichender schulischer Probleme besonders groß. Aber auch schon eine begrenzte Phase vermehrter sozialer Konflikte und Auseinandersetzungen mit Gleichaltrigen in der Klasse kann dazu führen, daß dem Betroffenen plötzlich ein ganzer Freundeskreis wegbricht, was die Depression eher weiter verstärkt. Eine Klassenwiederholung aufgrund deutlicher Leistungslücken kann als pädagogische Maßnahme wirksam sein, als gleichzeitige therapeutische Maßnahme zur Reduzierung der depressiven Befindlichkeit wird sie in aller Regel allein genommen nicht ausreichen können.

Nicht immer sind es die großen Schwierigkeiten und Ereignisse, die eine depressive Befindlichkeit bei Kindern und Jugendlichen mit auslösen bzw. aufrechterhalten und verstärken. Oftmals ist es auch der „tägliche kleine Ärger", der sich zu einem depressiven

Lebensgefühl entwickelt. So stellt der amerikanische Wissenschaftler und Psychiater Stark (1990) Beispiele für „täglichen kleinen Ärger" zusammen, der mit Depression in Verbindung steht:

- mit anderen streiten,
- angeschrien, kritisiert oder runtergemacht werden,
- bestraft werden,
- ein Spiel oder Rennen verlieren,
- übergangen, zurückgewiesen oder ignoriert werden,
- schlechte Leistungen in der Schule,
- etwas verlieren oder zerbrechen,
- etwas Schlechtes tun,
- jemanden vermissen (Freund oder Eltern),
- nicht in der Lage sein, etwas zu tun, was man gerne tun möchte.

Der „tägliche kleine Ärger" wird inzwischen nicht nur im Kindes- und Jugendalter als ein möglicher Mitverursacher von Depressionen gesehen, sondern gewinnt auch im Erwachsenenbereich zunehmend an Bedeutung.

In der Regel bleiben Schülerinnen und Schüler mit depressiven Störungen hinter ihrer eigentlichen Leistungsfähigkeit zurück. Dennoch kann nicht von einer direkten, kausalen Beziehung zwischen Depression und Schulversagen im Sinne einer „Wenn-dann-Beziehung" ausgegangen werden. Zumindest liegen dafür noch zuwenig empirische Beweise vor. Es gibt Fälle, in denen sich trotz vorhandener depressiver Befindlichkeit kein Schulversagen einstellt. Hier spielen neben der Ausprägung der Depression auch bestimmte Stützfaktoren und persönliche Ressourcen eine Rolle, die in der Folge den möglichen negativen Einfluß auf die schulische Leistungsfähigkeit zumindest für eine gewisse Zeit abpuffern können.

Man sollte depressiven Schülerinnen und Schülern auch bei längerfristig absinkenden Leistungen nicht gleich ein generell eingeschränktes intellektuelles Vermögen zuschreiben. Wer Schülerinnen und Schüler innerhalb depressiver Phasen testpsychologisch untersucht, muß damit rechnen, daß die Ergebnisse vor allem im Intelligenz- und Schulleistungsbereich unter den eigentlichen Fähigkeiten liegen.

> Depressive Störungen sind grundsätzlich affektive Störungen, die unabhängig vom IQ-Wert eines Kindes oder Jugendlichen auftreten. Gymnasiasten können ebenso betroffen sein wie Grund- oder Sonderschüler.

Viele der depressiven Symptome, die im Einzelfall vorhanden sein können, behindern eine erfolgreiche Bewältigung von Schule mehr oder weniger stark. In der folgenden Tabelle werden sie noch einmal zusammengestellt.

Depressive Symptome, die den Erfolg in der Schule erschweren:

- Traurige bis gereizte Stimmung, Unausgeglichenheit,
- Müdigkeit, Erschöpfung,
- Lustlosigkeit,
- Konzentrationsprobleme,
- negative Gedanken,
- schlechtes Selbstwertgefühl,
- sozialer Rückzug bzw. auch soziale Konflikte,
- Hoffnungslosigkeit,
- körperliche Beschwerden
  (z. B. Kopfschmerzen, Magen-Darm-Störungen).

Auch wenn die Auswirkungen einzelner depressiver Merkmale im Hinblick auf schulische Bewältigung schwer zu fassen sind, kann dennoch grundsätzlich davon ausgegangen werden, daß Schülerinnen und Schüler, die unter einer depressiven Befindlichkeit leiden, schwerer als andere zu schulischem Erfolg gelangen.

Die folgenden Fallbeispiele sollen die schulische Problematik depressiver Kinder und Jugendlicher verdeutlichen. Während Martin durch den Verlust seiner Mutter emotional zusammenbricht und keine ausreichenden psychischen Kräfte für die Bewältigung der schulischen Anforderungen mehr aufbringen kann, reagiert die Gymnasiastin Sigrid aus ganz anderen Gründen mit Angst und Depression.

Martin befindet sich in der dritten Klasse einer Grundschule. Sein blasses Gesicht mit einem für das Alter ungewöhnlich ernsten und traurigen Gesichtsausdruck fällt dem Beobachter sofort ins

Auge. Martin beteiligt sich kaum am Unterricht, wirkt unsicher und ängstlich, weint viel. Sein Platz an einem Einzeltisch, in der Nähe der Lehrerin, wurde notwendig, weil er große Schwierigkeiten in der Konzentration zeigte und Aufgaben kaum mehr ohne zusätzliche Ermunterung und Hilfe bewältigte. Es gibt Tage, da träumt Martin nur vor sich hin. Das stark verlangsamte Arbeitstempo bringt die Lehrerin manchmal aus der Ruhe. Dann schreit sie ihn an und hält ihm seine „Bummelei" vor. Hinterher tut es ihr leid. Aber Martin, so meint sie, koste viel Nerven. Oftmals muß Martin in den Pausen noch im Klassenraum verbleiben und etwas von der Tafel abschreiben. Aber das macht ihm nach eigenen Worten nichts aus. Er hat in der Klasse ohnehin keine Freunde und steht auf dem Schulhof fast nur alleine herum. Er hat Angst, daß die Kinder ihn wieder „abschieben" und ihn beschuldigen, er würde stinken. Denn Martin passierte es schon häufiger in der Schule, daß er einnäßte. Der Arzt hatte gesagt, es sei alles in Ordnung und er müsse eben selber dafür sorgen, daß die Hose trocken bleibt. Aber in Ordnung war bei Martin eigentlich gar nichts. Die Leistungen in der Schule wurden immer schlechter. Mehrere ungenügende Bewertungen hatte er bereits vor dem Vater verstecken müssen. Die Lehrerin hatte ihm für die ständig fehlenden Unterschriften nun auch noch einen Tadel gegeben. Bei Martin war vor zwei Jahren die Mutter mit dem ältesten Bruder einfach von heute auf morgen verschwunden. Sie hatte den Vater mit den beiden jüngeren Kindern zurückgelassen, darunter auch Martin. Ab und zu meldete sich die Mutter am Telefon und versprach, ihn zu besuchen. Aber der Vater wollte die Mutter gar nicht mehr sehen. Und so wurde seine Hoffnung immer wieder erneut zerstört. Martin litt zwischendurch so stark unter dem Verlust, daß er auch nachts keine Ruhe fand. Manchmal fühlte er sich morgens so schlapp und schlecht, daß er einfach im Bett liegenblieb und nicht in die Schule ging. Dem Vater sagte er dann, er habe Kopfschmerzen. Die hatte Martin tatsächlich häufig auch dann, wenn er in der Schule saß.

Die Schülerin Sigrid befand sich in der 9. Klasse eines Gymnasiums. Sie hatte schwere Schlafstörungen und eine permanente Angst vor Leistungsversagen. Immer wieder mußte sie phasenweise zu Hause bleiben, weil sie glaubte, den schulischen Anforderungen nicht entsprechen zu können, obwohl sie eigentlich eine gute Schülerin war. Sie bekam heftige Magenschmerzen und begab sich in ärztliche Behandlung. Eine körperliche Beeinträchtigung war nicht festzustellen. Hingegen zeigten sich trotz guter Schulleistungen ein schlechtes Selbstwertgefühl und sehr pessimistisches Denken. Neben der Sorge um die eigenen schulischen Leistungen machten sich Ängste und Befürchtungen breit, in der Klasse nicht akzeptiert und anerkannt zu sein. Sigrid spürte seit einiger Zeit immer mehr Ablehnung aus der Gruppe. Sie warfen ihr nicht nur „Strebertum" vor, sondern kritisierten nun auch noch ihre Fehltage. Mehr und mehr fing Sigrid an, nicht nur sich selbst, sondern auch die gesamte Schule zu hassen. Sie geriet in einen Zustand wachsender Verzweiflung und Hilflosigkeit, vor allem weil sie nicht wußte, wodurch sich ihre eigene Situation und Befindlichkeit innerpsychisch so verschlechterte. Jeder einzelne Schultag wurde zur persönlichen Bedrohung. Sie vermißte Freunde und fühlte sich ausgeliefert und einsam. In den Ferien ging es ihr etwas besser, obwohl sie weder eine Freundin noch einen Freund hatte, um gemeinsam etwas zu unternehmen. Als Sigrid anfing, in der Familie laut über Suizid nachzudenken, und immer häufiger versuchte, einfach nicht mehr in die Schule zu gehen, schaltete die Familie den Schulpsychologischen Dienst ein.

Die beiden Fallbeispiele machen deutlich, daß es in der Lebensgeschichte von Kindern und Jugendlichen keineswegs immer eindeutige Risiko- bzw. Belastungsfaktoren zur Erklärung einer depressiven Entwicklung gibt. Während Martin unter dem Verlust der Mutter psychisch zusammenbricht und depressiv wird, hat Sigrid trotz eines intakten familialen Hintergrundes mit einer massiven Selbstwertproblematik und einem zu hohen Anspruchsniveau an sich selbst zu kämpfen. Je stärker die eigenen Erwartungen und Ansprüche enttäuscht werden, desto mehr gerät die Schülerin in psychischen Streß. Dieser schlägt sich vor allem als Leistungs- bzw. Mißerfolgsangst mit Depressionen nieder. Es entwickelt sich ein Teufelskreis von Einsamkeits- und Hilflosigkeitserfahrungen, aus dem sich Sigrid alleine nicht mehr befreien kann. Sie braucht professionelle Hilfe.

Schon alleine Freudlosigkeit, Antriebsarmut und Lustlosigkeit können Leistungsprobleme auslösen. Kommen Konzentrationsstörungen und vor allem Hilflosigkeitserfahrungen gegenüber gestellten Aufgaben hinzu, können sich bereits vorhandene depressive Gedanken und Gefühle weiter verstärken. Dies könnte zu einer ersten oder weiteren Beeinträchtigung des Selbstwertgefühls führen, was wiederum erneutes schulisches Versagen nach sich zieht. Der Grad schulischer Schwierigkeiten hängt vor allem auch von der Intensität und Dauer einer depressiven Phase ab. Zwischen einer gelegentlichen depressiven Verstimmtheit und einer chronischen Depression liegen diesbezüglich deutliche Unterschiede, die sich auch in der Art der schulischen Probleme widerspiegeln.

Innerhalb depressiver Befindlichkeiten lassen sich häufig Schwankungen mit emotionalen Aufhellungen beobachten. Sie können dem Beobachter leicht die Illusion vermitteln, es habe eine psychische Erholung stattgefunden. Entscheidend für die Gesamteinschätzung einer depressiven Problematik in Schule und Familie sind vor allem die Symptome selbst sowie Dauer und Intensität wiederkehrender depressiver „Einbrüche". Eine stärkere depressive Phase kann durchaus zwei Monate anhalten, bevor es dann vielleicht zu einer „spontanen Erholung" (einer sog. „Spontanremission") kommt. Die sog. „spontane Erholung" garantiert in keiner Weise das Ausbleiben weiterer depressiver Episoden. Im Gegenteil! Ohne professionelle Hilfe besteht die Gefahr einer Chronifizierung der Depression.

Depressive Schüler in der Schule beobachten

Ein großer Teil depressiver Schülerinnen und Schüler bleibt in der Schule immer noch mehr oder weniger unentdeckt (Ederer, 2000). Viele von ihnen geraten eher aufgrund von Leistungsproblemen oder allgemeinen schulischen Verhaltensauffälligkeiten ins Blickfeld der Lehrer. Das Erkennen einer grundlegend depressiven Problematik wird dadurch erschwert, daß etwa zwei Drittel aller depressiven Kinder und Jugendlichen zusätzliche psychische Probleme aufweisen, beispielsweise Angst, Störungen im Sozialverhalten, oft auch Aggression sowie Aufmerksamkeitsstörungen oder auch Drogenmißbrauch.

Der amerikanische Psychologe und Wissenschaftler Stark (1990) hat eine Liste von typischen depressiven Merkmalen zusammengestellt, die bei Schülerinnen und Schülern in der Schule zu beobachten sind. Die zusammengestellten Merkmale machen nicht

Tabelle 6: Mögliche Merkmale depressiver Störungen in der Schule
(in Übersetzung d. Autoren, n. Stark, 1990)

Merkmale im Lernbereich

- Nicht erklärbarer Leistungsabfall;
- Interessenverlust gegenüber den Schulfächern;
- Rückgang bisheriger Anstrengungsbereitschaft;
- Unordentliches Ausführen von Arbeiten;
  scheinbare Gleichgültigkeit gegenüber dem eigenen Aussehen;
- Schnelles Aufgeben;
- Vorzeitiges Beenden von Arbeiten;
- Klagen über mangelnde Kraft („Ich schaffe es nicht!").

Sozial-/verhaltensorientierte Merkmale

- Aufgeregtheit/Hyperaktivität;
- Erhöhte Dependenz (Abhängigkeit von anderen);
- Regressives Spielen mit jüngeren Kindern;
- Antisoziales Verhalten (z. B. Lügen, Stehlen);
- Körperliche Beschwerden;
- Störverhalten im Unterricht;
- Überstarke Ängste (Phobien);
- Einschlafen während des Unterrichts;
- Müde in Verhalten und Aussehen;
- Distanz gegenüber Gleichaltrigen;
- Unbeliebtheit; Rückzug aus sozialen Kontakten.

Merkmale im Wahrnehmen und Denken

- Unentschlossenheit;
- Konzentrationsprobleme;
- Mißerfolgserwartungen;
- Suizidale Äußerungen, Gedanken über den Tod.

Merkmale im affektiven Bereich

- Geringes Selbstwertgefühl;
- Gereiztheit;
- Ständiges Klagen;
- Dysphorie;
- Schuldgefühle.

Merkmale im körperlichen Bereich

- Schlafstörungen;
- Deutlicher Gewichtsverlust oder -zunahme;
- Veränderung im Appetit;
- Gefühle der Belastung;
- Bewegungsstörungen;
- Klagen über Müdigkeit.

nur die mögliche Vielfalt depressiver Erscheinungsbilder in der Schule deutlich, sondern zeigen auch die vielen möglichen Ebenen der Befindlichkeit und des Verhaltens, die betroffen sein können. Altersbezogene Unterschiede in der Symptomatik wurden von Stark nicht mit berücksichtigt, wären aber von Fall zu Fall mit einzubeziehen. Die Zusammenstellung der Merkmale kann vor allem Lehrerinnen und Lehrern bei der Einschätzung des möglichen Vorliegens einer depressiven Problematik helfen.

Wird die Merkmalsliste depressiver Symptome als Grundlage gezielter Verhaltensbeobachtungen von Schülerinnen und Schülern in Schule und Unterricht genutzt, sollten zusätzlich die Intensität, Häufigkeit und Dauer des Auftretens einzelner Auffälligkeiten vermerkt werden. Solche zusätzlichen Informationen sind für die Einschätzung der Ernsthaftigkeit einer Problemlage von Bedeutung. Bei einem Teil der aufgeführten Merkmale im affektiven und körperlichen Bereich wird eher das direkte Gespräch als die Beobachtung notwendig sein.

Die Ergebnisse einer gezielten Verhaltensbeobachtung – möglichst an unterschiedlichen Tagen und in unterschiedlichen Situationen durchgeführt – könnten von Lehrern bzw. Pädagogen gezielt in fachliche Beratungen oder Elterngespräche mit eingebracht werden (beispielsweise in Kooperation mit einem Schulpsychologen).

Aufgrund von in der Schule gesammelten Beobachtungsdaten zu depressiven Merkmalen eine diagnostische Zuordnung zu treffen wäre allerdings auf gar keinen Fall zulässig, ganz abgesehen davon, daß verschiedene depressive Symptome auch in anderen psychischen Problemfeldern zu finden sind und sich keineswegs nur auf depressive Störungen beziehen müssen. Auch solche Gründe sind Anlaß, vor sog. „Laien-Diagnosen" zu warnen.

Wie Lehrer Depressionen bei Schülern einschätzen

Werden Lehrerinnen und Lehrer nach ihren Erfahrungen im Umgang mit depressiven Schülerinnen und Schülern befragt, so reagieren diejenigen, die in der Grundschule arbeiten, in aller Regel eher mit Verwunderung und meinen, solche Schüler hätten sie eigentlich gar nicht in den Klassen. Lehrer im Oberschulbereich hingegen können sehr differenziert über Symptome sprechen, die sie entweder bereits bei Schülerinnen und Schülern erlebt haben oder aber die ihnen aus dem Erwachsenenbereich vertraut sind (Ergebnisse einer informellen Umfrage in Berlin, 2000). Im Oberschulbereich, das Jugendalter betreffend, gelten depressive Schülerinnen und Schüler oft als ruhig, zurückgezogen, mit geringen Kontakten zu Mitschülern und Lehrern. Ihnen wird zugeschrieben, sich sehr viel mit den eigenen Schwierigkeiten und Problemen zu beschäftigen. Auf der anderen Seite tendieren Lehrerinnen und Lehrer im Oberschulbereich auch dazu, Depressionen bei Schülerinnen und Schülern mit den eher extremen Merkmalen im emotionalen und Verhaltensbereich in Verbindung zu bringen. Viele nennen Suizid, körperliche Streßzustände oder auch selbstverletzendes Verhalten. Es muß befürchtet werden, daß der gesamte „mittlere Bereich" depressiver Merkmale im Jugendalter von Lehrerinnen und Lehrern nicht gewußt wird und Schülerinnen und Schüler mit diesen charakteristischen Merkmalen dann auch nicht erkannt werden können (Miezitis, 1992). Auffällig ist entsprechend an Berichten aus der internationalen Literatur weiterhin, daß Lehrer im Grundschulbereich eher dahin tendieren, statt depressiver Symptome bei ihren Schülerinnen und Schülern eher ausagierende Verhaltensprobleme in den Mittelpunkt zu stellen, was allerdings der Auffassung entgegenkommt, im Kindergarten- und Grundschulalter sei vielfach eher das ausagierende und schwierige Sozialverhalten (neben körperlichen Erscheinungen) für Depressionen charakteristisch.

In einer finnischen Studie berichteten Lehrer bei der Befragung zu depressiven Schülerinnen und Schülern vor allem über Merkmale wie schwache Schulleistungen, Rastlosigkeit, Verantwortungslosigkeit, Konflikte mit anderen (Opfer von Mobbing), körperliche Beschwerden und Schulverweigerung. Diese Aussagen finden sich auch in anderen Studien wieder (Nevermann, 1992).

Schulische Überforderung fördert Depressionen

Für depressive Kinder und Jugendliche kann die Schule zu einer Art von extremer Dauerbelastung werden. Vor allem dann, wenn sich dauerhaft schulische Überforderung einstellt. Schulische Überforderung kann durch unterschiedliche Umstände entstehen, u.a. durch Nichtbewältigung des Lernstoffs, Wahl der „falschen"

Schulform, schlechten Unterricht oder auch durch Mißachtung der Fähigkeiten und Begabungen eines Kindes. Daneben können auch Faktoren wie z.B. Krankheit, lange Fehlzeiten, besondere familiale Belastungsmomente eine Rolle spielen. Kinder und Jugendliche verbringen täglich viele Stunden des Tages in der Schule. Das Erleben von Überforderung und Mißerfolg bleibt oftmals nicht nur auf wenige Stunden beschränkt, sondern zieht sich möglicherweise durch den gesamten Schulalltag eines Kindes oder Jugendlichen und prägt damit das gesamte Erleben von Schule. Man muß kaum betonen, daß eine solche Situation als extrem kritisch für das betroffene Kind einzuschätzen ist. Dauerhafte schulische Überforderung ist ein massiver Risikofaktor für die psychische Entwicklung von Kindern und Jugendlichen. Die Gefahr der Entwicklung psychischer Störungen, darunter auch Depressionen, ist groß.

Der Kinder- und Jugendpsychiater Nissen (1999) stellt im Rahmen seiner unterschiedlichen Depressionstypen eine Gruppe von sog. „abnormen depressiven Reaktionen" heraus, die er unter dem Begriff von „Schul-Depressionen" zusammenfaßt. „Schul-Depressionen" gehen auf anhaltende schulische Erschöpfung aufgrund von schulischer Überforderung zurück. Sie können nach Nissen abnorm lange anhalten und werden manchmal auch den sog. „Streß-Depressionen" (Nissen) zugeordnet. Schülerinnen und Schüler, die Schule als eine Dauerbelastung erleben, sind in besonderer Weise gefährdet. Denn die Dauerbelastung ist ein Streßfaktor, der als Risikofaktor auf die gesamte psychische Entwicklung eines Kindes oder Jugendlichen negativ einwirken kann. Welche Faktoren bei der Entwicklung einer „Schul-Depression" eine besondere Rolle spielen, zeigt das folgende Schaubild.

Als Risikofaktoren für die Entwicklung einer sog. „Schul-Depression" gelten nach Nissen auf seiten der Schülerpersönlichkeit vor allem eine allgemeine „Depressionsgefährdung", die sich beispielsweise aus bestimmten belastenden Lebensumständen, Verlustereignissen, einem depressiven Elternteil oder anderen Faktoren ergeben kann, eine „Ich-Schwäche (entwicklungsbedingt besonders während der Pubertät häufig anzutreffen) sowie ein „instabiles Selbstwertgefühl" (ein Faktor, der entscheidend mit dem Erleben von schulischem Erfolg zusammenhängt). Nach Nissen kann es zu einer „Schul-Depression" kommen, wenn auf

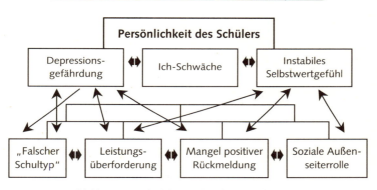

Abbildung 2: Risikofaktoren bei der Entstehung von „Schul-Depressionen" (Nissen, 1999)

seiten der Schülerpersönlichkeit die genannten drei Aspekte erfüllt sind und eine Situation eintritt, die insgesamt eine generelle schulische Überforderung der Person zur Folge hat. Eine solche Situation kann sich entweder durch die Wahl eines „falschen Schultyps", durch eine langfristige „Leistungsüberforderung" oder auch den „Mangel an positiver Rückmeldung" entwickeln. Diese drei genannten Faktoren beinhalten in gleicher Weise das Erleben von Mißerfolg und Versagen. Nissen fügt seinen Überlegungen zur Entwicklung von „Schul-Depression" allerdings einen Faktor hinzu, der ganz anderer, nämlich sozialer Art ist. Nach Nissen kann auch die „Außenseiterrolle" in einer Klasse und Schule unter bestimmten Bedingungen (Persönlichkeitsfaktoren) zu einer „Schul-Depression" führen. Hier steht die psychische Überforderung und Erschöpfung im Vordergrund. Die Nennung der „Außenseiterrolle" als Risikofaktor stimmt mit vielen Untersuchungsergebnissen zur Situation von depressiven Schulverweigerern überein.

Mit seinen Ausführungen weist Nissen darauf hin, daß die Schule unter bestimmten Bedingungen entscheidend dazu beitragen kann, daß sich bei bestimmten Schülerpersönlichkeiten eine

Depression entwickelt. Die spezielle Bezeichnung verweist auf die Mitverursachung der Schule. „Schul-Depression" kann jede Schülerin und jeden Schüler treffen, der unter die genannten Bedingungen fällt. Es zu wissen bedeutet zum einen, solchen möglichen Entwicklungen in der Schule wachsam gegenüberzustehen. Ebenso aber heißt es, Eltern darauf hinzuweisen, daß Situationen langfristiger schulischer Überforderung bei dem Kind zu psychischen Fehlentwicklungen wie einer „Schul-Depression" führen können.

Wenn von der Wahl eines „falschen Schultyps" gesprochen wird, dann verweist das gleichzeitig auch auf den Faktor einer möglichen Überforderung des Kindes durch ein zu hohes Anspruchsniveau der Eltern. Auch hier liegt, ebenso wie bei der Wahl eines falschen Schultyps, eine mögliche Ursache für die Entwicklung einer Depression des Kindes. Das generelle Erleben eines Kindes, den Anforderungen und Erwartungen der Eltern nicht entsprechen zu können, kann in einen übergroßen psychischen Druck münden und in der Konsequenz zu ängstlich-depressiven Reaktionen, einer Abnahme des Selbstwertgefühls, Verzweiflung sowie suizidalen Gedanken führen.

Die mit schulischer Überforderung und Versagenserleben einhergehende Verschlechterung des Selbstwertgefühls kann immer auch Grundlage anderer als depressiver Störungen sein.

Depressive Entwicklungen von Kindern und Jugendlichen in Schule und Familie beinhalten häufig Gefühle der Hilflosigkeit gegenüber der Nichtbewältigung von Aufgaben bzw. dem Nichterreichen angestrebter Ziele. Hilflosigkeit setzt vor allem dann ein, wenn die Handlungsergebnisse trotz eines intensiven eigenen Einsatzes an Energie und Zeit nicht zu den gewünschten bzw. auch notwendigen Erfolgen führen. Schulische Situationen, in denen jüngere Schülerinnen und Schüler häufig Hilflosigkeit erleben, sind typischerweise verbunden mit dem Erwerb des Lesens und Rechtschreibens. Nicht wenige Schülerinnen und Schüler mit einer Lese-Rechtschreib-Schwäche (LRS) zeigen neben ihren konkreten Leistungsschwierigkeiten deutliche Symptome der Hilflosigkeit und Resignation. Erlebt der Schüler beispielsweise in diesem zentralen Bereich schulischen Lernens in der Grundschule keine Erfolge mehr, droht das Absinken in die Hoffnungslosigkeit. Damit verbunden ist die Aufgabe der eigenen weiteren Anstrengungsbereitschaft. Die in der Hoffnungslosigkeit enthaltene negative Energie kann bereits bei Kindern und Jugendlichen zu einem umfassenden pessimistischen Denken gegenüber der eigenen Person und dem sozialen Umfeld führen. Wiederholte Äußerungen wie: „Das hat doch sowieso keinen Sinn. Ich bin eben blöd!" können einen solchen Prozeß nach außen hin anzeigen. Hoffnungslosigkeit als dauerhaftes Gefühl eines Kindes bzw. Jugendlichen bezieht sich in der Regel nicht nur auf die Schule. Das Symptom steht möglicherweise für eine massive depressive Entwicklung einschließlich der Gefahr von Suizidalität.

Mobbing – ein Risikofaktor für Depression

Sozialer Rückzug von Kindern und Jugendlichen aufgrund von „Mobbing" ist in der Schule in allen Schulformen und Schulstufen bis in die Grund- bzw. Volksschule hinein gegenwärtig verstärkt anzutreffen. Der Begriff „Mobbing" leitet sich aus dem englischen Wort „Mob" ab und bedeutet soviel wie „zusammengerotteter Pöbel(haufen)". Der Begriff „Mobbing" beschreibt insgesamt ein schikanöses Handeln einer oder mehrerer Personen gegenüber einem einzelnen oder einer Gruppe. In bezug auf die Schule wird häufig der Begriff „bullying" verwendet. Auch dieser bezeichnet das wiederholte und über einen längeren Zeitraum ausgeübte Quälen von Mitschülern. Die verschiedentlich verwendete Bezeichnung „Psychoterror" ist in solchen Zusammenhängen durchaus angemessen. In der Regel sind es kleine Schülergruppen (Mädchen wie Jungen), die sich gezielt ein „Opfer" auswählen und attackieren. Bei den sog. „Opfern" handelt es sich in der Regel um Schülerpersönlichkeiten, die sozial am Rand stehen, weil sie weniger stark und durchsetzungsfähig sind, die Werte und Interessen der Mehrheit (z.B. Designer-Klamotten und einschlägige Computerspiele) nicht teilen wollen oder können (sozialer Hintergrund) oder aber sich in einem bestimmten Bereich anders als andere verhalten. Nicht selten handelt es sich um intellektuell starke Schülerinnen und Schüler. Die sog. „Täter" in der Schule werden durch ihre „Mobbing-Erfolge" eher bestärkt, weiterzumachen, als Signale des Leidens des Betroffenen emphatisch aufzunehmen und aufzuhören.

Zum typischen Mobbing-Verhalten unter Schülern zählt u. a.:

- Ständige Kritik und „Runtermachen" schulischer Leistungen,
- Unterbrechen von mündlichen Beiträgen im Unterricht,
- gezieltes Auslösen von Irritation und Peinlichkeiten,
- Anschreien und lautes Schimpfen in den Pausen,
- öffentliche Mißbilligung des Aussehens und der Kleidung,
- Gang, Stimme, Gesten werden imitiert, um daraus seinen Spaß zu ziehen,
- Androhungen körperlicher Schläge,
- ständiges Herumschubsen und körperliches Bedrängen,
- Verbreitung von negativen Gerüchten,
- Verunglimpfung des Elternhauses,
- unter psychischen Druck setzen etc.

Es ist eine Frage der Persönlichkeit, wie lange ein „Opfer" diese extrem belastende und schwierige schulische Situation aushält. Die schikanösen Handlungen werden in der Regel über einen längeren Zeitraum hinweg aufrechterhalten. Dieser Zeitraum wird durch Faktoren wie „Schweigen des Betroffenen (aus Angst vor noch stärkeren Schikanen oder aber aus Scham)", „Unwissenheit in der sozialen Gruppe oder Klasse", „Verschweigen des Tatbestandes durch Mitschüler und Mitwisser (Befürchtung von möglichen negativen Konsequenzen, Verlust von Ansehen, Zuschreibung von Mitschuld)" oder auch „Verharmlosung" mitbestimmt. Die schweren Auswirkungen auf die Persönlichkeit des Schülers sind vielfältig und können nicht nur in eine depressive Krise führen, sondern in der Folge auch zu schwerer Suizidalität.

Ein Beispiel ist der 15jährige Jim, der die 8. Klasse eines Gymnasiums besuchte. In seinem Verhalten wurde er zu Hause dadurch auffällig, daß er nach der Schule plötzlich sofort nach Hause kam, keinen Freund mehr mitbrachte und sich auch am Nachmittag nicht mehr verabredete. Statt dessen hielt er sich immer häufiger in seinem Zimmer auf. Anfangs dachte die Mutter, er hätte für die Schule so viel zu arbeiten, daß er sich aus diesem Grunde auch nicht mehr am Nachmittag verabreden konnte. Deshalb schützte sie ihn vor Störungen und nahm auch seine wachsende Einsilbigkeit kommentarlos hin. Und eigentlich war es ihr auch viel lieber, wenn der Sohn nicht so viel unterwegs war.

Als Jim die Mutter immer häufiger aufforderte, ihn am Telefon zu verleugnen, wurde sie zunehmend besorgt. Jim wirkte bedrückt, sein Verhalten hatte sich verändert, er kannte nur noch sein Zimmer, verweigerte die Familienfahrten am Wochenende, äußerte sich über alles negativ und abwertend. Ein wirkliches Gespräch zwischen Mutter und Sohn kam nicht zustande. Jim wollte nicht mit seiner Mutter sprechen. Als der Vater abends mit Jim wieder einmal durch die Straßen wanderte, weil der Junge zu erregt war, um einzuschlafen, erfuhr er von Jim, daß dieser seit längerer Zeit von einer Gruppe von Mitschülern „gemobbt" wurde. Der Sohn wirkte in dem Gespräch auf den Vater extrem verzweifelt und hoffnungslos. Als der Sohn dann dem Vater mitteilte, er würde lieber vom Hochhaus springen, als das weiter ertragen zu müssen, nahm die Familie umgehend Kontakt mit dem Schulpsychologischen Dienst auf.

Der Entwicklungsprozeß, der schon im Kindes- und Jugendalter zu Depressionen führen kann, hat sehr unterschiedliche und vielfältige mögliche Hintergründe. Die Gefahr, sich aufgrund von „Mobbing" eher depressiv zurückzuziehen und „Opfer" zu werden, als offensiv dagegen vorzugehen, trifft in der Regel auf Schülerpersönlichkeiten zu, die aufgrund von bestimmten Merkmalen (allgemeine Unsicherheit im sozialen Bereich, Zögerlichkeit und Ängstlichkeit im Verhalten gegenüber anderen, Unentschlossenheit, geringer sozialer Rückhalt in der Klasse, deutliche soziale Inkompetenz) stärker als andere davon betroffen sein können. Möglicherweise gehört auch Jim mit seinen ganz anderen Gedanken und Wertvorstellungen als die übrigen Schüler der Klasse dazu. Vielleicht fehlen ihm auch notwendige Fertigkeiten, um solche Situationen nicht auflaufen zu lassen, sondern gleich in den Anfängen abzufangen. Untersuchungen haben in diesem Zusammenhang gezeigt, daß Kinder und Jugendliche mit ungenügenden sozialen Kompetenzen und sozialer Unsicherheit leichter als andere in emotionale Schwierigkeiten, so auch in eine depressive Entwicklung geraten.

Jim findet seine Situation aber auch aus anderen Gründen eher hoffnungslos. Er erlebt keinen eigenen Handlungserfolg mehr! Er erlebt im Gegenteil, daß eigenes Handeln keinen gewünschten Erfolg zeigt, sondern die Gesamtsituation eher noch verschlechtert. Damit entsteht eine kritische Phase in der eigenen Persönlichkeits-, vor allem Selbstwertentwicklung. Jim verliert zunehmend die Überzeugung, der unangenehmen Situation aus eigenen Kräften entkommen zu können. Mehr und mehr muß er sich seine eigene Handlungsunwirksamkeit eingestehen. Um die erlebte Handlungsunwirksamkeit nicht auf alle möglichen Handlungsbereiche „überspringen" zu lassen, braucht Jim dringend gegenteilige Erfahrungen. Das heißt, er braucht das Erleben von eigener Kompetenz und eigenen Handlungserfolgen. Dabei könnten die sog. „Selbstwirksamkeitserfahrungen" sowohl im Leistungsbereich als auch im sozialen außerschulischen Bereich liegen. Im übrigen muß mit Jim gemeinsam die schwierige „Mobbing-Situation" in der Klasse bewältigt werden. Andernfalls könnte nach einer Phase des erfolgreichen Verdrängens der totale depressive Zusammenbruch kommen, weil die diesbezügliche Belastungsfähigkeit des Jungen aufgebraucht ist.

Bei einer ganzen Reihe von Schülerinnen und Schülern beginnt mit der Zunahme des Erlebens von Handlungsmißerfolgen die Flucht in aktive und passive Schulverweigerung. Oftmals dient die Vermeidung dem Schutz vor weiteren Mißerfolgserfahrungen und damit verbundenen persönlichen Demütigungen. „Besser, ich mache gar nichts mehr, als daß ich wieder Mißerfolg erleide!" Nicht selten wählen Schülerinnen und Schüler diese Form des „Aus dem Felde Gehens" auch, um sicherzugehen, daß ihr Leistungsversagen zumindest in der sozialen Gruppe (Klasse) unentdeckt bleibt.

Depression und Schulverweigerung

Es bedarf vermutlich gar keiner großen Beweisführung zu behaupten, daß es das Phänomen der Schulverweigerung ebenso lange gibt, wie Schule existiert. Wie schrieb Homburger im Jahre 1926: „Wenn es einmal so weit gekommen ist, dann bleibt manches Kind dem Unterricht überhaupt fern, verläßt zwar am Morgen das Elternhaus, treibt sich herum oder kauert in einem Winkel, nur noch darauf bedacht, ungefähr zur rechten Zeit wieder daheim zu sein." Auch heute im Jahre 2000 drückt sich ein Teil der Schülerinnen und Schüler, die nicht in die Schule gehen wollen, in Kaufhäusern, Grünanlagen oder irgendwelchen Ortswinkeln herum, darauf bedacht, von Lehrern, Eltern oder auch Mitschülern nicht gesehen zu werden und mittags so unauffällig wie möglich nach Hause zu kommen. Bis es dann doch an die Öffentlichkeit geraten ist und die Verweigerung dann auch offen praktiziert wird.

Schulverweigerung, ganz allgemein als ein Fernbleiben von der Schule bezeichnet, tritt heute mit steigender Tendenz bei etwa 4 %–6,5 % aller schulpflichtigen Kinder und Jugendlichen auf, wobei von einer hohen Dunkelziffer ausgegangen werden muß. Vor allem, weil Schulverweigerung nicht nur „offen und aktiv" durchgeführt wird, sondern auch in „verdeckten, passiven Formen" zu beobachten ist. So sitzt Til, ein Schüler in einer 3. Grundschulklasse, während des Unterrichts vorwiegend unter dem Tisch. Er weigert sich beständig und erfolgreich, am „offiziellen" Unterrichtsprogramm teilzunehmen. Seine Mitschüler haben sich inzwischen an den Zustand gewöhnt.

Schulverweigerung ist ein prozeßhaftes Geschehen, daß sich in vielen Formen und Abstufungen im Zusammenspiel mit der Schule und deren Bedingungen entwickelt. So gibt es nicht nur von der Umwelt akzeptierte „Verweigerungen auf Krankenschein" bzw. „Verweigerungen mit elterlicher Duldung", sondern auch das schrittweise „Sichherausziehen" aus den schulischen Verpflichtungen. Und es gibt auch all jene Schülerinnen und Schüler, die noch täglich im Unterricht sitzen, aber innerlich längst „gekündigt" haben. Die wenigsten von ihnen fühlen sich dabei wohl, die meisten von ihnen entwickeln in dem Prozeß des allmählichen Herausfallens aus der Schule eine schwere psychische Schädigung, darunter möglicherweise auch eine schwere Depression.

Das heißt auch: Kinder und Jugendliche, die den Besuch der Schule temporär oder chronisch verweigern, tun dies aus sehr unterschiedlichen Motiven und Problemlagen heraus. Die wenigsten von ihnen tun es freiwillig. Schulverweigerung ist in der Regel die Endstrecke einer nicht gelungenen schulischen Integration. Das höchste Ziel ist für Kinder und Jugendliche, eine Gruppe zu finden, mit der man sich identifizieren kann und in der man sozial anerkannt wird. Mit Eintritt in die Schule ist die Hoffnung und Erwartung verbunden, in der Schulklasse diese Gruppe zu finden. Viele Kinder und Jugendliche erreichen dieses Ziel in weitestgehender Annäherung. Einige von ihnen aber fallen aus der sozialen Gruppe heraus. Vor allem zwei emotionale Faktoren scheinen in diesem Prozeß von zentraler Bedeutung zu sein: Angst und Depression.

Schülerinnen und Schüler, die den Schulbesuch langfristig verweigern, haben in der Regel eine persönliche Krise, die mit der Schule in einem engeren oder weiteren Zusammenhang steht. Oftmals steht ein Erleben von Mißerfolg und Versagen im Hintergrund, bezogen entweder auf bestimmte Leistungsbereiche oder aber auf den sozialen Bereich. Nicht selten sind Schulverweigerer tief enttäuscht, oftmals auch psychisch durch offene und versteckte Botschaften von Mißbilligung und mangelnder Wertschätzung tief gekränkt. Sie wenden sich resigniert ab, bewußt oder unbewußt, wollen mit der Einrichtung – nicht selten mit speziellen Lehrkräften und deren Lehrinhalten und Anforderungen – nichts mehr zu tun haben.

Innerhalb des Prozesses zunehmender Verweigerung von Schule kommt in der Regel irgendwann der Zeitpunkt, wo die Schülerinnen und Schüler selbst das Gefühl entwickeln, keinen Rückweg in die Schule mehr zu finden. Ab diesem Zeitpunkt suchen sie sich dann häufig auch aktiv eine alternative soziale Gruppe. Eine solche Gruppe aus in der Regel ebenfalls die Schule verweigernden Jugendlichen schützt allerdings nicht vor depressiven Entwicklungen. Vor allem, solange sie auf ihr abweichendes Verhalten und den damit verbundenen Verstoß gegen die allgemeine Schulpflicht hingewiesen werden. Einige unter ihnen geraten aufgrund einer psychischen Fehlentwicklung total ins gesellschaftliche Abseits. Noch andere suchen ihre Gefühle der Einsamkeit und Hilflosigkeit über Computerspiele und Internetkontakte auszugleichen.

Die Verweigerung von Schule kann vielfach als Protest gegen etwas gesehen werden, was täglich als unangenehm und belastend erfahren wird. Insgesamt flüchten Schulverweigerer nicht nur vor der Schule, sondern immer auch vor sich selbst.

Vorbeugen und Helfen in der Schule

Die Möglichkeiten der Schule, auf besondere psychische Befindlichkeiten von Schülerinnen und Schülern auch in besonderer Weise einzugehen, sind generell begrenzt. Zum einen befinden sich in einer Lerngruppe bzw. Klasse zunehmend mehr Schülerinnen und Schüler mit Schulschwierigkeiten und Beeinträchtigungen. Zum anderen fällt es Lehrerinnen und Lehrern oft schwer, sich zusätzlich zu den täglichen Unterrichtsverpflichtungen und Unterrichtsvorbereitungen noch mit einzelnen Schülerpersönlichkeiten und deren besonderen Problemlagen auseinanderzusetzen. Nicht selten fühlen sie sich selber eher überlastet und emotional ausgebrannt, wobei eine Vielzahl von Lehrerinnen und Lehrern sich täglich neu bemüht, Probleme von Schülern überwinden zu helfen und in schwierigen psychischen Situationen unterstützend zur Seite zu stehen. Dabei hat sich in jüngsten Studien herausgestellt, daß Schülerinnen und Schüler in Oberschulen insgesamt eher ungern auf Lehrerinnen und Lehrer zurückgreifen, wenn sie ein Problem haben. Im Jugendalter wenden sie sich in solchen Fällen zunehmend lieber an Freundinnen und Freunde. Auch Eltern werden deutlich weniger in persönlichen Dingen angesprochen. Für die Bemühungen von Lehrern, Schülern mit Depressionen innerhalb des Schulbetriebs zu helfen oder aber Hilfen zu vermitteln, bedeutet das zumindest, daß der emotionale Einsatz auf seiten der Lehrer sehr hoch sein muß, um von Schülern im Bereich persönlicher Probleme überhaupt angenommen zu werden. Oftmals brauchen Pädagogen vor allem ein Wissen darüber, wie man im Bereich gemeinsamen schulischen Handelns an welcher Stelle wirksam helfend eingreifen kann.

Wie läßt sich depressives Verhalten in der Schule abbauen, und wie kann einer depressiven Entwicklung von Schülern entgegengewirkt werden? Die hier folgenden Empfehlungen und Hinweise sind eher grundlegender Art und möchten den Eindruck von „fertigen Rezepten" vermeiden. Sie konzentrieren sich auf das, was in jeder Schule realisierbar und im Hinblick auf depressive Schülerinnen und Schüler inhaltlich notwendig erscheint. Vieles davon läßt sich auch im Rahmen einer guten, schülerzugewandten Pädagogik verwirklichen. Daneben werden spezielle Handlungsempfehlungen gegeben, die sich an der typischen Symptomatik depressiver Schülerinnen und Schüler orientieren. Hier wären bezüglich der Durchführung alters- und entwicklungsbezogene Unterscheidungen zu treffen. Die Gefühle der Hilflosigkeit eines achtjährigen Kindes haben eine andere Ausprägung als die einer 16jährigen Schülerin und machen von daher ein unterschiedliches Reagieren notwendig.

Ein Aspekt, der bei jeder Art von Hilfe und Unterstützung mit bedacht werden sollte, ist der mögliche oder auch konkrete Verursachungshintergrund auftretender Schwierigkeiten. Wie an anderer Stelle ausführlich dargestellt, ist bei Depressionen im Kindes- und Jugendalter mit einer vielfachen Verursachung zu rechnen. Nur in einigen wenigen Fällen – z.B. schwere Verlustereignisse oder massive Gewalterfahrungen – werden auch schwere depressive Verstimmungszustände bei Kindern und Jugendlichen durch ein einzelnes konkretes Ereignis ausgelöst. Eine Hauptverursachung durch schulische Bedingungen muß ebenfalls zurückgewiesen werden. Hier kommen als entscheidender Einflußfaktor die jeweiligen Persönlichkeitsmerkmale des Kindes oder Jugendlichen hinzu.

Wenn also in der Regel mehrere Ursachen für eine depressive Entwicklung eines Kindes verantwortlich zu machen sind, bedeutet das für die Praxis, möglichst viele dieser Verursachungsfaktoren zu verändern zu versuchen. Die therapeutische Gesamtwirkung setzt sich dann aus der Summe der Einzelwirkungen zusammen. So könnten bei depressiven Kindern sowohl Unterstützungsmaßnahmen im Leistungsbereich erfolgen als auch innerschulische soziale Trainings zur Erweiterung der sozialen Kompetenz.

Einen möglicherweise entscheidenden Anteil einer Mitverursachung depressiver Entwicklungen bei Schülerinnen und Schülern hat die Schule vor allem auch da, wo langfristige Überforderung und dauerhaftes Leistungsversagen die Schülerpersönlichkeit schwer belasten. In solchen Fällen kann und muß Schule in Kooperation mit dem Elternhaus deutlich und sehr konkret gegensteuern. Voraussetzung ist allerdings auch hier, daß das Problem als solches erkannt wird.

Empfehlung 1: Eine gute, schülerorientierte Pädagogik

Schülerinnen und Schüler, die sich in ihrer Schule wohl fühlen und das Gefühl entwickeln, zu den Personen (vor allem Lehrern und Mitschülern) und Dingen, die in der Schule zu finden sind, in einer guten und positiven Beziehung zu stehen, haben vermutlich einen hohen Schutz vor Depression in der Schule. Andersherum betrachtet gilt gleiches: Vorhandenen depressiven Entwicklungen bei Schülerinnen und Schülern kann in der Schule auf einer ersten, globalen Ebene vor allem dadurch wirksam begegnet werden, daß sie in einem guten Kontakt zur Schule stehen und sich auch sozial dort gut eingebettet fühlen. Dazu gehören vor allem auch

- beziehungsstiftende Maßnahmen,
- die Schaffung einer angstfreien, emotional positiven schulischen Atmosphäre,
- ein konsequenter Umgang mit Lob und positiver Verstärkung,
- die Vermeidung von Überforderung,
- Aufbau von Stärken,
- ein sozial-integrativer Führungsstil,
- Förderung von sozialer Kompetenz,
- Maßnahmen zur sozialen Integration,
- enge Kooperation zwischen Elternhaus und Schule.

Auf einen solchen Katalog allgemeinen pädagogischen Handelns läßt sich kaum verzichten. Er bildet auch die Grundlage für alle weiteren besonderen pädagogischen Unterstützungsmaßnahmen. Die Realisierung einer solchen Pädagogik kann schon für sich allein genommen eine sowohl vorbeugende als auch stützende Wirkung haben.

Insgesamt hängt die schulische Befindlichkeit von Schülerinnen und Schülern entscheidend davon ab, welche Beziehung sie zu den Mitschülern, den Lehrern und der Schule insgesamt haben. Je höher die Identifizierung mit der Schule und dem, was darin passiert, desto stärker sind Schülerinnen und Schüler auch gewillt, sich für diese Schule zu engagieren. Die emotionale Bindung zu Mitschülern hilft besser über schwierige schulische Situationen, die nicht ausbleiben können, hinweg. Das Verständnis: „Wir schaffen das gemeinsam!" wirkt dem depressiven „Ich fühle mich so allein. Keiner kümmert sich um mich!" entgegen. Allerdings nur dann, wenn es über „Lippenbekenntnisse" hinausgeht und täglich „hautnah" praktiziert wird.

Empfehlung 2: Informationen über depressive Störungen im Kindes- und Jugendalter einholen

Der Aspekt der Informiertheit spielt im Rahmen gezielter vorbeugender und helfender Methoden und Maßnahmen eine grundlegende Rolle. Ab einem gewissen Alter sollten auch Schülerinnen und Schüler und nicht nur die Lehrer, Erzieher und Sozialpädagogen einer Schule gezielt über mögliche Symptome, Ursachen und Auswirkungen von Depressionen informiert werden (z. B. über Vorträge und Diskussionen gemeinsam mit dem Schulpsychologischen Dienst). Nicht erst dann, wenn ein gravierendes Ereignis wie z. B. der Suizid eines Schülers der Schule dazu Anlaß gibt.

Empfehlung 3: Über „Besonderheiten" im Verhalten von depressiven Schülerinnen und Schülern Bescheid wissen

Schülerinnen und Schüler mit depressiven Symptomen zeigen „Besonderheiten". Über solche „Besonderheiten" nicht Bescheid zu wissen kann leicht bedeuten, im ständigen Konflikt mit ihnen zu stehen.

Dazu gehört u. a. die ständige depressive Grundstimmung, d. h. Weinerlichkeit, Gereiztheit und negatives Denken. Sozialpartner wie Eltern, Lehrer, Mitschüler und Freunde haben es oftmals schwer, diese Befindlichkeit immer wieder ertragen und mit ihr umgehen zu müssen, zumal sich ein depressiver Schüler bzw. eine depressive Schülerin kaum bewegen läßt, einen positiven Blickwinkel einzunehmen oder die Freude an einer gemeinsamen Aktivität zu teilen. Es kostet Energie und ein optimistisches Gegengewicht, nicht selber auch in eine gereizte depressive Stimmung zu verfallen. Depressive Kinder stöhnen auch in attraktiven Situationen noch über angebliche Langeweile, und sie äußern auch entsprechend deutlich ihre Freudlosigkeit. Das Wissen über solche Besonderheiten im Umgang mit depressiven Schülerinnen und Schülern hilft, schwierige Situationen leichter zu bewältigen. Darüber hinaus sollten Lehrer und Pädagogen versuchen, über den Aufbau einer „echten" und akzeptierenden Beziehung zu dem depressiven Schüler an die depressive Grundbefindlichkeit heranzukommen und sie schrittweise über positives Erleben zu verändern.

Eine weitere „Besonderheit" im Umgang mit depressiven Schülerinnen und Schülern aller Altersgruppen bezieht sich auf die Lustlosigkeit und den Motivationsverlust gegenüber sonst durchaus attraktiven Tätigkeiten. Die Schule ist ein Ort voller Aktivitäten. Mit Schülerinnen und Schülern, die nicht aktiv sein wollen, hat sie ihre Probleme. Handlungsverweigerung wird leicht als gezielte Provokation oder Inszenierung eines Machtkampfes aufgefaßt. Zu wissen, daß „Lustlosigkeit" und „Passivität" u. a. auch den typischen Merkmalen einer depressiven Entwicklung zugeordnet werden können, schützt vor „falschen" pädagogischen Entscheidungen und bietet gleichzeitig Gelegenheit, frühzeitig und gezielt gegenzusteuern bzw. auch vorzubeugen. Depressive Schülerinnen und Schüler schrittweise wieder in Aktivitäten einzubinden, die dann auch Spaß machen und mit positiver Anerkennung verbunden sind, gelingt am besten durch Einbeziehung der Mitschüler. Zu warten, bis sich die depressive Phase des Schülers X wieder „beruhigt hat", wäre ein zu großes Risiko. Denn es schließt eine mögliche Verschlechterung der Situation des Schülers nicht aus.

Eine weitere „Besonderheit", die in der Symptomatik depressiver Störungen liegt, bezieht sich auf die Tendenz von Schülerinnen und Schülern, innerhalb der depressiven Phase in eine „soziale Isolation" zu flüchten. Das ist auch deshalb eher verhängnisvoll, weil die depressive Dynamik damit beschleunigt werden kann. Im Rahmen von „selbstgewähltem" sozialen Rückzug werden erneut Gefühle der Traurigkeit, Einsamkeit und Hilflosigkeit aktiviert. Während Kinder in der Regel über ihr Alleinsein noch berichten, versuchen Jugendliche in dieser Phase in der Regel, die Realität zu vertuschen. Die Schule kann nicht nur selber soziales Leben anbieten (Ausflüge, Besuche in Museen, Arbeitsgruppen am Nachmittag, Hausaufgaben-Zirkel, Disco-Abende etc.), sondern sie kann auch Mitschülerinnen und Mitschüler anstiften, sich der Verbesserung der sozialen Integration anzunehmen.

Empfehlung 4: Pessimismus entgegenwirken

Einen zentralen Aspekt depressiver Störungen im Kindes- und vor allem auch Jugendalter bilden Pessimismus und negatives Denken. Nicht nur die eigene Person wird schlecht bewertet, sondern auch das eigene Umfeld, die weitere Umwelt und die eigene Zukunft werden negativ gesehen. Der Pessimismus ist in aller Regel an ein schlechtes Selbstwertgefühl gekoppelt. Typische Sätze in der Schule sind u. a.: „Das packe ich nie!" oder „Ich weiß ja, daß ich blöd bin!" Dabei geht es nicht um das einmalige Äußern solcher Bemerkungen, sondern um die wiederholten und umfassenden negativen Einschätzungen. Der amerikanische Wissenschaftler und Psychologe Seligman sieht in solchen Entwicklungen negativer Selbstzuschreibungen ein zentrales depressives Moment (nähere Ausführungen dazu unter Teil IV). So hat sich gezeigt, daß Leistungsschwäche deutlichen Pessimismus verursachen kann. Ebenso aber ist inzwischen auch bewiesen, daß Pessimismus selbst auf die Dauer zu Depressionen und Gesundheitsschäden führen kann.

Hat nach Einschätzung des Schülers das eigene Handeln keinen wahrnehmbaren Einfluß mehr auf das Handlungsergebnis, so erleidet der Schüler einen Kontrollverlust und entwickelt Gefühle der Hilflosigkeit. „Es hat doch sowieso alles keinen Sinn. Meine Anstrengungen bleiben sinnlos!" So oder ähnlich lauten entsprechende Zuschreibungen (sog. „Attributionen") eigener Hilflosigkeit. Häufige Erfahrungen dieser Art führen zu dem, was Seligman die „erlernte Hilflosigkeit" nennt. Geraten Schülerinnen und Schüler in einen Prozeß erlernter Hilflosigkeit, laufen sie Gefahr, eine umfassende Hoffnungslosigkeit auszubilden, die nach Seligman in eine Depression mündet. „Es hat doch sowieso alles keinen Sinn!" signalisiert die Zuschreibung einer insgesamt als hoffnungslos empfundenen, persönlichen Situation.

Welche persönlichen Zuschreibungen Schülerinnen und Schüler anwenden, welche persönlichen Überzeugungen sie von ihrer eigenen Leistungsfähigkeit entwickeln, läßt sich zweifellos am ehesten in der Einzelarbeit bzw. im Einzelkontakt mit ihnen ergründen. Das bedeutet, daß Gruppenarbeit in der Schule sowie Kleingruppenaktivitäten auch dazu genutzt werden sollten, die diesbezügliche Befindlichkeit von Schülerinnen und Schülern herauszufinden, um in der Folge vorhandenen Pessimismus und erlernte Hilflosigkeit gezielt abzubauen. Eine der wirksamsten Methoden in diesem Zusammenhang heißt: Vermittlung von Handlungserfolgen und Widerlegung negativer Annahmen über positive Ergebnisse. Das beinhaltet gleichzeitig die Notwendigkeit, für eine gewisse Zeit Leistungsmißerfolge und negative Ereignisse vermeiden zu helfen. Negative Überzeugungen zur eigenen Person und Leistungsfähigkeit haben sich in einem langen Prozeß aufgebaut. Sie lassen sich entsprechend nicht „von heute auf morgen" abbauen.

Empfehlung 5: Belastungsfähigkeit und Bewältigung trainieren

Wo Schule stattfindet, finden sich auch vermehrt Belastungen. Die Belastungen können vielfältig erlebt werden, denn sie werden unterschiedlich als solche gewertet. Einen wesentlichen Aspekt von Belastung in der Schule bilden die täglich ablaufenden Bewertungsprozesse im sozialen und im Leistungsbereich. Depressive Schülerinnen und Schüler haben aufgrund ihrer inneren Belastung besondere Schwierigkeiten im Umgang mit negativen Bewertungen und Kritik. Sie nehmen die schlechten Beurteilungen entweder als Bestätigung der ohnehin negativen Selbstbewertungen oder aber reagieren mit Flucht oder Vermeidung. Letzteres soll das ohnehin schwer angeschlagene Selbstwertgefühl vor weiterer Schädigung schützen. Unterschiedliche Formen schulischer Belastungen wie auch negative Bewertungen bewältigen zu lernen wäre nicht nur ein Ziel für depressive Schülerinnen und Schüler. Das Vermitteln von angemessenem Bewältigungsverhalten nimmt in Hilfekonzepten für depressive Schülerinnen und Schüler neben einer emotionalen Stabilisierung einen wichtigen Stellenwert ein. Vermutlich läßt sich Belastungsfähigkeit in der Schule vor allem auf der Grundlage eines allgemeinen positiven Selbstwerterlebens entwickeln.

*Empfehlung 6: Positive Beziehungen zu Mitschülern
bewußt fördern*

In der Schule sozial akzeptiert und anerkannt zu sein kann die gesamte Einstellung des Schülers bzw. der Schülerin gegenüber der Schule massiv positiv verändern. Schülerinnen und Schüler, die soziale Zurückweisung und Schwierigkeiten mit Gleichaltrigen erfahren, halten sich in der Tendenz für weniger sozial kompetent als ihre Mitschüler. Außerdem berichten sie eher über eine depressive Befindlichkeit mit starken Symptomen von Lustlosigkeit und Verlust an Freude und Interesse an Aktivitäten. Unterstützungsangebote für sog. „soziale Außenseiter" können sowohl ein Kompetenztraining im Konfliktelösen beinhalten als auch Rollenspiele, in denen vermittelt wird, wie man Freunde gewinnen und sich sozial in eine Gruppe einfügen kann (Vermittlung von sozialen Fertigkeiten). Lehrer können in dem Zusammenhang auch allen Schülerinnen und Schülern ein Stück Kompetenz darüber vermitteln, wie man es schafft, anderen mit Freundlichkeit und Respekt zu begegnen. Den möglichen Ursachen von sozialer Zurückweisung einzelner Schüler sollte innerhalb der Klasse und Schule auf jeden Fall nachgegangen werden. Das gebietet schon allein die notwendige Solidarität mit den Betroffenen.

Empfehlung 7: Emotionales Lernen

Immer mehr setzt sich vor allem an Schulen in Amerika das Fach „Emotionale Erziehung" durch. Mit diesem stark präventiv orientierten Ansatz versucht man nicht nur, die hohe Rate an aggressiven und gewaltbereiten Schülerinnen und Schülern zu senken, sondern erhofft sich auch insgesamt einen vorbeugenden und helfenden Effekt für Kinder und Jugendliche mit emotionalen Problemen. Lernen, mit den eigenen Emotionen angemessen umzugehen, enthält viele unterschiedliche Inhalte und Schwierigkeitsgrade. Ausgehend von einer Einführung in emotionales Ausdrucksverhalten, die sehr spielerisch durchgeführt werden kann, lernen Kinder und Jugendliche, wie sich unterschiedliche emotionale Zustände entwickeln können und auf welche Weise man sie unter Kontrolle bekommt. Dabei wird sehr viel mit Rollenspielen und Diskussionen über eigenes Erleben in kleinen Schülergruppen gearbeitet. Ein zusätzlich positiver Effekt solcher „Lehrgänge" ist die deutliche soziale Stärkung der Gesamtgruppe.

Empfehlung 8: Kontakt zu professionellen Beratungsdiensten

Lehrerinnen und Lehrer sollten zum eigenen Schutz nicht ohne vorherige Beratung mit den Eltern und einer professionellen Einrichtung (z.B. dem Schulpsychologischen Dienst oder der Familien- und Erziehungsberatungsstelle) gezielte Maßnahmen zur Reduzierung vorhandener depressiver Symptome vornehmen. Zum einen sollte man sich über die eigenen Wahrnehmungen ohnehin mit einem Kollegen bzw. einer Kollegin in der Schule austauschen, um Fehleinschätzungen zu vermeiden. Zum anderen könnten bei Schülerinnen oder Schülern durch leichte schulische Stützungsmaßnahmen im emotionalen Bereich schwerere depressive Entwicklungen angestoßen werden. Auch vorbeugende Maßnahmen sollten mit einem Schulpsychologen noch einmal durchgesprochen werden, bevor man Eltern über die Sache informiert.

Teil IV

Warum können Kinder und Jugendliche depressiv werden?

In diesem Teil wird der Frage nachgegangen, wie depressive Störungen eigentlich entstehen können. Was sind die Ursachen und Auslöser dafür, daß manche Kinder mit depressiven Symptomen reagieren? Gibt es Kinder, die besonders anfällig für depressive Entwicklungen sind? Wodurch lassen sich diese Kinder charakterisieren? Warum sind gerade Kinder und Jugendliche heute in erhöhtem Maße depressionsgefährdet? Nach einer Skizzierung der heutigen gesellschaftlichen Bedingungen des Aufwachsens sollen im folgenden die aktuellen psychologischen und biologischen Theorien zur Erklärung von Depressionen vorgestellt werden.

Der Inhalt gliedert sich in folgende Kapitel:
- Lebenswelt heute
- Psychologische Theorien zur Erklärung von Depressionen
- Biologische Erklärungsansätze
- Welche Kinder sind besonders gefährdet?

1. Lebenswelt heute

Einer zunehmenden Zahl von Heranwachsenden geht es schlecht, so heißt es im „Zehnten Kinder- und Jugendbericht" des deutschen Bundesministeriums für Familie, Senioren, Frauen und Jugend von 1998. Sie seien unglücklich und depressiv. Sie kämen mit den Anforderungen, die an sie gestellt werden, nicht zurecht und reagierten mit Anzeichen für emotionale Störungen oder Verhaltensstörungen, unter anderem mit depressiven Symptomen.

Die Welt stellt sich für Kinder und Jugendliche oftmals spannungsreich, widersprüchlich und reizüberflutet dar, was das Aufwachsen und die Orientierung immer schwieriger werden läßt. Grundlegend veränderte Bedingungen des Aufwachsens mit einem

Zuviel an Alleinsein und einem Zuwenig an Entwicklung unterstützendem Zusammensein können zu gravierenden Fehlentwicklungen führen, darunter auch zunehmend und verstärkt bei den jüngeren Altersgruppen depressive Störungen.

Kindsein ist kein Kinderspiel!

Kinder wachsen heute in sehr unterschiedlichen Welten auf. Während die einen wohlbehütet in einem Zuhause leben, wo für alles gut gesorgt ist – vom eigenen Zimmer über vielfältige soziale Kontakte und motivierende Aktivitäten bis hin zu gemeinsamen regelmäßigen Ferienreisen, – leben andere in relativer Armut. Sie sind materiell schlecht ausgestattet, müssen auf attraktive Freizeitaktivitäten und Vereinsmitgliedschaften aus finanziellen Gründen verzichten und fallen – vor allem unter Gleichaltrigen – sehr leicht sozial auf. Keine „Marken-Sachen" zu tragen gilt beispielsweise vielfach als persönlicher Makel und vermittelt in der Tendenz bei bestimmten Jugendlichen ebenso Gefühle der Minderwertigkeit wie der Mangel an anderen materiellen Statussymbolen wie beispielsweise einem Handy. Depressive Entwicklungen können durch viele Faktoren in Gang gesetzt werden. Viel einschneidender in den Auswirkungen als materielle Entbehrungen sind dabei in der Regel soziale und Beziehungsaspekte. Ein „Zuwenig" an sozialen Kontakten, an Bezugspersonen, auf die zuverlässig zurückgegriffen werden kann, die für einen da sind, wenn man Angst hat, sich Sorgen macht, Hilfe für die Schulaufgaben oder aber nur Trost braucht, bildet einen möglichen Nährboden für leichte bis schwere depressive Verstimmungszustände. Ein dauerhaft empfundener Mangel an sozialem Rückhalt stellt einen Risikofaktor für depressive Entwicklungen dar.

Die Probleme von Kindern und Jugendlichen kann man auch nicht abgelöst vom familiären, sozialen und gesellschaftlichen Umfeld, in dem sie aufwachsen, sehen. Und gerade hier hat sich in den letzten Jahren einiges verändert.

Veränderungen von Familienstrukturen

Insgesamt spielt sich das familiäre Zusammenleben in immer kleineren Familien mit weniger Kindern ab. Nicht mehr die Großfamilie, sondern die sogenannte Kernfamilie oder auch die „Patchwork-Familie" (Flickwerk-Familie) sind heute die Regel; immer mehr Kinder sind Einzelkinder ohne Geschwister. Gleichzeitig werden soziale Strukturen immer brüchiger, Beziehungen werden instabiler. Die Regel ist nicht der Lebenspartner, sondern der Lebensabschnitts-Partner. Kinder wachsen mit wechselnden Ersatz- oder Stiefvätern auf. Scheidungen nehmen dramatisch zu; in Großstädten wird heute fast jede zweite Ehe geschieden. Und immer mehr Scheidungskinder haben nicht nur die psychischen, sondern auch die sozialen Folgen der Trennung ihrer Eltern zu verkraften. Für nicht wenige Kinder sind diese Beziehungsverluste mit enormen psychischen Kosten verbunden, darunter auch depressive Reaktionen. Auch das Zusammenleben in den sogenannten „Patchwork-Familien" mit einem Stiefelternteil und Stiefgeschwistern kann ein Spannungspotential bergen.

Belastende Lebensereignisse, die Eltern erfahren, wirken sich in der Regel auch auf das Befinden der Kinder aus. Wenn Eltern nicht konsequent sind, stimmungsabhängig mal zu streng, mal zu großzügig agieren, sich nicht für die Anliegen der Kinder interessieren und Familie kein Platz der Geborgenheit und der Unterstützung ist, dann kann dies Kinder und Jugendliche anfällig für depressive Entwicklungen machen.

Gewalt gegen Kinder

Vorliegende Daten des Bundeskriminalamtes der Bundesrepublik Deutschland zeigen deutlich, daß für den Zeitraum von 1993–1996 ein Ansteigen der Zahlen im Hinblick auf sexuellen Mißbrauch an Kindern, Kindesmißhandlung und Kindesvernachlässigung zu verzeichnen ist. Gewalt an Kindern ist ein Phänomen, das in unserer Gesellschaft eine erschreckend bedeutsame Position eingenommen hat. Schon lange nicht mehr kann man sich argumentativ auf „immer schon dagewesene Einzelfälle" zurückziehen, sondern wird mit einem nicht zu übersehenden gesellschaftlichen Problem konfrontiert. Kindheit stellt in unserer Gesellschaft keinen geschützten Bereich mehr dar. Zu viele Kinder finden sich bereits ab dem Kleinkindalter einer familialen und gesellschaftlichen Realität ausgeliefert, in der die Bedürfnisse nach Liebe, Zuwendung, Schutz, Sicherheit und Unterstützung ignoriert und nicht befriedigt werden können. Solche Entbehrungen und Mangelerfahrungen einerseits sowie traumatisches Erleben von Mißhandlung und Mißbrauch andererseits führen bei Kindern mit sehr hoher Wahrscheinlichkeit zu mehr oder minder schweren Entwicklungsschäden. Dabei spielen die emotionalen Störungen, darunter auch depressive Störungen, eine herausragende Rolle.

Die Anzahl der erfaßten Opfer von sexuellem Mißbrauch von Kindern ist wesentlich höher als die der Opfer von Mißhandlung und Vernachlässigung. Dabei muß allerdings betont werden, daß Opfer von Mißhandlung und Vernachlässigung erst ab einem bestimmten Schweregrad statistisch erfaßt werden, d.h. wenn der Tatbestand sehr gravierend ist. Alle anderen Fälle bleiben Ämtern und Behörden ohnehin unbekannt. Die Dunkelziffer im Bereich des sexuellen Mißbrauchs, davon muß ausgegangen werden, ist ebenfalls sehr hoch.

Neben der körperlichen Mißhandlung spielt zusätzlich die psychische Gewalt gegenüber Kindern eine große Rolle und darf hier nicht unberücksichtigt bleiben. Wie der Kinder- und Jugendbericht von 1998 des Bundesministeriums für Familie, Senioren, Frauen, Jugend betont, sind psychische Kindesmißhandlung und Kindesvernachlässigung bis auf wenige Extremfälle nicht polizeistatistisch erfaßt, weil es sich dabei nicht um eine Tat, sondern um eine Unterlassung handelt.

Umgang mit Zigaretten, Alkohol und Medikamenten

Nach wie vor sind Zigaretten und Alkohol bei Jugendlichen attraktiv. Sie setzen die Hemmschwelle herab und hellen die Stimmung auf. Bereits im Grundschulalter geht der Griff zur Zigarette weit über ein Probierverhalten hinaus, lassen sich regelmäßige Konsumenten finden. In dem Alter ist es einfach „cool", auch wenn es nicht „schmeckt", man ist in der Gruppe angesehen und gehört dazu. Besonders Kinder, die ohnehin eher durch dissoziales Verhalten auffallen, greifen viel zu früh und regelmäßig zur Zigarette. Vorbilder und Lehrmeister finden sich einerseits über die Medien, auf der anderen Seite in der eigenen Familie. Darüber hinaus sind auch die Freunde in der Jugendclique die Modelle, mit denen man sich identifiziert. Sobald die 7. Klasse der Oberschule erreicht ist, darf man auch in der „Raucherecke" der

Schule, allerdings nur mit Einwilligung der Eltern, regelmäßig rauchen. Irgendwann gehen die älteren Schüler dann auch zu anderen Drogen wie Cannabis über, die den täglichen Streß reduzieren und etwas mehr Leichtigkeit in das Lebensgefühl bringen sollen. Kiffen ist zur Alltäglichkeit unter Jugendlichen geworden. Andere und auch härtere Drogen werden unter der Hand weitergegeben. An den Schulen weiß man, „wer was hat". Immer mehr Schülerinnen und Schüler geben an, ohne Stimmungsaufheller nicht mehr durch den Schulalltag zu kommen.

Der Griff zu den Alltagdrogen oder anderen Stimulantien ist die eine Art, wie sich Kinder und Jugendliche heute „gesellschaftlich integrieren", die Abhängigkeit von Medikamenten ist eine weitere. Selbst Ärzte geben inzwischen zu, daß die Zahl der medikamentengewohnten oder sogar -abhängigen Kinder kaum abschätzbar, zumindest aber erschreckend hoch sei. Zur Erleichterung des täglichen Aufgabenpensums, der Erhöhung von Leistungskraft und Konzentration werden bereits ab dem Grundschulalter entsprechende Tabletten, Säfte oder Tropfen verschrieben. Insbesondere aufmerksamkeitsgestörte Kinder erhalten heute nicht nur „Vitaminsäftchen", um die Aufmerksamkeit in der Schule zu erhöhen und sich insgesamt ruhiger und kontrollierter zu verhalten, sondern sie werden „medikamentös eingestellt". Und so lernen Kinder schon sehr früh, daß ihre Befindlichkeit von einer Tablette abhängig ist und daß die Tabletteneinnahme überhaupt eine mögliche Methode darstellt, zu der gewünschten verbesserten Leistungsfähigkeit zu kommen.

Leistungsanforderungen in Schule und Beruf

Jungsein heute – die gesellschaftliche Krise hat die Jugend erreicht, so lautet der Titel der 12. Shell-Jugendstudie (1997). Demnach sind Krisen im beruflichen Leben, Globalisierung, Rationalisierung und Arbeitslosigkeit nicht nur Belastungen des Erwachsenenalters, sondern sie haben auch massiv die Jugendphase erreicht. Die Ergebnisse dieser umfangreichen Studie zeigen, daß von allen Belastungsbereichen die Probleme der Arbeitswelt die Jugend am stärksten beschäftigen: Ihre Sorgen betreffen drohende Massenarbeitslosigkeit, Lehrstellenmangel, Sozialabbau und Verarmung. Psychisch schlägt sich dieses vor allem in Form von starken Gefühlen des „Sich-ausgeliefert-Fühlens" nieder. Die Anstrengungen des einzelnen werden übersehen und drohen in Entscheidungen auf höherer Ebene unterzugehen. Insbesondere Jugendliche mit einem nicht so hochwertigen Schulabschluß haben oftmals das Gefühl, ihre Anstrengungsbereitschaft sei ohnehin in der Gesellschaft nicht gefragt. Die sogenannte „Null-Bock"-Mentalität von Schulabgängern ohne qualifizierten Schulabschluß speist sich in der Regel aus Gefühlen der Resignation, der Sinnlosigkeit und der Perspektivlosigkeit. Dem stehen auf der anderen Seite Jugendliche gegenüber, die im Gegenteil dazu gute bis sehr gute Schulabschlüsse haben und mit viel Energie und Optimismus in ihre eigene Zukunft blicken. Diese Jugendlichen sind natürlich viel weniger gefährdet, in depressive Verstimmungszustände zu verfallen, in denen dann ohnehin alles eher negativ und sinnlos erscheint.

Medien und Kommunikationstechnologie

Kinder und Jugendliche heute leben vor allem in einer Medienwelt. Es vergeht kein Tag, an dem sie nicht in irgendeiner Form mit den modernen Medien in Kontakt kommen, sich ihrer bedienen oder ihre Freizeit damit verbringen. Die Shell-Jugendstudie 2000 ermittelte, daß immerhin noch 44 % der Jugendlichen in der BRD keinen eigenen Computer haben, hingegen 30 % einen eigenen Computer besitzen und jeder vierte Jugendliche sich einen Computer mit anderen teilen muß. Außerdem stellt Deutschland einen der größten Online-Märkte dar. In der bundesdeutschen Wohnbevölkerung nutzt in der Altersgruppe der 15–24jährigen inzwischen jeder vierte das Internet, wobei es in den alten Bundesländern wesentlich häufiger genutzt wird als in den neuen Bundesländern.

Jeder dritte Großstadtjugendliche besitzt heute ein eigenes Handy, auf dem Lande, in Kleinstädten bis 20000 Einwohner nur jeder vierte Jugendliche. Die meisten Handybesitzer fand die Shell-Studie unabhängig von der Nationalität unter den männlichen Jugendlichen in der Altersgruppe 18 bis 21 Jahre. Inzwischen haben Handys aber auch in der Schule Einzug gehalten. Unter den 15- bis 19jährigen Schülerinnen und Schülern der eher unteren als gehobenen Bildungsschicht gilt das Handy als Statussymbol und „Männlichkeits-Marker". Wer kein Handy hat, ist nicht „cool".

Auch die aktuelle Shell-Jugendstudie 2000 widmet sich dem Erstarken der neuen Medien und dem Zuwachs an virtuellen Sinneserfahrungen und indirekten Interaktionsformen bei Jugendlichen. Immer häufiger findet Kommunikation nicht mehr zwischen sich gegenübersitzenden bzw. sich real in einem Kaffeehaus treffenden Personen, sondern über virtuelle Internetbegegnungen, über Faxapparate, E-Mails oder SMS-Botschaften auf dem Handy statt. Die über moderne Kommunikationsmittel übertragenen Mitteilungen und persönlichen Botschaften an Sozialpartner und Freunde schaffen eine ganz neue Form des Umgangs miteinander, die sozusagen „dematerialisiert" und mit der Illusion von Nähe und geteilter Raum- und Zeiterfahrung abläuft.

Die Möglichkeit, über solche Kommunikationskanäle Sozialpartner zu finden, eröffnet besonders den im Alltag eher sozial isolierten Jugendlichen ganz neue Welten. Dabei kann sich das „Chatten" im Internet in Ermangelung von befriedigenden realen Sozialkontakten zu einem Verhalten mit starkem Suchtcharakter entwickeln. In den öffentlichen Diskussionen unter Erziehungswissenschaftlern und Entwicklungsforschern wird mahnend darauf hingewiesen, daß die fortschreitende Kommunikationstechnologie und Medienentwicklung eine Generation von kontaktgestörten, „e-depressiven", isolierten und heimatlosen „Cyber-Junkies" und „Web-Freaks" produziert.

Die jüngste Shell-Studie hat allerdings herausgefunden, daß die sog. „Heavy User" (in einer Repräsentativstichprobe lediglich 6,6 % vorwiegend männliche Jugendliche, die ein eigenes Handy besitzen, einen eigenen Computer haben und pro Woche mindestens 3 Stunden im Internet surfen) wesentlich stärker in soziale Strukturen eingebunden sind als die sog. „Technikabstinenten" und daß ihre sozialen Fähigkeiten und ihr soziales Handeln stärker ausgeprägt sind als im Durchschnitt. Sie leben, so die Ergebnisse der Studie, häufiger in stabilen festen Beziehungen, sie haben wesentlich häufiger gute Kontakte zu Freundinnen und Freunden, es existieren für sie wesentlich häufiger Vertrauenspersonen, mit denen sie über alles sprechen können. Und auch über diesen sozialen Aspekt hinaus zeichnet sich die Gruppe der „Heavy User" durch starke Zukunftsorientiertheit, Leistungsdenken und starkes Selbstbewußtsein aus. Sie sind also in keiner Weise „e-depressiv".

Das Fernsehen spielt beim täglichen Medienkonsum nach wie vor die größte Rolle. Entsprechend den Befragungsergebnissen der Shell-Studie 2000 sitzen deutsche Jugendliche an Werktagen durchschnittlich zweieinhalb Stunden täglich vor dem Fernseher. An Wochenenden sind es bei Jugendlichen im Durchschnitt 225 Minuten (knapp 4 Stunden). Der Fernsehkonsum ist über diese Durchschnittswerte hinaus abhängig von der Bildungsschicht (gehobene Bildungsschicht zeigt weniger Fernsehkonsum), vom Alter (je jünger die Jugendlichen, desto mehr wird konsumiert), vom Geschlecht (weibliche Jugendliche sehen in der Tendenz weniger fern als männliche Altersgenossen). Den höchsten Fernsehkonsum haben offensichtlich arbeitslose und nicht berufstätige Jugendliche.

Jungsein heute – gesellschaftliche Bedingungsfaktoren

- Die moderne Lebensweise unserer industriellen Leistungsgesellschaft stellt große Anforderungen an die Kompetenzen der Heranwachsenden.
- Die vielen Freiräume, die Heranwachsende heute vorfinden, bergen neben Chancen auch Risiken.
- Die Entwicklungsaufgaben insbesondere von Jugendlichen scheinen in den vergangenen hundert Jahren nicht nur an Zahl, sondern auch an Komplexität zugenommen zu haben.
- Vorhandene Unterstützungssysteme, emotionaler Rückhalt, Entfaltungsmöglichkeiten und die Angemessenheit des Entwicklungsrahmens haben sich nicht entsprechend verändert, sondern eher verschlechtert, wenn man an die brüchigen Familienstrukturen, offene oder unterschwellige Gewalt und berufliche Perspektivlosigkeit denkt.

Der bekannte amerikanische Wissenschaftler, Psychologe und Psychotherapeut Martin E. Seligman hat nicht nur die sog. „Theorie der erlernten Hilflosigkeit" aufgestellt, die in diesem Kapitel vorgestellt wird, sondern er sieht auch in der Veränderung der Welt, in der Kinder und Jugendliche heute leben, eine mögliche Verursachung. Depression als eine von individueller Hilflosigkeit und individuellem Versagen gekennzeichnete Störung, die sich vor allem auch durch einen ausgeprägten Pessimismus zeigt, sieht

Seligman (1999) vor allem durch einen tiefgreifenden Wertewandel bedingt. Unsere Gesellschaft, so meint er, hat sich von einer Leistungsgesellschaft zu einer „Feel-Good-Gesellschaft" (Feel good = sich gut fühlen) verändert, in der immer mehr individuelle Freiheit und individuelle Bedürfnisbefriedigung, Konsumhaltung und Freizeitdrogen im Vordergrund stehen. „Wellness" (Wohlbefinden) ist gefragt, negative Empfindungen haben keinen Platz, sie werden verleugnet, sollen nicht existieren. Wenn Kinder permanent vor negativen, frustrierenden Situationen geschützt werden, können sie nicht lernen, diese Gefühle in den Griff zu kriegen, sie zu regulieren. In Belastungssituationen können diese Kinder hochgradig anfällig für Depressionen sein.

2. Psychologische Theorien zur Erklärung von Depressionen

Kinder in der Krise! Immer mehr Heranwachsende leiden unter affektiven Störungen wie Depressionen. Diese und andere Befunde wissenschaftlicher Forschung sind inzwischen auch immer häufiger in der Presse nachzulesen. Wie kommt es dazu, daß bereits Kinder und vermehrt Jugendliche in eine so negative Befindlichkeits-Spirale hineingeraten, daß selbst das eigene Leben nichts mehr bedeutet? Einige der hier möglichen Antworten finden sich vielleicht in diesem Buch, andere werden unbeantwortet bleiben müssen, denn jeder Einzelfall ist immer auch ein besonderer Fall. Mit allgemeingültigen Erklärungsmustern ist vorsichtig umzugehen, wenn es um die psychische Problemlage eines einzelnen geht.

Welche Ursachen und Risiken führen dazu, daß Heranwachsende depressiv werden können? Was sagen die Fachleute dazu? In der Psychologie gibt es verschiedene theoretische Erklärungsmodelle, die versuchen, auf diese Frage eine Antwort zu geben. Jede der Theorien beschreibt einen möglichen Weg in die Depression. Einmal sind es bestimmte negative Denkmuster, die einer Depression zugrunde liegen, ein zweites Mal sind es unter Verstärkungsbedingungen stehende Lernprozesse, eine dritte Theorie betont die Hilflosigkeit als zentralen Ausgangspunkt depressiver Prozesse, und wieder eine andere Theorie stellt die Verlusterfahrungen geliebter Personen und daraus sich entwickelnde psychische Prozesse in den Vordergrund. Auch auf den biologischen Erklärungsansatz der Medizin, daß bestimmte neurobiochemische Besonderheiten des Gehirnstoffwechsels an der Depressionsentstehung mitbeteiligt sein können, wird kurz eingegangen.

Die verschiedenen theoretischen Modelle bieten Erklärungsmuster zur Entstehung und Aufrechterhaltung depressiver Störungen über alle Altersstufen hinweg an. Dabei ist es nützlich, den konkreten Fall nicht nur aus dem Blickwinkel einer einzigen Theorie zu betrachten, sondern auch die Blickwinkel anderer Theorien heranzuziehen. Die Anwendung ausschließlich einer Theorie ist oft einseitig. Wenn beispielsweise die neunjährige Anna den Tod ihrer Mutter vor zwei Jahren nicht bewältigt, so muß gleichzeitig beachtet werden, daß das Mädchen sehr negative Denkmuster entwickelt hat, die ihr tägliches Handeln bestimmen. Die theoretischen Modelle geben aber nicht nur Möglichkeiten der Erklärung von Verursachungen depressiver Entwicklungen, sondern sie finden sich auch als theoretische Fundierungen in therapeutischen Hilfekonzepte wieder. Insoweit sind die hier folgenden Erklärungsansätze keineswegs „bloße Theorie".

Verlusterlebnisse – Psychoanalytische Depressionstheorien

Das psychoanalytische Verständnis der Depression basiert auf einer klassischen Studie von Freud (1917). Frühkindliche Erfahrungen und Konflikte haben demnach einen wichtigen Stellenwert für das Auftreten von Störungen im späteren Lebensalter. Das kann ein reales oder nur phantasiertes Trennungserlebnis von einem geliebten Menschen, einer vertrauten Person (z.B. Umzug) oder sogar von einer wichtigen Sache (z.B. der geliebte Teddybär) sein. Trennungserfahrungen im späteren Leben können zu einer Aktualisierung eines in der Kindheit erlittenen Verlusterlebnisses führen. Der Psychoanalytiker Abraham spricht in diesem Zusammenhang von „Urverstimmung". Die trauernde Person wird aber nicht auf die verlorene Person wütend, sondern richtet diese Wut und Aggression gegen sich selbst. Mit der Depression wird der völlig unerträgliche Schmerz über die Trennung abgewehrt.

Von Bibring stammt eine Weiterentwicklung dieses Konzepts. Er meinte, daß Depressionen eine bei jedem Menschen grundsätzlich vorhandene Reaktionsmöglichkeit seien, ähnlich wie Angst. Für das Erleben der Depression sind Hemmung aller Kräfte („Ich-Hemmung"), Absinken der Selbstachtung und intensiv erlebte Hilflosigkeit charakteristisch. Dieses überwältigende Hilflosigkeitsgefühl entsteht, wenn die eigenen Ansprüche (sich geliebt und geachtet zu fühlen, stark und liebevoll zu sein und nicht schwach und destruktiv) verletzt werden. Durch das Nichterfüllen dieser Ansprüche kann es zu einer empfindlichen Störung des Selbstwertgefühls kommen.

Dieser psychoanalytische Erklärungsansatz ist wissenschaftlich leider nur schwer überprüfbar und spielt derzeit auch bei Kindern eine eher zweitrangige Rolle. Für bestimmte Behandlungszugänge, etwa in der Spieltherapie, spielen diese psychoanalytischen Erklärungsversuche eine Rolle: Frühkindliche Fehlentwicklungen können im Spiel aufgedeckt und bearbeitet werden. Das Spiel und die begleitenden Äußerungen des Kindes bieten vielfältige Ausdrucksmöglichkeiten für emotionale Botschaften, die die Grundlage für die Behandlung darstellen.

Die Macht der Gedanken – Kognitive Depressionstheorien

Der Begründer dieser Theorie Aaron T. Beck meint, daß Depressive in ihrer Informationsverarbeitung, ihrem Denken sowie in der Wahrnehmung und Einstellung typische Beeinträchtigungen zeigen. Sie weisen bestimmte negative Denkmuster (im Fachjargon auch „Kognitionen" genannt) auf, die zu depressiven Gefühlen führen können.

Wie hängen Gedanken und Gefühle nun aber zusammen? Bestimmte Gedanken können Gefühle auslösen: Z.B. kann eine positive Nachricht die Stimmung positiv beeinflussen, während eine negative Nachricht auch negative Gefühle auslösen kann. Es ist auch möglich, daß ein Gefühlszustand mit bestimmten Denkinhalten verknüpft ist. Klares Denken fällt schwer, wenn man sich erschöpft, wertlos und deprimiert fühlt. Umgekehrt können bestimmte Denkinhalte die Stimmung beeinträchtigen und depressionsfördernd wirken. Denken wir an ein Kind, daß sich trotz durchschnittlicher Schulleistungen in schulischen Belangen immer wieder als dumm und unfähig bezeichnet und wiederholt selbstkritische Kommentare von sich gibt. Diese Gedanken über sich selbst beeinträchtigen längerfristig das Zutrauen in die eigenen Fähigkeiten, das Selbstwertgefühl und führen zur Mißstimmung. Auch wenn ein Kind oder Jugendlicher in selbstbewertenden Aussagen immer wieder bestimmte Worte verwendet (z. B. immer, nie, müssen), dann kann dies auf eine verzerrte Sichtweise hindeuten. Zeigt ein Kind immer wieder solche Interpretationen von Ereignissen, die den Sachverhalt verzerren und eigentlich objektiv nicht nachvollziehbar sind (die also „irrational" sind), können sie sich als Denkmuster verfestigen. Sie beeinflussen das Denken, die Wahrnehmung und die Befindlichkeit der Betroffenen.

Depressionsfördernde Gedanken, die zur Entwicklung und Beibehaltung depressiver Merkmale führen können

- Das Kind hat eine negative Einstellung zu sich selbst: Es denkt geringschätzig und abwertend über die eigene Person („Ich bin nichts wert", „Das schaffe ich nie").
- Das Kind sieht in seiner Umwelt nur Mißerfolge, Belastungen und Enttäuschungen („Alle sind gegen mich", „Niemand mag mich").
- Das Kind hat auch negative Zukunftserwartungen, Frustrationen und Niederlagen werden kein Ende finden („Es wird sich niemals etwas ändern").

Typische Gedankenfehler und verzerrtes Denken depressiver Menschen zeigen sich darin, daß das Denken einseitig, willkürlich und übertrieben negativ ist. Das berühmte halbvolle Glas wird zwangsläufig als halbleer wahrgenommen. Diese Gedanken werden in belastenden Situationen fast automatisch ausgelöst. Generell ist das Denken pessimistisch, zynisch und ausgeprägt negativ. Und pessimistische Gedanken machen auf Dauer depressiv.

Depressive Denkmuster

- Kleinere Mängel werden extrem überbewertet, positive Leistungen werden extrem abgewertet. Die negativen Ursachen negativer Ereignisse werden auf sich selbst bezogen, obwohl es für diesen Zusammenhang keine Grundlage gibt („Ich bin an der Scheidung meiner Eltern schuld").

Depressive Denkmuster *(Fortsetzung)*

- Alle Erfahrungen werden zwei sich gegenseitig ausschließenden Kategorien zugeordnet; Schwarz-Weiß-Denken („Alles ist perfekt" – „Alles ist furchtbar").
- Es werden willkürliche Schlußfolgerungen aus bestimmten Ereignissen gezogen, obwohl es keinerlei Beweise gibt.

Irrationale Einstellungen

Manche depressionsfördernde Gedanken sind irrational; sie entstehen oft als Überreaktion auf bestimmte Situationen. Sie zeichnen sich, wie die Bezeichnung schon sagt, durch objektiv nicht nachvollziehbare, unrealistische Inhalte aus. Sie können ebenso wie andere depressive Denkfehler eine Rolle in der Depressionsentstehung spielen. Beispiele für solche irrationalen Einstellungen sind folgende:

Irrationale Einstellungen

- Es ist unbedingt notwendig, daß ich von jeder Person in meiner sozialen Umwelt geliebt und akzeptiert werde.
- Ich muß in allen Bereichen kompetent und erfolgreich sein.
- Menschliches Unglück ist durch äußere Umstände bedingt, und Menschen haben wenige oder gar keine Möglichkeit, dies zu beeinflussen.
- Ich bin von anderen abhängig und brauche jemanden, der stärker ist als ich selbst.

Ein konkretes Beispiel soll dies noch einmal veranschaulichen. Lena und Julia fragen ihre Freundinnen, ob sie am Wochenende mit ihnen ausgehen. Die Freundinnen sagen aber alle ab. Lena fühlt sich zurückgewiesen und denkt sich: „Meine Freundin will nicht mit mir ausgehen, weil sie mich nicht mag. Sie wird nie mehr mit mir ausgehen." Julia hingegen denkt sich: „Schade, daß meine Freundin heute keine Zeit hat. Vielleicht klappt es ja beim nächsten Mal." Die gleiche Situation ruft zwei unterschiedliche Interpretationen hervor. Und es ist die unterschiedliche Art und Weise, wie diese Situation aber interpretiert wird, die Auswirkungen auf das Wohlbefinden hat: Während Lena irrationale Gedanken hat und in weiterer Folge traurig und bedrückt wird, sind Julias Gedanken positiver und realistischer und beeinträchtigen ihr Wohlbefinden nicht. Mit speziellen Therapietechniken kann man diese irrationalen Gedanken aufdecken und verändern.

Selbstkontrolle

Depressive Menschen weisen Mängel in der Selbstkontrolle auf. Prozesse der Selbstbeobachtung, Selbstbewertung und Selbstbelohnung sind massiv beeinträchtigt. Depressive beobachten sich unter einer negativen Perspektive, nehmen Negatives stärker wahr und setzen an sich unrealistisch hohe Erwartungen und unangemessene, perfektionistische Leistungsstandards. Außerdem sind niedrige Selbstverstärkungen (sich nicht selbst loben können, mit sich zufrieden sein) und eine Neigung zu übermäßig hoher Selbstbestrafung (hohe Selbstkritik) zu beobachten.

Monika ist hier ein gutes Beispiel. Sie ist eigentlich eine recht gute Schülerin. In der Deutschstunde soll sie ihren Aufsatz vor der Klasse vorlesen. Als sie aufgerufen wird, denkt sie sich: „Die finden den Aufsatz ganz bestimmt doof. Ich krieg kein Wort mehr raus. Die anderen haben das bestimmt interessanter geschrieben." Während sie vorliest, fängt sie vor Unsicherheit ein bißchen zu stottern an, und sie verhaspelt sich auch. Aber die Lehrerin lobt ihren Aufsatz. Sie selbst aber geht mit einem schlechten Gefühl zurück auf ihren Platz: „Warum habe ich nur gestottert? Einige haben über mich gelacht. Ich hätte alles viel besser machen können."

Problemlösefähigkeiten

Tagtäglich werden von uns Fähigkeiten zur Problembewältigung gefordert. Diese Fähigkeiten sind besonders in Streßsituationen von Bedeutung. Mangelhaftes Problemlösen kann eine wichtige Rolle bei der Entstehung und Aufrechterhaltung von Depressionen spielen.

Defizite depressiver Kinder im Problemlöseprozeß

- Problemdefinition („Stop! Was ist mein Problem?"):
  Depressive Kinder neigen dazu, bevorzugt negative Aspekte der
  Umwelt wahrzunehmen.
- Annäherung und Interpretation des Problems („Wie gehe ich
  vor?"): Depressive Kinder neigen bei negativen Ereignissen
  zu einer internalen, stabilen und globalen Ursachenzuschreibung.
- Finden von Lösungsschritten („Gibt es noch andere Wege?"):
  Depressive Kinder neigen dazu, vor allem sozialen Rückzug als
  Reaktion zu wählen, sie zeigen auch ein geringes Durchsetzungs-
  vermögen.
- Bewertung der Lösungsmöglichkeiten („Halt! Nochmals überprüfen!"): Depressive Kinder erwarten von sich, daß sie versagen
  und daß sie nicht verstärkt werden. Es kommt häufig zu Traurigkeit und Rückzug.
- Kompetenzzuschreibung als Verstärkung („Das habe ich gut
  gemacht!"): Depressive Kinder haben große Schwierigkeiten, sich
  zu loben; sie suchen vielmehr nach Mängeln und Fehlern.

Die Art und Weise, wie wir mit Streß und Problemen umgehen,
kann wichtiger sein als das belastende Ereignis selbst. Wir alle
kennen Menschen, die angesichts eines Mißerfolges zu sich sagen:
„jetzt erst recht", die aktiv an die Problemlösung herangehen
und sich eventuell Hilfe von anderen suchen. Wir kennen aber
auch Menschen, die resignieren, sich passiv verhalten, zu grübeln
anfangen und sich gleichsam emotional erdrücken lassen; sie
scheinen hilflos vor Bergen von schier unüberwindlichen Problemen zu stehen. Leider neigen vor allem depressive Kinder zu
einem Verhalten, das auf solche mangelnden Problemlösefertig-
keiten schließen läßt. Im Anti-Streß-Training für Kinder nennen
Hampel und Petermann (1998, S. 29f.) folgende günstigen Streßbewältigungsstrategien („Streßkiller") und ungünstigen Strategien
(„Mega-Stresser"):

Günstige Streßbewältigungsstrategien („Streßkiller")

- Bagatellisierung: „Alles halb so schlimm."
- Ablenkung: „Ich denke an etwas anderes."
- Situationskontrolle: „Erst mal einen Plan machen."
- Reaktionskontrolle: „Ich muß mich erst mal in den Griff kriegen."
- Entspannung: „Ich entspanne mich erst mal. Nur ruhig bleiben."
- Positive Selbstinstruktion: „Ich mache mir Mut."
- Suche nach sozialer Unterstützung: „Ich bitte jemanden um Hilfe."
- Leugnen: „Ich habe doch kein Problem."
- Erholung: „Nach einer Pause geht alles besser."

Ungünstige Strategien („Mega-Stresser")

- Vermeidung: „Ich gehe dem Problem lieber aus dem Weg."
- Flucht: „Nichts wie weg!"
- Sozialer Rückzug: „Ich igle mich ein."
- Gedankliche Weiterbeschäftigung: „Ich grüble ständig über das Problem."
- Resignation: „Ich schaffe es nie."
- Aggression: „Ich gehe erst mal in die Luft."

„Ich kann ja ohnehin nichts ändern ..." Hilflosigkeit und Hoffnungslosigkeit

Wir alle sind darauf angewiesen, daß unsere Handlungen Wirkung zeigen. Über diese Auswirkungen eigenen Handelns möchte man auch Kontrolle haben. Hilflosigkeit entsteht, wenn ein Mensch die wiederholte Erfahrung macht, daß das eigene Verhalten keinen Einfluß auf das Verhaltensergebnis hat. Schon für kleine Kinder ist die Erfahrung des Meisterns oder Beherrschens einer Sache wichtig. Wenn allerdings wiederholt Erfahrungen mit dem Gefühl gekoppelt sind, daß die eigenen Verhaltensweisen unabhängig von den Folgen sind, so kann es leicht zur Ausbildung der Überzeugung von Unkontrollierbarkeit kommen. Negative Erwartungen und Hoffnungslosigkeit sind ebenso damit verknüpft wie Depression. Aktives Überwinden von Schwierigkeiten wird schon im Vorschulalter gefordert. Dabei ist es wichtig, daß das Kind lernt – mit der Unterstützung der

Eltern –, nicht angesichts von Herausforderungen aufzugeben, sondern Hindernisse zu überwinden. Sobald das Kind in die Schule kommt, gewinnt das eigene Denken für das Entwickeln von Optimismus im eigenen Handeln größere Bedeutung. Im Schulalter beginnen Kinder, über Zusammenhänge nachzudenken. Sie entwickeln Theorien darüber, warum sie Erfolg haben und warum sie versagen. Sie entwickeln Theorien, was sie – wenn überhaupt – tun können, um einen Mißerfolg in Erfolg zu verwandeln. Solche Überlegungen bilden die Grundlage für Optimismus oder Pessimismus.

Seligman (1999) unterscheidet vier mögliche Ursachen für eine pessimistische (depressive) Lebenseinstellung: erbliche Vorbelastung, ein depressiver Elternteil, ständige Kritik von Eltern, Lehrern oder Vorgesetzten und Erfahrungen, die Hilflosigkeit fördern und Erfolgserlebnisse verhindern.

Als Ende der siebziger Jahre das Depressionsmodell der erlernten Hilflosigkeit von Seligman entwickelt wurde, entdeckte er, daß bestimmte Menschen – Pessimisten – mit größerer Wahrscheinlichkeit dazu neigten, sich hilflos geschlagen zu geben. Solche Menschen waren stärker depressionsgefährdet. Optimisten hingegen widerstanden der Hilflosigkeit und gaben nicht auf, wenn sie vor unlösbaren Problemen standen.

Für Vorgänge in unserem Leben, für Erfolge und Mißerfolge werden Erklärungen gesucht. Wir suchen die Vorgänge um uns zu erklären und mit der eigenen Person in Beziehung zu setzen. So entwickelt jeder Mensch im Laufe des Aufwachsens einen bestimmten Erklärungsstil. Der amerikanische Psychologe Seligman nennt dies den „Attributionsstil" oder „Explanationsstil"; man kann dies auch als „Erklärungsstil" bezeichnen.

Dimensionen des Erklärungsstils

- Wer ist dafür verantwortlich? Bin ich es selbst? Sind es andere? Werden sich die Dinge ändern?
- Findet man veränderbare oder vorübergehende Erklärungen für die Tiefschläge des Lebens oder stabile, nur schwer veränderbare Gründe?
- Werden auch andere Lebensbereiche berührt, oder ist ausschließlich nur ein bestimmter Bereich vom Mißerfolg betroffen?

„Ein Mißerfolg als solcher ist keine Katastrophe. Er mag das Selbstbewußtsein für eine Weile ankratzen – doch die Deutung, die Ihr Kind dem Mißerfolg gibt, kann viel schädlicher sein" (Seligman, 1999, S. 29). Bestimmte Erklärungsstile können depressionsfördernd wirken. Studien zeigen, daß Kinder ein erhöhtes Depressionsrisiko haben, wenn sie negative Ereignisse intern, stabil und global zuschreiben, was dann heißt: Nur sie selbst sind verantwortlich, ihr Mißerfolg ist dauerhaft, und er ist in allen Fächern vorhanden (Verallgemeinerung). Wenn man sich selbst dauernd für Mißerfolge verantwortlich macht, wird das Selbstwertgefühl beeinträchtigt.

Positive Ereignisse hingegen werden von der Person eher extern, variabel und spezifisch attribuiert (zugeschrieben), was dann übersetzt bedeutet: Sie selbst sind für positive Ergebnisse nicht verantwortlich, die Situation ist eher zufällig entstanden und ohnehin nur auf einen Gegenstand beschränkt. Die Ursache für Mißerfolg wird also nur der eigenen Person zugeschrieben, Erfolge werden quasi als Glückssache gewertet, auf die man keinen Einfluß nehmen kann.

Solche Zuschreibungsmuster lassen sich bei Kindern in Bewältigungssituationen ganz gut beobachten, weil besonders Kinder die Gewohnheit haben, ihre Erfolge und Mißerfolge sich selbst und anderen gegenüber zu kommentieren. Bei Jugendlichen muß man schon intensiver hinhören und beobachten, um die eigenen Zuschreibungen herauszufinden. Dabei reicht allerdings auch nicht aus, solche Zuschreibungen lediglich einmal zu hören. Sie müssen schon gehäuft in gleicher Weise auftreten, um daraus eine generelle Zuschreibungstendenz herauszulesen. Und erst dann ist es zulässig, von möglicherweise „hilflosen" oder auch „depressiven" Zuschreibungen zu sprechen, die in den Auswirkungen entwicklungsgefährdend, zumindest leistungsgefährdend sind und möglicherweise einen Indikator für das Vorliegen weiterer depressiver Symptome darstellen. Am Beispiel einer negativen Note soll ein solcher depressionsfördernder Erklärungsstil veranschaulicht werden.

Ein Schüler, eine Schülerin, der zur vierten Erklärung neigt, weist einen solchen depressionsfördernden Attributionsstil auf. Eltern und Lehrer sollten durchaus von Zeit zu Zeit nachfragen, wie sich das Kind oder der Jugendliche eigene Erfolge und Mißerfolge erklärt. Und sie könnten sich dabei auch kritisch fragen, wie sie selbst eigentlich mit solchen Erklärungsmustern umgehen. Es hat sich nämlich gezeigt, daß in einigen Fällen die Eltern einen ähnlichen Erklärungsstil aufweisen wie die Kinder – was darauf hinweist, daß dieser auch durch das Kind übernommen, d. h. erlernt werden kann. Damit kann auch Hilflosigkeitserleben aus der Orientierung an Vorbildern entstehen, die eine durch Hilflosigkeit und Hoffnungslosigkeit geprägte Einstellung haben. Das bedeutet in der Konsequenz natürlich auch, daß das Aufwachsen von Kindern in einem eher pessimistischen, negativen Umfeld eine Gefährdung für die Entwicklung und Ausprägung bestimmter Denk- und Zuschreibungsmuster bedeutet.

Mögliche Ursachenerklärungen für das Versagen in einer Mathematik-Schularbeit:

- Externale Attribution, auf andere bezogen / dauerhaft / global: „Dieser Lehrer ist unfair."
- Externale Attribution, auf andere bezogen / veränderbar / spezifisch „Das war meine 13. Mathematik-Schularbeit, die mußte ja schiefgehen."
- Internale Attribution, auf sich selbst bezogen / dauerhaft / spezifisch). „Ich bin in Mathematik einfach schlecht."
- Internale Attribution, auf sich selbst bezogen / dauerhaft / global „Ich bin eben unfähig und dumm."

Die „Hoffnungslosigkeitsdepression" stellt eine Weiterentwicklung der Theorie der erlernten Hilflosigkeit dar, von der Hilflosigkeit in die Hoffnungslosigkeit. Wenn man glaubt, daß Gewünschtes niemals eintreten wird, daß nur Negatives passieren wird und daß man keinerlei Einflußmöglichkeiten darauf hat, dann man kann ja ohnehin nichts ändern oder beeinflussen.

Negative Programmierungen – Optimistische und pessimistische Kinder

Was ist Pessimismus? Pessimismus, so Seligman (1999), ist eine „tiefwurzelnde Geisteshaltung mit weitreichenden und verheerenden Folgen: depressive Stimmung, Resignation, Leistungs-schwäche bis hin zu unerklärlich schlechter körperlicher Verfas-sung. Der Pessimismus wird durch den natürlichen Verlauf des Lebens mit seinen Höhen und Tiefen nicht erschüttert. Im Ge-genteil, mit jedem Mißerfolg verfestigt er sich und perpetuiert sich selbst" (S. 20).

Wie entstehen nun pessimistische und depressionsfördernde Denkmuster? Kognitive Denkmuster bilden sich im Laufe der Entwicklung durch Lernen heraus. Negative und belastende Er-fahrungen, Verluste, fehlende Modelle, Nichtkontrolle und be-stimmte Erziehungseinflüsse (wenig Lob, viel Kritik) spielen beim Entstehen der depressiven Denkmuster möglicherweise eine Rol-le. Es geht darum, wie wir uns die Welt erklären, was wir von uns und anderen erwarten, was gut und böse ist, was wir müssen, können, wollen, dürfen. Wir nehmen das auf, was wir von den Be-zugspersonen hören: Erwartungen, Bewertungen, Verbote („DU sollst – DU sollst nicht – DU bist dumm"). Dies sind wichtige Sozialisationserfahrungen auf dem Weg in das eigenständige Le-ben. Leider können sich einige dieser Lebensleitsätze im weiteren Entwicklungsverlauf ungünstig auswirken. Im Laufe der Erzie-hung werden auch Methoden angewendet, die mit Schuldgefühlen arbeiten: „Du sollst dich schämen" oder „Du sollst dich mehr an-strengen". Vorsicht ist geboten, wenn von den Bezugspersonen mit Liebesentzug gearbeitet wird. Viele dieser Regeln werden verinnerlicht und können ein ganzes Leben lang begleiten. Aus den Scham- und Schuldgefühlen kann schließlich Selbsthaß resul-tieren, gegen sich selbst gerichtete Aggression und in weiterer Folge Depressionen.

Soziale Fertigkeiten und mangelnde Aktivitäten – Lerntheoretische Depressionstheorien

Ausgangspunkt für diesen Ansatz, der von dem Amerikaner Le-winsohn entwickelt wurde, bildet die soziale Lerntheorie: Depres-sionen können ebenso wie fehlangepaßtes Verhalten, emotionale Störungen und natürlich auch normales Verhalten erlernt werden. Dabei spielen Verstärker (im Sinne von Rückmeldungen auf ein Verhalten) eine wichtige Rolle: Wenn ein bestimmtes Verhalten positiv verstärkt wird (belohnt wird), also zu positiven Konsequenzen führt, steigt die Häufigkeit des Ausführens dieses Verhaltens an. Bei fehlender Verstärkung sinkt die Häufigkeit für dieses Verhalten. Nach diesem Denkansatz werden depressive Entwicklungen durch eine niedrige Rate an positiven Verstärkern, vor allem im sozialen Bereich, ausgelöst und aufrechterhalten.

Mangelnder schulischer Erfolg und Mangel an befriedigenden sozialen Kontakten in der Schule und außerhalb bringen das Kind oder den Jugendlichen unter ein schweres Defiziterleben hinsichtlich notwendiger Anerkennung und Bestätigung. Dieses sog. „Verstärkerdefiziterleben" untergräbt die entwicklungswichtige Selbstüberzeugung, etwas leisten zu können, erfolgreich, liebenswert und damit auch etwas wert zu sein. Entscheidend scheint u. a. zu sein, welche Rückmeldungen Kinder über ihr eigenes Verhalten aus dem sozialen Umfeld erhalten. Solche Rückmeldungen zu Handlungserfolgen und Handlungsniederlagen kommen sowohl aus dem Elternhaus, aus der Schule und aus den Gleichaltrigengruppen, Cliquen und Freundschaftsbeziehungen. Sind die Rückmeldungen von allen Seiten und auf allen Ebenen negativ, kann sich nicht nur eine massive Selbstwertkrise in Gang setzen, sondern das betreffende Kind oder der Jugendliche wird sich mehr und mehr aus diesen Personenkreisen negativer Rückmeldungen zurückziehen. Viele mögliche Einflußfaktoren werden im Ergebnis dazu führen, daß das Kind entweder den Weg in eine Depression mit starker sozialer Isolierung und Schulverweigerung gerät, oder aber das Kind versucht, sich in Gleichaltrigengruppen das zu suchen, was es braucht. In beiden Fällen wäre es eine Flucht, möglicherweise mit unterschiedlichem Ausgang. Nicht selten suchen sich depressive Jugendliche ihre Bestätigung und ihr Gefühl, verstanden und anerkannt zu werden, in den gesellschaftlichen Randgruppen oder aber im Drogenkonsum.

Verstärker entfalten nur dann ihre Wirkung als „positive, die Auftretenshäufigkeit eines Verhaltens erhöhende Verstärker", wenn sie bei der Person, die sie erhält, auf eine Bedürftigkeit treffen. Bei einem Kind, das Schokolade nicht mag oder zuviel davon gegessen hat, wird das Geschenk „Schokolade" nicht als positiver Verstärker wirken. Die Schokolade kann nicht zum positiven Verstärker werden, denn das Kind will die Schokolade gar nicht. Vielleicht würde es aber zu einem anderen Zeitpunkt klappen, nämlich dann, wenn das Kind wirklich Appetit auf Schokolade

169

hat. Nach diesem dargestellten Wirksamkeitsprinzip muß der Einsatz von positiven Verstärkern reguliert werden.

Lerntheoretisches Erklärungsmodell für Depressionen

Depressive erhalten eine niedrige Rate an positiver Verstärkung
- soziale Verstärker (Lob, Zuwendung, Erfolg)
- Aktivitätsverstärker (angenehm erlebte Aktivitäten, Hobbys, Freizeitgestaltung)
- Materielle Verstärker (Belohnungen, Spielzeug, Taschengeld)
- Selbstverstärker (sich selbst loben, mit sich selbst zufrieden sein)

Depressive erhalten eine hohe Rate an negativen Rückmeldungen wie Kritik und Tadel.

Mangel an Verstärkern kann ausgelöst werden durch
- aktuelle Umweltereignisse wie beispielsweise Verlusterfahrungen, Umzug
- Faktoren, die in den Verhaltensmustern des Kindes liegen, z. B. aufgrund sozialer Ungeschicklichkeit

Durch die mangelnde Verstärkung kann es zu reduzierter Aktivität und Passivität kommen sowie in weiterer Folge zu Stimmungsbeeinträchtigungen.

Selbstverstärker (mit sich zufrieden sein, sich innerlich auf die Schulter klopfen) spielen im Verhalten und Erleben von Menschen, so auch bei depressiven Entwicklungen, eine bedeutsame Rolle. Ein Mangel an Verstärkern kann auf verschiedene Weise entstehen:
- Durch aktuelle Umweltereignisse wie beispielsweise Verlusterfahrungen. Kinder können dann zu Depressionen neigen, wenn sie von ihrer Umwelt zuwenig positive Verstärkung erhalten; dies kann dann passieren, wenn eine wichtige Bezugsperson nicht mehr verfügbar ist (beispielsweise durch Trennung, Scheidung, Tod, Umzug), wenn diese selbst an einer Depression oder an einer anderen Krankheit leidet oder wenn diese unter großem Streß steht. Auch ständiges Kritisieren, Fordern, Abwerten des Kindes in Familie und Schule kann zu depressiven Entwicklungen beitragen. Hier gilt es den Umgang mit Lob und Tadel, mit Belohnungen und Bestrafungen zu bedenken. Und welche positiven Rückmeldungen bekommt das Kind?

- Durch Faktoren, die in den Verhaltensmustern des Kindes liegen, z.B. aufgrund mangelhafter sozialer Fertigkeiten. Dem Kind fehlen grundlegende Fähigkeiten, positive Reaktionen von anderen Personen hervorzurufen: Diese Kinder sind in ihrem Sozialverhalten ungeschickt, haben keine Freunde, sind weniger beliebt, sind nicht in eine Gruppe eingebunden und werden nicht zu Geburtstagspartys eingeladen. Diese Defizite in den sozialen Kompetenzen können durch einen Verlust sozialer Verstärkung und die Beeinträchtigung von Beziehungen bzw. durch den Wegfall von sozialer Unterstützung eine wichtige Rolle im Depressionsgeschehen spielen.

Depressionen können nach Lewinsohn also aus einem Mißverhältnis von positivem und negativem Austausch mit der Umwelt erklärt werden. Ein Mangel an positiven Erfahrungen und das Überwiegen negativer Erfahrungen führen zu einer Verminderung eines bestimmten Verhaltens. Die betroffene Person reduziert ihre Aktivität, wird zunehmend passiv, ihr Befinden verschlechtert sich. Außerdem kommt die Unfähigkeit dazu, sich über normalerweise angenehm erlebte Aktivitäten zu freuen. Rückzug und Passivität dienen aber nicht der Erholung, sondern sie können entscheidende Nachteile mit sich bringen: Das Grübeln, der Rückzug von anderen sozialen Kontakten, das Gefühl des Alleingelassenwerdens können eine Depressionsspirale in Gang setzen, die nur schwer zu durchbrechen ist.

Wie reagieren nun andere auf depressives Verhalten? Auch hier kann es sehr oft ungünstige verstärkende Einflüsse geben. Kurzfristig erhalten depressive Menschen Hilfsangebote, Sympathie und Anteilnahme von anderen Menschen, was ihr depressives Verhalten verstärkt. Längerfristig sind depressive Menschen jedoch mit Unverständnis und Ablehnung konfrontiert, denn der Kontakt mit einem depressiven Menschen wird oft als aversiv erlebt.

Ein zusammenfassendes Modell

In der Integration der theoretischen Ansätze zur Erklärung der Entstehung und Aufrechterhaltung depressiver Störungen bei Kindern und Jugendlichen lassen sich folgende zentrale Aspekte herausstellen, die zusammen ein sehr realitätsnahes Entwicklungsmodell ergeben.

Frühe Erfahrungen
Depressive Modelle
Soziale Verlusterfahrungen
Übergroßer Druck

Wahrnehmung und Denken
Geringes Selbstwertgefühl
Negatives Selbst

Informationsbearbeitung
Ausfilterung positiver Signale
Internale, globale und stabile Zuschreibung
negativer Ereignisse
Begrenzte Möglichkeiten, sich zu verhalten
Erwartungen von Hoffnungslosigkeit

Verhaltensmerkmale
Depressive Stimmungen
Schlafprobleme und Müdigkeit
Mangelnde Aktivitäten
Schlechter Appetit

DEPRESSIVE STÖRUNGEN

Abbildung 3: Modell der Entwicklung depressiver Störungen
(in Anlehnung an Fend, 2000, S. 424)

3. Biologische Erklärungsansätze

Sind Depressionen erblich bedingt?

Erbinformationen, also Gene, werden je zur Hälfte von Mutter und Vater an das Kinder weitergegeben: Aus unterschiedlich angelegten Studien (aus Zwillingsstudien, Adoptionsstudien und Familienstudien) ist mittlerweile bekannt, daß genetisch auch weitergegeben wird, ob wir eine Neigung haben, depressiv zu werden. Gene können die Persönlichkeit beeinflussen, aber auch die Streßreaktion des Gehirns sowie der Gehirnstoffwechsel. Den genetischen Einfluß darf man sich aber nicht als kausale Wirkung vorstellen – wenn jemand in der Familie depressiv ist, dann wird das Kind auch depressiv –, sondern als risikoerhöhenden Faktor. Eine genetische Vorbelastung *kann* zum Ausbruch der Störung führen, *muß* aber nicht.

- *Zwillingsstudien:* Eineiige Zwillinge haben identische Erbanlagen. Wenn ein Zwilling eine Depression aufweist, hat der zweite eine erhöhte Wahrscheinlichkeit für Depressionen; dies gilt vor allem für bestimmte depressive Störungen, nämlich für die bipolaren Störungen. Auch wenn eineiige Zwillingen getrennt aufwachsen, ist die Wahrscheinlichkeit höher, daß beide eine Depression entwickeln, als bei zweieiigen Zwillingen, die gemeinsam aufwachsen.
- *Adoptionsstudien:* Um den Einfluß von vererbten und umweltbedingten Einflüssen besser erklären zu können, werden auch Kinder untersucht, die in Adoptivfamilien aufwachsen. Adoptiveltern haben keinerlei genetische Gemeinsamkeit mit den Adoptivkindern. Es zeigt sich, daß die leiblichen Eltern von depressiven Kindern signifikant häufiger an Depressionen leiden als die Adoptiveltern.
- *Familienstudien:* Wenn man Kinder depressiver Eltern untersucht oder die Eltern depressiver Kinder, so zeigt sich, daß Depressionen in diesen Familien gehäuft vorkommen. Auf Probleme von Kindern und Jugendlichen in Familien mit einem depressiven Elternteil wird an einer anderen Stelle dieses Buches eingegangen.

Besonderheiten des Gehirnstoffwechsels

Eine Vermutung geht in die Richtung, daß bestimmte chemische Vorgänge im Gehirn am Entstehen von Depressionen beteiligt sein können. Genauer gesagt, handelt es sich um ein Ungleichgewicht bestimmter chemischer Botenstoffe (sogenannter Neurotransmitter), die im Gehirn für die Informationsübertragung zwischen den Nervenzellen verantwortlich sind: Diese Botenstoffe (z.B. Serotonin und Noradrenalin) sind auch für die Regulation unserer Stimmung wichtig. Wenn dieses Gleichgewicht zwischen den Botenstoffen gestört ist (aufgrund angeborener Schwächen oder durch bestimmte Belastungen), kann dies zu Depressionen führen. Die Botenstoffe Serotonin und Noradrenalin regulieren neben der Stimmung aber auch Funktionen wie Schlaf, Appetit und Sexualtrieb. Auch diese Bereiche können bei einem depressiven Menschen beeinträchtigt sein. Medikamente, die zur Behandlung von Depressionen eingesetzt werden, sogenannte Antidepressiva, setzen hier an: Sie können durch verschiedene Wirkmechanismen dieses aus der Balance geratene Gleichgewicht zwischen den Botenstoffen wiederherstellen.

Auch hormonelle Besonderheiten depressiver Kinder und Jugendlicher sowie Besonderheiten in den Schlafrhythmen wurden untersucht. Die bisher gefundenen Unterschiede zu nichtdepressiven Kindern sind allerdings nicht eindeutig. Für gesicherte Aussagen sind noch weitere Forschungsarbeiten notwendig.

Insgesamt läßt sich aus den Befunden der Schluß ziehen, daß sich Depressionen nicht auf ein rein biologisches, also medizinisches Problem reduzieren lassen.

Neben den oben dargestellten Theorien grundlegender Prozesse bei der Entstehung und Aufrechterhaltung von Depressionen gibt es eine Vielzahl von ganz entscheidenden Einflüssen, die als weitere Erklärungsansätze eine bedeutsame Rolle in der klinischen Praxis spielen und nicht vernachlässigt werden dürfen. Sie betonen noch einmal die Sichtweise, daß es verschiedene Wege gibt, in eine Depression zu geraten. Wissenschaftler sprechen von einem „durch viele Faktoren bedingten", einem sogenannten „multifaktoriellen Geschehen", das der Entstehung von Depressionen zugrunde liegt. Dabei spielen biologische, psychologische und soziale Einflußfaktoren eine Rolle. Entsprechend wird auch von bio-psycho-sozialen Depressionsmodellen gesprochen. Die verschiedenen Faktoren können jeweils unterschiedlich zusammenwirken. Während bei dem einen Kind vielleicht biologische Faktoren im Sinne einer erblichen Vorbelastung (einer sog. „Prädisposition") im Vordergrund stehen, sind es bei einem anderen Kind möglicherweise belastende Umfeldeinflüsse und starke Streßeinwirkung (z.B. durch dauerhafte Familienprobleme). Welche Prozesse und Einzelfaktoren jeweils zusammenkommen und ineinanderwirken, ist in der Regel schwer zu bestimmen. Dies zu klären zu versuchen wäre auf jeden Fall die Aufgabe eines professionellen Diagnostikers.

4. Welche Kinder sind besonders gefährdet?

Immer wieder stellen sich vor allem betroffene Eltern die Frage, warum denn ausgerechnet ihr Kind eine depressive Störung entwickelt hat. Dabei beziehen sie sich auf viele andere ihnen bekannte Kinder und Jugendliche, die trotz nach außen hin scheinbar gleichen Lebens- und Entwicklungsbedingungen keine Depressionen haben. Und sie denken dabei vielleicht besonders an den einen oder anderen Fall, bei dem die Familie in so großen Schwierigkeiten lebt, daß hier eine depressive Reaktion des Kindes absolut verständlich wäre, aber trotzdem gar nicht vorhanden ist. Warum reagieren bestimmte Kinder mit einer psychischen Störung wie der Depression, und warum bleiben andere, deren Lebensumstände keineswegs leichter erscheinen, davon unbetroffen?

Die Frage, die sich Eltern stellen, findet sich in gleicher Weise in der psychologisch wissenschaftlichen Forschung. Wenn diese Frage nicht gestellt werden müßte, könnten die Ursachen für eine depressive Entwicklung über alle Kinder und Jugendliche hinweg in gleicher Weise gültig benannt werden. Dem ist aber keineswegs so. Bei jedem einzelnen Kind muß gesondert und sehr differenziert überlegt werden, welche speziellen Lebensumstände und welche besonderen Persönlichkeitsmerkmale und körperlichen Faktoren sich in ihrem Zusammenspiel so entwickeln, daß es zu einer depressiven Störung kommt. Und da bekanntlich die inner-

175

psychischen Prozesse im Gegensatz zu bestimmten äußeren Verhaltensweisen nicht direkt beobachtbar sind, sondern nur über beobachtbares Verhalten erschlossen werden können, hat der professionelle Diagnostiker nicht nur die Schwierigkeit der diagnostischen Zuordnung, sondern er stößt auch an bestimmte Grenzen einer Erklärung.

Der folgende Fall soll den komplizierten Gesamtzusammenhang zu verdeutlichen versuchen:

Kai war zehn Jahre alt, als er aufgrund von massivem Störverhalten im Unterricht zum ersten Mal zum Schulpsychologen geschickt wurde. Die Lehrerin war mit der Mutter übereingekommen, daß etwas passieren mußte, um das Störverhalten abzubauen. Kai saß während des Unterrichts häufig unter dem Tisch und weinte, oder er rannte ohne Ankündigung aus der Klasse, oder aber er fing ohne ersichtlichen Grund mitten im Unterricht plötzlich an zu schreien. Die Mitschüler zuckten dann immer zusammen, aber da sie Kai schon lange kannten, reagierten sie darauf gar nicht. Sie hatten ihn als „gestört" eingestuft und ließen ihn einfach links liegen. Manchmal allerdings bekamen sie doch einen Schreck, nämlich dann, wenn Kai in der Phase der Stillarbeit vor seinen schriftlichen Aufgaben saß und anfing, immer lauter vor sich hinzusagen, er sei ja blöd, und er könne das nicht, und dann anfing, sich einfach mit der Hand ins Gesicht zu schlagen. Die Lehrerin versuchte ihn dann immer zu beruhigen und half ihm. Der Schulpsychologe stellte bei Kai eine deutliche depressive Entwicklung mit einem extrem negativen Selbstwertgefühl fest, außerdem eine starke Tendenz zur Selbstschädigung. Kai hatte auch zu Hause schon häufiger versucht, sich absichtlich zu verletzen. Wenn er etwas nicht schaffte, schlug er seinen Kopf mehrere Male gegen die Zimmerwand und brach dann weinend zusammen. Kai verfügte über eine normale Intelligenz. Zur Familie von Kai gehörte noch der zwei Jahre jüngere Bruder Timm. Die Mutter lebte seit einigen Jahren mit einem Lebenspartner zusammen, zu dem die Kinder Vati sagten. Der leibliche Vater war aus dem Blickfeld der Kinder geraten. Er soll die Mutter vor den Augen der Kinder geschlagen haben. In der Familie gab es neben Gewalt viele Streitereien. Verschiedentlich erzählte Kai in der Schule weinend, daß sich die Eltern wieder so gestritten hätten. Der „Ersatzvati" wurde als streng beschrieben, der auch schlagen würde, meistens mit einem Gürtel. Die Mutter sei machtlos. Kai wurde aufgrund seiner schweren depressiven Entwicklung sowohl in eine therapeutische Kleinklasse umgesetzt als auch in eine Einzeltherapie gegeben. Timm war in der Schule völlig unauffällig. Für ihn brauchte keine besondere Unterstützungsmaßnahme realisiert zu werden. Warum hatte es Kai getroffen, warum nicht auch Timm?

In diesem Zusammenhang kann nicht die ganze Hintergrundsgeschichte der Entwicklung von Kai und seiner Familie aufgeblättert werden. Aber es können einige Faktoren herausgestellt werden, die vielleicht hilfreich sind bei der Beantwortung der Frage: „Warum Kai, warum nicht auch Timm?"

Einflußfaktoren auf die Depressionsentwicklung

Risikofaktoren erhöhen das Risiko für depressive Entwicklungen.

- *Psychologische Risikofaktoren* (depressionsfördernde Denkmuster und Ursachenzuschreibungen, geringe soziale Geschicklichkeit, bestimmte Persönlichkeitsmerkmale wie z. B. niedriges Selbstwertgefühl oder Perfektionismus)
- *Umweltbezogene Risikofaktoren:* depressiver Elternteil, chronische familiäre Probleme, belastende Lebensereignisse, täglicher Ärger
- *Biologische Risikofaktoren:* erbliche Vorbelastung, neuro-biologische Auffälligkeiten, biochemische Faktoren

Schutzfaktoren können das Risiko für depressive Entwicklungen abschwächen oder ausschalten.

- *Soziale Schutzfaktoren:* Einbettung in ein soziales Netzwerk
- *Personale Stützfaktoren:* Problembewältigungsstrategien, Temperament und bestimmte Persönlichkeitseigenschaften wie Selbstwertgefühl und Zutrauen in die eigenen Fähigkeiten

Vulnerabilitätsfaktoren erhöhen die Verletzlichkeit für Depressionen.

- erworbene Vulnerabilität (z. B. frühe Trennungserfahrungen)
- ererbte Vulnerabilität (z. B. familiäre Vorbelastung)

Resilienz (Widerstandsfähigkeit): Trotz hoher Risikofaktoren kommt es zu keiner Entwicklungsgefährdung

Nicht jedes Kind ist also der Gefahr der Entwicklung einer depressiven Störung in gleicher Weise ausgesetzt. Dafür mitverantwortlich sind die sog. Risikofaktoren einerseits – Faktoren, die das Risiko der Entwicklung erhöhen – sowie sog. Schutzfaktoren, die entsprechend vor einer depressiven Entwicklung schützen können, andererseits.

Auch wenn eine Reihe von Risikofaktoren bei einem Kind vorhanden sind (z.B. Trennungserlebnisse), können Schutzfaktoren (z.B. tragfähiges soziales Netzwerk) diesen belastenden Einfluß abmildern oder sogar gänzlich vermeiden; sie können im Sinne eines Puffers wirken und den negativen Einfluß ausgleichen. Eine emotional flexible Persönlichkeit mit positivem Selbstwert, gute Problemlösefähigkeit und gute familiäre Bindung sowie soziale Unterstützung durch Gleichaltrige stellen wesentliche Merkmale widerstandsfähiger Kinder und Jugendlicher dar (Reicher, 1993).

Besonderes Interesse hat das Phänomen der sog. „Resilienz" (Widerstandsfähigkeit) auf sich gezogen. In Längsschnittstudien hat sich immer wieder das Phänomen ergeben, daß Kinder und Jugendliche trotz eines hohen Potentials an Risikofaktoren eine günstige Entwicklung nahmen. Man führt dies auf eine bestimmte „Widerstandsfähigkeit" der Betroffenen zurück, die sich aus der Fähigkeit ergibt, innere und externe Ressourcen (besondere Stärken, Kompetenzen, Fähigkeiten, auf die man zurückgreifen kann) erfolgreich zu nutzen, um anstehende Entwicklungsaufgaben zu bewältigen.

Bezogen auf das oben dargestellte Fallbeispiel, verfügt der Bruder Timm vielleicht über eine stärkere Resilienz im Sinne einer psychischen Widerstandskraft gegen die schwierigen Bedingungen in der Familie. Er verfügt damit auch über mehr sog. Schutzfaktoren psychischer Gesundheit als der Bruder. Als Schutzfaktoren werden verschiedene innerpsychische und externe Bedingungen bezeichnet, die vor einer psychischen Fehlentwicklung schützen.

Die Resilienzforschung fand in verschiedenen Studien als begünstigende Faktoren bei einer generell ungünstigen risikoreichen Umgebung das Vorhandensein einer emotionalen Unterstützung durch Großeltern, ältere Geschwister, enge Freunde, betreuende Erwachsene außerhalb der Familie, beliebte Lehrer und Jugendarbeiter sowie auch Glaube und Gebet.

Die Einbettung in ein soziales Netzwerk ist für jeden Menschen lebenswichtig. Die Unterstützung durch Familienmitglieder und Freunde hilft bei der Bewältigung von kleineren und größeren Sorgen. Tragfähige Sozialbeziehungen können den krankmachenden Einfluß von Streß und Belastungen abmildern oder sogar abpuffern; sie können aber auch direkt das Wohlbefinden erhöhen. Manche Forscher sprechen sogar von einer „sozialen Immunisierung" in Anlehnung an die Immunisierung durch eine Impfung.

Zusätzlich zu den Risiko- und Schutzfaktoren gibt es Faktoren, die die Anfälligkeit für eine Depression erhöhen. In der Fachsprache werden solche Faktoren *Vulnerabilitätsfaktoren* genannt (Vulnerabilität = Verletzlichkeit). Wir alle kennen das Phänomen, daß wir besonders dann eine erhöhte Anfälligkeit für Erkältungen haben, wenn wir gestreßt sind, d.h. wenn unser Immunsystem bereits auf Hochtouren arbeiten muß und angeschlagen ist. Diese Bereitschaft, eine Depression zu erleiden, kann sowohl ererbt (ererbte Vulnerabilität) oder auch durch Erziehungsmuster oder frühkindliche Erfahrungen (z.B. traumatische Verluste) erworben werden (erworbene Vulnerabilität). In die psychologischen Bedingungen gehen Umweltbedingungen insofern massiv ein, als positive und stabilisierende frühere Erfahrungen die Ausbildung mentaler Widerstandskräfte begünstigen.

Im folgenden werden einige Risikokonstellationen noch einmal ausführlich beschrieben.

Depression eines Elternteils

Kinder von Eltern, die selbst an Depressionen gelitten haben oder leiden, haben ein erhöhtes Depressionsrisiko. Zum einen geben depressive Eltern an sie die Hälfte der Gene weiter, zum anderen sind aber auch das Zusammenleben und der tägliche Umgang des depressiven Elternteils mit einem Kind beeinträchtigt. Nicht alle betroffenen Kinder werden depressiv; nur bei ca. einem Drittel der Kinder kommt es tatsächlich zu einer Depression, wenn ein Elternteil depressiv ist; bei ca. der Hälfte, wenn beide Elternteile depressiv sind. Dieses Risiko ist auch nicht auf Depressionen beschränkt: Kinder depressiver Eltern können auch unter anderen Verhaltens- und Erlebensproblemen leiden, ebenso wie die Eltern depressiver Kinder an anderen psychischen Problemen als Depression leiden können (z. B. Alkoholismus). Schutzfaktoren spielen dabei eine Rolle, und auch die Entwicklungsbedingungen und die Umgebung, in der ein Kind mit depressiven Eltern aufwächst, sind zu berücksichtigen.

Mittlerweile gibt es mehrere Studien dazu, wie sich die Depression eines Elternteils auf die Kinder auswirken kann. Zumeist wurden in diesen Studien depressive Mütter untersucht. Vorausgeschickt werden soll, daß mit dem Berichten dieser Forschungsergebnisse keine Schuldzuweisungen verknüpft sein sollen. Hingegen sollen diese Arbeiten als mögliche Erklärungen für bestimmte Vorgänge verstanden werden, die sich in diesen Familien abspielen können und die dazu führen, daß es diese Kinder schwerer haben, glücklich zu sein und zu werden. Auf diese Thematik wird an anderer Stelle noch einmal eingegangen.

Belastende Lebensereignisse und Lebensumstände

Jeder von uns hat seine individuelle Lebensgeschichte; dazu gehören neben erfreulichen Ereignissen leider auch belastende und negative Erfahrungen. Solchen Erfahrungen ist fast jeder von uns in seinem Leben ausgesetzt. Im Vorfeld der Depression finden sich bei vielen Menschen solche Krisenereignisse in einem überzufällig hohen Ausmaß.

„Ich fühle mich gestreßt" – „Ich bin im Streß". An jeder Straßenecke hört man Menschen, die über zuviel Streß klagen. „Streß" ist ein Modewort geworden, das unsere Zeit dominiert; Soziologen sprechen sogar von der Streßgesellschaft.

Was streßt Kinder?

- Belastende Lebensereignisse, die das Kind selbst betreffen: Trennungserlebnisse wie z. B. Scheidung der Eltern, Umzug, Krankenhausaufenthalte, Unfälle
- Belastende Lebensereignisse in der Familie, z. B. Arbeitslosigkeit der Eltern
- Belastungen, die mit der Entwicklungsphase verknüpft sind, z. B. Schul- oder Ausbildungswechsel
- Langandauernde / chronische Belastungen, z. B. chronische Krankheiten, langandauernde familiäre Probleme

Psychologisch gesehen, spricht man dann von Streß, wenn Menschen durch ein einzelnes Ereignis oder anhaltende Lebensumstände so in Anspruch genommen werden, daß es ihre psychische Leistungsfähigkeit übersteigt. Bei Belastungen werden Bewältigungsmechanismen in Gang gesetzt, um diese abzuwehren; wenn dies nicht vollständig gelingt, entsteht Streß. Es kann einzelne streßauslösende Ereignisse geben (z.B. Tod, Trennung, Umzug, Unfall, Krankheit), aber auch dauerhafte belastende Umstände (z.B. familiäre Probleme, Aufwachsen in Armut).

Von entscheidender Bedeutung für die psychische Gesundheit ist die Art und Weise, wie Kinder mit diesen Belastungen umgehen. Jeder von uns reagiert auf Belastungen anders. Es gibt hier große Unterschiede zwischen Menschen. Sie kennen sicherlich Menschen, die gegen die Unannehmlichkeiten und Stolpersteine des Lebens besonders widerstandsfähig scheinen, und solche, die sehr leicht aus der Bahn geworfen werden. Was den einen krank macht, kann für den anderen eine Herausforderung bedeuten. Wir allen haben im Laufe unserer Entwicklung bestimmte Problembewältigungsstrategien gelernt. Will man die Auswirkungen von Belastungen beurteilen, so muß man auch mitberücksichtigen, welche Strategien jemand hat, die Probleme zu bewältigen. Sucht er sich soziale Unterstützung? Gibt es ein tragfähiges soziales Netzwerk? Gibt es jemanden, der in schwierigen Situationen unterstützt, tröstet, für einen da ist?

Lohaus und Klein-Heßling (1999) sowie Hampel und Petermann (1998) versuchen in ihrem Ratgeber auf Strategien der Streßbewältigung einzugehen und praktische Hilfen zur Unterstützung von Kindern in Streßsituationen anzubieten.

Verluste und Trennungen

Der Verlust eines nahestehenden Menschen ist sicherlich eine der traurigsten und belastendsten Erfahrungen, die Kinder machen können. Und daß Kinder dann mit Trauer reagieren, ist eine natürliche, normale Reaktion. Trauer unterscheidet sich von Depression dadurch, daß sie motiviert, verständlich und einfühlbar ist; die Trauerarbeit wird in einem begrenzten Zeitraum geleistet. Eine Depression ist hingegen unzureichend motiviert, nicht von einer Ursache ableitbar und zeitlich nicht begrenzt.

Verluste und Trennungen gehören zum Leben dazu. Sie bieten die Chance für Neues, für neue Entwicklungen, für neue Beziehungen. Schon im Kleinkindalter reagieren Kinder auf Trennungen dramatisch. Trennungen können aber auch Ausdruck für bestehende ungünstige Lebensbedingungen sein (konflikthafte Partnerbeziehungen, Eheprobleme) oder diese zur Folge haben; lange Trennungen von wichtigen Bezugspersonen weisen auf gespannte Familienbeziehungen hin. Kurze tägliche Trennungen unter günstigen Bedingungen wirken sich hingegen nicht ungünstig aus. Wenn ein Verlusterlebnis zu negativen Veränderungen im kindlichen Umfeld führt (keine gleichbleibende Bezugsperson, häufiger Betreuungswechsel, Lieblosigkeit), dann steigt die Verletzlichkeit für psychopathologische Entwicklungen. Eine Verarbeitung des Verlusterlebnisses in einem sozialen Netzwerk mit liebevollen und gleichbleibenden Bezugspersonen hingegen kann ungünstige Spätfolgen vermeiden helfen.

Die Beendigung der ersten gegengeschlechtlichen Beziehung kann bei Jugendlichen ebenfalls massive emotionale Belastungsreaktionen hervorrufen bis hin zu depressiven Verstimmungen.

Scheidung

Immer mehr Kinder sind von der Ehescheidung ihrer Eltern betroffen. Unmittelbar darauf reagieren fast alle Kinder verstört; einige wirken zwar kühl und unberührt, die meisten reagieren allerdings mit Trauer, Verzweiflung oder Wut. Nach fünf Jahren ist ein Drittel der Kinder emotional belastet, am häufigsten sind es depressive Symptome: Diese Kinder fühlen sich zurückgewiesen, beklagen sich über Desinteresse seitens der Eltern, über Enttäuschungen betreffend die Besuchsregelung; mangelnde Sensibilität der Eltern im Umgang mit der Trennung kann beobachtet werden (Wallerstein & Kelly, 1980).

Besonders Jugendliche können in ihrer Entwicklung stark betroffen sein: Bei ihnen lassen sich Brüche im schulischen und beruflichen Werdegang häufiger finden sowie Bindungs- und Beziehungslosigkeit im zwischenmenschlichen Bereich. Das Aufwachsen der Scheidungskinder in sogenannten „Patchwork"-Familien (Familien mit einem Stiefelternteil, der zudem die eigenen Kinder einbringt) oder Alleinerzieher-Familien ist mitunter

nicht immer einfach. Gefühle von Einsamkeit können sich breit-
machen, insbesondere dann, wenn die Mehrbelastung des allein-
erziehenden Elternteils – zumeist der Mutter – auf fehlendes Verständnis stößt. Alleinerzieherinnen sehen sich besonders während
der Pubertät ihrer Kinder einer schwierigen Aufgabe gegenüber.

Nicht die Trennung der Eltern als isoliertes Ereignis an sich
kann traumatisch wirken, sondern auch die Vorfeldfaktoren und
die Folgen. In vielen Familien spielen sich im Vorfeld der Trennung unschöne Szenen ab, Streit und Konflikte, die das Familienklima beeinträchtigen. Und daß ständige familiäre Konflikte ungünstig auf die Entwicklung der Kinder wirken, gilt als gesichert.
Weiter ist zu bedenken, daß auch die mit einer Scheidung ver-
knüpften ökonomischen und emotionalen Folgen (Umzug, weniger Geld, anderes soziales Umfeld) gravierend und schwerwie-
gend ausfallen können.

Wenn es abrupte Trennungen ohne eine angemessene Vorbe-
reitung gibt, kann dies dazu führen, daß Beziehungen insgesamt
von den Kindern als unzuverlässig und wenig steuerbar erlebt
werden. Wichtig ist es, daß die Kinder auf die Trennung vorbereitet werden; daß es offene, faire Auseinandersetzungen und
Abmachungen gibt und daß gedanklich der neue Alltag durchge-
spielt wird.

Problematische Familienbeziehungen

Grundsätzlich ist davon auszugehen, daß Familienbedingungen
sowohl direkte als auch indirekte Auswirkungen auf die Entwicklung depressiver Störungen von Kindern und Jugendlichen
haben. Als „direkte" Auswirkungen ließen sich etwa eine genetisch verankerte hohe Anfälligkeit (Vulnerabilität) gegenüber der
Entwicklung von Depression definieren oder aber auch – psycho-
sozial betrachtet – das Verhalten eines Elternteils, das eigene Kind
etwa unter Anwendung von Schlägen und Gewalt zu erziehen,
emotional schwer zu vernachlässigen oder aber sexuell zu miß-
brauchen. Mit einer sog. „indirekten" Auswirkung hätte man es
hingegen beispielsweise zu tun, wenn Eltern es in ihrer Erziehung
versäumen, dem Kind notwendige Streßbewältigungs-Fertigkeiten
oder soziale Fertigkeiten zu vermitteln. Entsprechend wird sich
das Kind mit höherer Wahrscheinlichkeit in sozialen Situationen

oder bei wiederholter Konfrontation mit nicht zu bewältigenden streßreichen Ereignissen hilflos ausgeliefert fühlen und möglicherweise mit Depressionen reagieren.

Die Annahme, daß depressive Störungen das Ergebnis einer Kombination aus biologisch bedingten Faktoren und psychosozialen Stressoren sind, genießt als Modellvorstellung eine höhere Akzeptanz. Das heißt vor allem, daß auch die Familie in aller Regel (ausgenommen extreme Bedingungen des Aufwachsens bzw. Mißhandlung und Gewalt u. ä.) kein alleiniger Auslösefaktor für eine depressive Störung bei einem Kind sein kann.

Wichtig ist es auch hier, nicht einfach Ursache-Wirkungs-Schlüsse zu ziehen: Depressive Kinder können auch für manchen familiären Streß selbst verantwortlich sein, ihn provozieren: Das tägliche Zusammenleben mit einem depressiven Kind, die Stimmungsschwankungen, das Herumjammern, die Passivität, das kann im Familienleben zu gehörigen Spannungen führen. Es ist nicht einfach, mit einem zutiefst unglücklichen Kind zurechtzukommen, vor allem dann nicht, wenn es einem selbst nicht gutgeht.

Studien zeigen, daß auch das Rückfallrisiko, d. h. die Wahrscheinlichkeit, daß ein ehemals depressives Kind erneut in eine Depressionsepisode schlittert, deutlich erhöht ist, wenn in der Familie ein hohes Ausmaß an negativer gefühlsbeladener Kommunikation vorherrscht, d. h., wenn jemand ständig kritisiert wird, an ihm herumgemäkelt wird, nichts für gut befunden wird. Dramatisch werden die Auswirkungen dann, wenn die Kinder in der Familie offener Ablehnung oder Zurückweisung, Gewalttätigkeit oder Lieblosigkeit ausgesetzt sind und die Bezugspersonen emotional nicht verfügbar sind.

Immer wieder wird in der Literatur darauf hingewiesen, daß depressive Störungen von Kindern und Jugendlichen auch Vernachlässigung durch die Eltern oder aber sexuellen Mißbrauch in der Familie zum Hintergrund haben können. Wenn sexueller Mißbrauch mit psychischen Störungen der Eltern verbunden ist, wird das Risiko, depressive Symptome zu entwickeln, besonders hoch. Kindesmißhandlung muß aber nicht in jedem Fall eine depressive Störung des Kindes zur Folge haben. Ebenso sind auch andere psychische Fehlentwicklungen möglich. Gleiches gilt für sexuellen Mißbrauch.

Täglicher Ärger

Nicht zuletzt die intensive empirische Forschung im Bereich emotionaler Störungen hat dazu geführt, auch den kleinen täglichen Ärgernissen, denen Menschen permanent, aber dennoch unterschiedlich intensiv ausgesetzt sind, in ihren möglichen Auswirkungen nachzugehen. Dabei hat sich herausgestellt, daß vor allem der tägliche „kleine Ärger" in seinen Auswirkungen auf die psychische Gesundheit bisher eher unterschätzt worden ist und daß insbesondere bei der Entwicklung von depressiven Störungen diese Ärger-Emotionen eine bedeutsame Rolle spielen können. Das bedeutet unter anderem, daß es nicht unbedingt die ganz großen Ereignisse und Vorfälle sein müssen, die eine depressive Entwicklung in Gang setzen. Häufig sucht man vergebens nach den sogenannten „einschneidenden Ereignissen". Dafür entdeckt man aber vielleicht, daß ein Jugendlicher sehr intensiv über täglichen Ärger klagt, der ihm die Laune verderben und emotional erschöpfen würde. „Immer nur Ärger, den ganzen Tag. Das hält doch keiner aus!" Solche Sätze kommen nicht nur von Erwachsenen, sondern durchaus eben auch von Kindern oder Jugendlichen. Oftmals finden sich solche Klagen verstärkt in der Pubertät, wenn ohnehin häufiger „die Luft brennt", weil wieder einmal mit den Eltern oder auch Geschwistern gestritten wurde. Aber nicht nur im Elternhaus staut sich leicht der tägliche kleine Ärger an. Ebenso kann es auch in der sozialen Gruppe, unter den Gleichaltrigen bzw. mit der Freundin oder dem Freund zu permanenten Auseinandersetzungen kommen, die in aller Regel psychisch stark belasten und vor allem auf die emotionale Befindlichkeit negativ einwirken.

Täglicher Ärger spielt sich aber vor allem auch häufig in der Schule ab. Hier sind es nicht nur die sozialen Konflikte, die zum Auslöser werden, sondern vor allem auch Erfahrungen von Mißerfolg im Lern- und Leistungsbereich. Schüler ärgern sich dann nicht nur über schlechte oder unzureichend gute Zensuren, sondern sie ärgern sich auch über sich selbst und ihre eigene Untüchtigkeit. Die Häufung solcher Ärgerempfindungen wird leicht zu einem Risikofaktor für umfassenderes negatives, depressives Denken. Ständiger kleiner Ärger erschöpft, besonders dann, wenn ohnehin nicht alles ganz glatt und erfolgreich verläuft.

Entwicklungsanforderungen

Belastende Erfahrungen und Lebensereignisse können auch auf dem Hintergrund der Entwicklungsanforderungen gesehen werden. Entwicklungsübergänge und -aufgaben wie das Herstellen von Gleichaltrigenbeziehungen, Schulwechsel und die Ablösung vom Elternhaus können Phasen erhöhter Vulnerabilität gegenüber Belastungen darstellen. Das Risiko für depressive Entwicklungen steigt, wenn während dieser Phase besondere Belastungen vorkommen. Ein Schulwechsel in eine weiterführende Schule kann beispielsweise zahlreiche Veränderungen mit sich bringen: der Verlust des vertrauten Umfeldes und der Freunde, schlechtere Schulleistungen, Konflikte mit den Eltern. Dies kann das Risiko für nachfolgende Depressionen erhöhen.

Chronische Erkrankung

Grundsätzlich weiß man, daß psychische Auffälligkeiten bei chronisch kranken Kindern und Jugendlichen etwa doppelt so häufig wie bei gesunden sind. Chronische Krankheiten (Asthma, Diabetes, Epilepsien) führen zu erhöhtem Familienstreß; diese Kinder müssen unter erschwerten Entwicklungsbedingungen ihre Entwicklungsaufgaben meistern. Es besteht die Gefahr der Überbehütung und der eingeschränkten Entwicklungsmöglichkeiten. Wichtig ist es, den Kindern Freiräume für Selbstentwicklung bei angemessener sozialer Unterstützung zu überlassen. Von besonderer Bedeutung ist eine fundierte Information der Eltern und Bezugspersonen, das reduziert Ängste und Unsicherheiten. Wenn Sie betroffen sind, suchen Sie sich auch Unterstützung in Selbsthilfegruppen, wo Sie mit betroffenen Eltern Ihre Sorgen und Meinungen austauschen können. Informieren Sie möglichst auch andere Bezugspersonen des Kindes in Schule und Freizeit über das Störungsbild und den Umgang mit dem Kind.

Depressive Mädchen

Mädchen und Frauen sind von Depressionen zweimal häufiger betroffen als Jungen und Männer. 25 % aller Frauen, aber nur 10 bis 15 % der männlichen Bevölkerung werden in ihrem Leben einmal eine Phase der Depression erleben. Dieser dramatische Geschlechtsunterschied tritt erstmals ab der Pubertät (ab 12/13 Jahren) auf und ist sodann auf allen Altersstufen zu finden (Fend, 2000). Auch die häufigen Begleiterscheinungen von Depressionen wie Magersucht (Anorexie) und Eß-Brech-Sucht (Bulimie) sind fast ausschließlich Mädchenprobleme. Was sind die Hintergründe dafür, daß die Zugehörigkeit zum weiblichen Geschlecht, die Tatsache, ein Mädchen zu sein, von vornherein mit einem doppelt so großen Risiko für Depressionen einhergeht?

Weibliche Risikopfade in die Depression

- Mädchen, insbesondere Frühentwicklerinnen, erleben das Jugendalter als belastender und negativer.
- Mädchen weisen einen Problembewältigungsstil auf, der sie depressionsanfälliger macht (z. B. grübeln).
- Depressionen werden bei männlichen Jugendlichen und Erwachsenen nicht erkannt.
- Mädchen und Frauen trauen sich eher als Jungen, ihre Probleme zuzugeben.
- Biologische und hormonelle Faktoren sind am Entstehen depressiver Verstimmungen mitbeteiligt.
- Frauen haben eine höhere Rollenbelastung als Männer.
- Frauen sind bestimmten Risikofaktoren (Gewalt, sexuellem Mißbrauch, Armut) häufiger ausgesetzt als Männer.

In der Fachliteratur werden folgende Erklärungsmöglichkeiten für die markanten Geschlechtsunterschiede diskutiert (vgl. dazu Nolen-Hoeksema, 1990, 1994; McGrath et al., 1993):

- *Mädchen erleben die Pubertät als belastender:* Die Pubertät ist der Zeitpunkt, ab dem sich der Geschlechtsunterschied deutlich herausbildet. In der Kindheit sind Jungen und Mädchen von depressiven Problemen in etwa noch in gleichem Ausmaß betroffen. Warum ist dies so? Studien zeigen, daß die Mädchen insgesamt die Pubertät als problematischer, negativer und belastender erleben als Jungen. Insbesondere frühreife Mädchen, die verglichen mit ihren Alterskolleginnen früher ihre erste Menstruationsblutung haben, geht es schlechter. Sie fühlen sich einsam, isoliert und haben ein deutlich erhöhtes Risiko, an Depressionen zu leiden, als Mädchen, die Normal- oder Spätentwicklerinnen sind. Übrigens finden schon 11jährige Mädchen sich bzw. ihren Körper häßlicher, als es Jungen tun. Die körperlichen Veränderungen für Mädchen, das Reifen zur Frau (Gewichtszunahme, weibliche Rundungen), werden auch gesellschaftlich nicht positiv bewertet (z. B. Schlankheitskult), bei Jungen hingegen schon (Muskel- und Größenwachstum).

- *Mädchen weisen einen depressionsfördernden Bewältigungsstil beim Umgang mit Problemen auf:* Sie neigen stärker zum Grübeln, zur Selbstkritik und zu Schuldgefühlen. Vor allem, wenn es um Beziehungs- und Partnerprobleme geht, neigen Mädchen dazu, die Gründe bei sich zu suchen und sich intensiver mit den negativen Gefühlen auseinanderzusetzen: Dieses grüblerische Verhalten verstärkt depressives Befinden. Jungen hingegen zeigen eher ablenkende Strategien. Mädchen zeigen auch eine größere Verletzlichkeit, was zwischenmenschliche Probleme betrifft; dies kann mit Angst vor Ablehnung und einem erhöhten Bedürfnis nach Zuwendung verknüpft sein. Bei Mädchen wird in der Erziehung mehr Wert auf Anpassung gelegt und darauf, anderen zu gefallen. Dies fördert die Entwicklung bestimmter Persönlichkeitszüge wie emotionaler Abhängigkeit von anderen, weniger Selbstbehauptung und größerer Passivität im Umgang mit Problemen. Bei Belastungen, wie sie sich vermehrt in der Adoleszenz stellen, kann dies zu negativer/depressiver Befindlichkeit führen und das Selbstwertgefühl beeinträchtigen. Mädchen scheinen ihre Fähigkeit zu verlieren, mit ihren negativen Gefühlen umzugehen. Mädchen weisen auch eine höhere Neigung auf, sich in einer streßbeladenen Familie mit der Mutter zu identifizieren, Söhne zeigen diese Sensibilität nicht.

- *Depressionen werden bei Männern nicht erkannt:* Einige Forscher meinen, daß viele Depressionen beim männlichen Geschlecht nicht erkannt werden und daß tatsächlich die Häufigkeit von depressiven Beschwerden bei Frauen und Männern ähnlich hoch ist. Männer suchen eher Zuflucht in Alkohol. Hinter der hohen Zahl von Männern mit Alkoholproblemen könnten sich also nicht erkannte Depressive verbergen.

- *Frauen trauen sich eher als Männer, ihre Depressionen zuzugeben:* Diese Selbstöffnung verbunden mit einem Eingeständnis von Schwäche entspricht nicht der traditionellen männlichen Rollenzuschreibung, Frauen suchen insgesamt eher ärztliche oder therapeutische Hilfe auf. Männer haben eine geringere Bereitschaft, Depressionssymptome zuzugeben.

- *Biologische/hormonelle Faktoren sind unterschiedlich:* Frauen und Männer unterscheiden sich auch in ihrem Hormonsystem. Die zyklischen Schwankungen der Sexualhormone im Laufe des Menstruationszyklus können zu bestimmten Beschwerden führen wie Depression, Reizbarkeit, Anspannung, Kopfschmerzen. Für Frauen gibt es auch andere biologische Krisenzeiten, nicht nur die monatlichen Zyklen, sondern auch Ereignisse wie Schwangerschaft, Geburt (Baby-Blues), Fehlgeburten und Wechseljahre, die mit einer erhöhten Anfälligkeit für Depressionen verbunden sein können. Wenn zu Beginn der Pubertät der Hormonspiegel stark schwankt, kann es damit verknüpft zu emotionalen Entgleisungen kommen.

- *Frauen erleben eine höhere Rollenbelastung:* Beruf, Kinder und Familie unter einen Hut zu bringen ist für viele Frauen mit Doppel- und Dreifachbelastung verbunden. Frauen erleben auch streßreiche Lebensbelastungen, die Familienmitgliedern oder Freunden widerfahren sind, in höherem Maße als persönlich streßverursachend.

- *Mädchen und Frauen sind bestimmten Risikofaktoren wie sexuellem Mißbrauch oder Gewalt in Beziehungen häufiger ausgesetzt als Jungen:* Dies spielt eine wesentliche Rolle bei der Entstehung weiblicher Depression.

- Auch *Armut* und (materielle) Existenzsorgen können einen Weg in die Depression darstellen. Der weitaus größte Anteil der von Armut Betroffenen und Bedrohten sind nämlich Frauen.

Zusammenfassend läßt sich festhalten, daß für Mädchen und Frauen aufgrund sozialer, biologischer, emotionaler und wirtschaftlicher Faktoren ein höheres Depressionsrisiko vorliegt als für Jungen und Männer. Adoleszente Mädchen, und zwar speziell solche mit einem frühen Pubertätsbeginn, die zudem über ungünstige Selbstbewertungsmuster verfügen, sind eine Risikogruppe, die spezieller Aufmerksamkeit bedarf. Präventive Überlegungen, die bei der Vermeidung des Entstehens dieser geschlechtsspezifischen Vulnerabilitätsfaktoren ansetzen sowie im Sozialisationsbereich, sind dringend erforderlich. Hier ist die Wissenschaft gefordert, weiter zu forschen, welche dieser geschlechtsabhängigen Risikofaktoren vermeidbar sind und wie man Mädchen stärker stützen kann.

Teil V
Erkennen, Helfen, Vorbeugen

Das Erkennen depressiver Befindlichkeiten bei Kindern und Jugendlichen setzt zwar voraus, über die möglichen Erscheinungsbilder depressiver Entwicklungen informiert zu sein. Aber das allein reicht in keiner Weise aus. Gleichermaßen wichtig ist eine Sensibilität gegenüber dem, was Kinder und Jugendliche bewegt. Sich in den Zustand eines Kindes oder Jugendlichen hineinzuversetzen fällt Erwachsenen erfahrungsgemäß schwer. Auch aus diesem Grunde brauchen depressive Kinder und Jugendliche zusätzliche professionelle Hilfe. Unter bestimmten Bedingungen wird neben einer psychologisch-therapeutischen Behandlung eine zusätzliche medikamentöse Therapie notwendig. Und trotz aller vorhandenen Hilfekonzepte sollten Aspekte wie Vorbeugen und Vermeiden depressiver Entwicklungen nicht aus dem Auge verloren werden. Eltern und Lehrer tragen in diesem Bereich zweifellos eine besondere Verantwortung. Wirksame Prävention kann Kindern und Jugendlichen das Durchlaufen einer depressiven Spirale möglicherweise ersparen. Teil V setzt sich mit dem, was hier lediglich angedeutet wurde, in den folgenden Kapiteln näher auseinander.

- Depressive Kinder und Jugendliche erkennen
- Wie läßt sich helfen?
- Psychologisch-therapeutische Behandlungsansätze
- Medikamentöse Behandlung
- Was Eltern im Alltag tun können
- Vor depressiven Entwicklungen schützen

1. Depressive Kinder und Jugendliche erkennen

Das Thema „Erkennen" ist im Zusammenhang mit Depressionen im Kindes- und Jugendalter von besonderer Bedeutung. Denn in der internationalen Fachwelt herrscht die Meinung vor, daß ein bedeutsamer Teil von depressiven Kindern und Jugendlichen in ihrer speziellen Problematik entweder gar nicht erkannt oder aber verkannt wird. Sowohl das „Nichterkennen" als auch das „Verkennen" führen zu möglicherweise weitreichenden Konsequenzen, darunter vor allem das Ausbleiben von angemessener Hilfe und die Gefahr der bis ins Erwachsenenalter hinein verlängerten Depressionen.

Warum ist das Erkennen depressiver Befindlichkeiten bei Kindern und Jugendlichen so schwierig? Unterscheiden sich diese Kinder vielleicht gar nicht von anderen? Oder tragen sie eine Maske? Bei allen Erklärungsversuchen sind die folgenden Aspekte auf jeden Fall Teil möglicher Begründungen:

1. Depressionen sind vor allem Störungen der Gefühlswelt und der Befindlichkeit. Die Gefühlswelt einer Person ist ein innerer dynamischer Zustand. Er drückt sich lediglich durch bestimmte Symptome nach außen hin aus. Diese Symptome können aber niemals die tatsächliche Befindlichkeit wiedergeben. Wenn Kinder und Jugendliche in der Lage sind, über ihr Denken und Fühlen zu berichten, versuchen sie, ergänzend zu den beobachtbaren Verhaltensauffälligkeiten, ein Bild ihres eigenen Befindens zu zeichnen. Wer ihnen gut zuhört, kann sich anschließend ein verbessertes Bild über die Befindlichkeit des Kindes machen. Damit heißt das Problem aber: Wie und unter welchen Bedingungen kann erkannt werden, was in der Psyche eines Kindes oder Jugendlichen abläuft?

2. Wenn Depressionen sich nach außen hin durch bestimmte Symptome „abbilden", dann sind das zum Teil Verhaltensauffälligkeiten, die sich auch in anderen Problembereichen kindlichen Verhaltens wiederfinden lassen. Konzentrationsschwierigkeiten, soziale Schwierigkeiten, Ängstlichkeit, ein negatives Selbstbild oder auch Schlafstörungen lassen sich auch bei anderen psychischen Störungen feststellen. Damit ist die Gefahr einer Verkennung depressiver Störungen leicht gegeben. Vor allem auch dann, wenn die Zuschreibung einer anderen als depressiven Störung für Eltern einen weniger bedrohlichen Charakter hat.

3. Depressionen im Kindes- und Jugendalter treten in drei Viertel aller Fälle gemeinsam mit anderen psychischen Problemen auf. Bei diesen zusätzlichen Problemen handelt es sich u.a. um

Konzentrationsstörungen, Störungen des Sozialverhaltens, Eßstörungen, Drogenmißbrauch. Werden diese zusätzlich vorhandenen Störungen sehr dominant und stark, können sie eine depressive Befindlichkeit „überlagern". Das führt beispielsweise dazu, daß ein aggressives Verhalten in der Schule und im Freizeitbereich Eltern und Lehrer emotional und zeitlich so stark beansprucht, daß die Möglichkeit einer anderen, in diesem Falle depressiven Grundproblematik des Kindes gar nicht erst angedacht wird. Man hat genug damit zu tun, die aggressiven Ausbrüche zu kontrollieren und für soziale Beruhigung zu sorgen. Oder auch ein anderer Fall: Lehrer und Eltern fühlen sich durch Lustlosigkeit und eine verweigernde Arbeitshaltung des Kindes einschließlich entsprechender verbaler Ausfälle derart stark provoziert und persönlich beleidigt, daß sie sich in fester Überzeugung der Angemessenheit ihres Handelns auf Zuschreibungen wie „Der will sich nur drücken!", „Der ist einfach total verwöhnt!", „Sie meint wohl, sich das leisten zu können. Da irrt sie!" konzentrieren. In solchen Fällen können sich Lehrer und Eltern zuwenig von dem Problem distanzieren, sie steigen emotional zu sehr persönlich ein. Damit wird der Weg blockiert, die eigentliche Problematik erkennen zu können.

Die drei genannten Aspekte als mögliche Ursachen des „Nichterkennens" oder „Verkennens" depressiver Störungen bei Kindern und Jugendlichen machen deutlich, daß es sich in der Tat um einen sehr komplexen und schwierigen Bereich handelt. Hinzu kommt dabei noch der folgende Umstand:

Depressive Störungen sind nicht einfach von heute auf morgen da. Dahinter steht in aller Regel ein langer und schleichender Entwicklungsprozeß. Was als leichte depressive Verstimmung beginnt, kann sich zu einer klinisch relevanten depressiven Störung entwickeln. Zwischen den einzelnen Ausprägungen depressiver Befindlichkeiten gibt es fließende Übergänge. Bei Kindern und Jugendlichen, die häufiger unter leichteren depressiven Verstimmungszuständen leiden, besteht die Gefahr, irgendwann aufgrund besonderer Belastungen in eine schwere Depression zu „kippen".

Ein frühzeitiges Erkennen depressiver Symptome kann depressive Entwicklungen verhindern helfen. Bis zu einem gewissen Alter sind Kinder und Jugendliche dabei allerdings auf ihre nächsten Bezugspersonen, besonders Eltern und Lehrer, angewiesen. Insbesondere ihre Einschätzungen sind dafür entscheidend, ob es zu einer diagnostischen Vorstellung kommt und wie die Alltagssituation des Kindes beurteilt wird. Bis vor noch nicht allzu langer Zeit hat man Kindern die Fähigkeit abgesprochen, im psychischen Bereich „wahre" Aussagen über sich selbst machen zu können. Inzwischen aber gelten die Selbstaussagen des betroffenen Kindes oder Jugendlichen als zusätzlich notwendiger und wichtiger Bestandteil jeder Diagnostik.

Sensibilität als notwendige Grundlage

Depressive Kinder sind in der Regel überlastete Kinder. Folglich sind depressive Kinder wahrscheinlich auch unglückliche Kinder. Ob ihr Zustand von der nächsten sozialen Umgebung erkannt wird, hängt in hohem Maße von der Sensibilität der Menschen ab, mit denen sie täglich zusammenkommen. Sensibilität bedeutet in diesem Zusammenhang, sich in den Zustand eines Kindes hineinversetzen zu können. Erwachsenen ist das nicht immer gegeben. Ereignisse und Belastungen werden von ihnen anders gewertet, weil sie längst über Maßstäbe verfügen, die in der Erlebenswelt der Kinder noch nicht repräsentiert sind. Beispielsweise nehmen Erwachsene als selbstverständlich an, daß man in dieser Welt auch Unrecht erfährt. Für Kinder ist es das keineswegs.

Eine weitere Rolle spielt, daß zwischen dem, was Erwachsene, und dem, was Kinder erleben, Unterschiede sind. Das spüren Kinder, je älter sie werden. Das zeigt sich u. a. auch darin, daß Lehrer mit zunehmendem Alter der Schüler bei persönlichen Problemen weniger angesprochen werden als gute Freunde. Damit schwindet die Chance der Erwachsenen, den wirklichen Zustand von Kindern und Jugendlichen überhaupt erkennen zu können. Das erleben viele Erwachsene auch, denn sie beklagen, daß Kinder ihnen nichts erzählen, und sehen das als einen großen Mangel an. Ein solcher Mangel wird deutlich seltener in Familien erlebt, in denen es von Kleinkindtagen an üblich ist, über sowohl belastende als auch freudige Erlebnisse der Kinder zu sprechen. Insofern ist es richtig, daß die Kommunikation zwischen Eltern und Kindern auch der Zugang zum Verständnis der Kinder ist.

Sensibilität lernt man von früh auf vor allem durch die Beschäftigung mit anderen Menschen. Wer viel darüber hört, wie es anderen geht, kommt auch auf Ideen, was mit ihnen sein könnte. Erwachsene lernen Sensibilität gegenüber ihren Kindern durch die tägliche Beschäftigung mit ihnen und vor allem auch durch die mitfühlende Beschäftigung. Gute Voraussetzungen für das Erlernen von Sensibilität haben alle Eltern, die zuerst einmal verstehen lernen wollen, was mit ihren Kindern ist. Verstehen ist die Voraussetzung für Beurteilen. Wer nichts versteht, kann auch nichts beurteilen.

Kommunikation ist unverzichtbar

Es ist eine psychologische Einsicht, daß innerhalb der Kommunikation mit den Kindern das Sprechen über Emotionen eine zentrale Funktion einnimmt. Man kann so weit gehen zu behaupten, daß der Grad der Mitteilung des emotionalen Befindens ein Indikator für das Ausmaß darstellt, wie die Kinder von den Eltern erlebt werden. Kinder, die ihre Emotionen nicht mitteilen, offenbaren sich auch nicht, sondern schützen sich und wehren den Blick auf ihr Inneres ab. Wer das als Eltern bemerkt, sollte sich spätestens dann fragen, warum das so ist. Denn Kinder haben von sich aus immer das Bedürfnis, ihre Emotionen, sei es Angst, Traurigkeit oder Freude, zu bekunden, weil sie davon bewegt werden. Wenn sie über ihre Emotionen nicht sprechen, ist mit hoher Wahrscheinlichkeit anzunehmen, daß sie befürchten, daraus Nachteile ziehen zu müssen. Sie versuchen, sich durch Verschweigen und Schweigen zu schützen.

Grundlegende Schwierigkeiten beim Erkennen

Kinder und Jugendliche zu verstehen ist eine notwendige Voraussetzung für das Erkennen und Beurteilen ihrer besonderen Probleme und Schwierigkeiten. Eine Reihe von „Fehlern" im Sinne von „Fehleinschätzungen" können das notwendige Verstehen und Erkennen allerdings in besonderer Weise erschweren oder verhindern.

Fehler Nummer eins: Man geht von seinen eigenen Gefühlen aus. Ein wirklich elementarer Fehler bzw. ein gravierendes Mißverständnis entsteht aus der Tatsache, daß man nicht fühlt, was der andere fühlt. Statt dessen geht man von seinen eigenen Gefühlen in der Situation aus und stellt sich nicht auf die Empfindungen des Kindes ein. Auf diese Weise kommt es beständig zu Fehlurteilen (z. B. „Da braucht man doch keine Angst zu haben!" oder „Das ist doch keine Grund zum Traurigsein!").

Fehler Nummer zwei: Der Erfahrungsvorsprung verleitet zu falschen Einschätzungen. Ein weiterer großer Fehler erwächst aus dem Erfahrungsvorsprung, den Eltern gegenüber ihren Kindern haben. Das verleitet sie zu falschen Einschätzungen. Eltern wissen z. B., daß Freundschaften nicht ewig dauern. Wer als Kind oder Jugendlicher seinen Freund bzw. seine Freundin verliert, ist aber tief betroffen, und das besonders, wenn es die erste Erfahrung dieser Art ist.

Fehler Nummer drei: Der emotionale Druck, den der andere erlebt, wird heruntergespielt. Wie oft bewerten Erwachsene die starken Gefühlsäußerungen von Kindern und Jugendlichen als völlig übertrieben und nicht dem Anlaß entsprechend. Der emotionale Druck, den das Kind erlebt, wird heruntergespielt und mit oberflächlichen Beschwichtigungen abgetan. Erleben Kinder und Jugendliche beispielsweise soziale Ablehnung durch andere, so wird die daraus resultierende Traurigkeit und Niedergeschlagenheit nicht akzeptiert. Statt dessen heißt es oftmals: „Ach, das ist ja nicht so schlimm!" Solche Reaktionen, die ja möglicherweise auch gut gemeint sind, lösen beim Kind oder Jugendlichen nicht nur Enttäuschung aus, sondern führen auch zu Gefühlen, nicht verstanden zu werden. Aus solchen Erfahrungen heraus sagen Kinder und Jugendliche nicht selten: „Ach, das hat doch sowieso keinen Sinn, mit meinen Eltern darüber zu sprechen!" In der Konsequenz werden die Gefühle immer weniger nach außen hin gezeigt, ein Lernprozeß, der sich über Jahre hinziehen kann.

Fehler Nummer vier: die Annahme, Kinder würden so fühlen wie Erwachsene. Es ist gar kein böser Wille, wenn Erwachsene, so auch Eltern und Lehrer, meinen, die Kinder würden in bestimmten Situationen ebenso fühlen wie sie selbst. Dahinter steht oftmals ein Mangel an Empathie (Empathie = die Fähigkeit, mit einem anderen mitzufühlen). Aus dieser Grundeinstellung heraus treffen Eltern und Lehrer möglicherweise Entscheidungen, die

Kinder unglücklich machen. Vor allem aber werden die eigentlichen Gefühle des Kindes damit verkannt oder aber mißachtet.

Fehler Nummer fünf: zuwenig Informationen oder nur Informationen aus zweiter Hand. Nicht nur Schwierigkeiten, sondern richtige Beurteilungsfehler können durch Defizite in der Information entstehen. Sehr häufig nehmen sich Erwachsene, die für Kinder verantwortlich sind, zuwenig Zeit, sich zuerst einmal eingehend über eine Situation oder einen Sachverhalt zu informieren. Zudem stammen die Informationen oftmals aus zweiter oder dritter Hand. Damit reduziert sich die Grundlage für eine Beurteilung der Befindlichkeit des Kindes bzw. das Vorhandensein bestimmter depressiver Merkmale erheblich.

Fehler Nummer sechs: Eigene Probleme versperren den Blick auf die Probleme des Kindes. Eltern bzw. Erziehungsberechtigte sind unter Umständen aufgrund eigener Probleme nicht in der Lage, sich auf die Probleme des Kindes einzulassen. Die Probleme des Kindes werden weniger geleugnet als vielmehr nicht angemessen zur Kenntnis genommen. Gravierende Wahrnehmungsverzerrungen verhindern ein angemessenes Verstehen und Erkennen.

Fehler Nummer sieben: Psychische Probleme werden nicht zugelassen. Hinter dem „Nichtzulassen" können u.a. Statusprobleme stehen. D.h., es wäre gesellschaftlich ein „Makel", einräumen zu müssen, daß es beim Sohn oder der Tochter psychische Probleme gibt. Eltern haben möglicherweise Angst vor Statusverlust und Ansehen (so z.B., wenn das Kind aufgrund von Lernschwierigkeiten auf eine „Sonderschule" muß). Unter solchen Bedingungen fehlt jede angemessene Grundlage für ein Verstehen und Erkennen einer psychischen Problematik des Kindes.

Fehler Nummer acht: Eine falsche Zuschreibung versperrt den Blick für das wirklich Bedeutsame. Eltern neigen verständlicherweise häufig dazu, das eigene Kind zu schützen und erst einmal andere für eine unerwünschte Entwicklung verantwortlich zu machen. Dabei kommt es dann leicht zu Zuschreibungen von Ursachen, die sich bei näherem Hinsehen so nicht halten lassen. Zum Beispiel, wenn die plötzlich einbrechende Lustlosigkeit und Passivität der Tochter in der Schule und zu Hause einem „langweiligen und schlechten Unterricht" zugeschrieben werden und weitere Überlegungen in Richtung einer möglichen psychischen Problematik wie einer depressiven Entwicklung nicht erfolgen.

Ausgewählte bedeutsame Aspekte für das Erkennen von depressiven Befindlichkeiten

Nonverbale Signale beachten

Hinweise für das mögliche Vorliegen einer depressiven Befindlichkeit können sowohl im Bereich des verbalen Ausdrucks liegen als auch „sprachlos" von Kindern und Jugendlichen signalisiert werden. Oftmals fangen Eltern bestimmte Bemerkungen ihrer Kinder ein, die sie aufhorchen lassen bzw. stutzig machen. Jugendliche sprechen in wenig durchschaubaren Zusammenhängen, um sich nicht zu deutlich zu offenbaren, oder aber schreiben Gedichte, Tagebuch u.a. Auf der anderen Seite wird die depressive Grundstimmung häufig über nonverbales Verhalten, über eine bestimmte „Körpersprache" vermittelt, d.h. vor allem über

- eine bestimmte Körperhaltung (schlaff, kraftlos, eher gedrückt),
- einen speziellen Gesichtsausdruck (von ernst, verschlossen, finster über grüblerisch und abwesend bis hin zu steinern, unbeweglich, maskenhaft),
- eine bestimmte Sitzhaltung (krumm, kraftlos, vornübergebeugt),
- fehlenden Blickkontakt,
- einen kraftlosen Händedruck bei Begrüßen und Verabschieden,
- eine eher leise, monotone Stimme.

Nicht alle sehen in gleichen Situationen auch Gleiches

Schwierigkeiten eines „richtigen" Erkennens depressiver Befindlichkeiten ergeben sich auch dadurch, daß Erwachsene in der Beobachtung derselben depressiven Kinder dennoch jeweils unterschiedliche Verhaltensauffälligkeiten wahrnehmen. In gleichen Situationen wird nicht das gleiche gesehen. Vielmehr werden Situationen und Verhalten unter Anwendung persönlicher Deutungsmuster interpretiert – häufig auch auf der Grundlage eigener Erfahrungen. Damit sind die Deutungsmuster von Person zu Person nicht unbedingt gleich, was im Ergebnis zu unterschiedlichen Einschätzungen gleicher Situationen führt.

*Gefühle ausdrücken können – Alter und Entwicklungsstand
sind sehr entscheidend*

Innerhalb des Bemühens, depressive Entwicklungen bei Kindern
und Jugendlichen zu erkennen, sind neben der Beobachtung des
Verhaltens das direkte Gespräch und die direkte Auseinandersetzung mit den Betroffenen unverzichtbar und auch nicht durch ein
Elterngespräch zu ersetzen. Das gilt auch dann, wenn man meint,
das Kind sei eigentlich noch nicht fähig, etwas wirklich Zutref-
fendes über sich selbst und die eigene Befindlichkeit zu sagen.
Allerdings können Ergebnisse aus der Entwicklungspsychologie
deutlich machen, daß auch jüngere Kinder bereits in der Lage sein
können, über ihre Gefühle und innere Befindlichkeit zu berichten.

Forschungsergebnissen ist zu entnehmen, daß bereits Kinder im
Alter von etwa zwei Jahren über einen Wortschatz verfügen, mit
dem sie grundlegende emotionale Befindlichkeiten wie „Angst“,
„Traurigkeit“, „Freude“ ausdrücken können. Dabei werden Wör-
ter wie „lachen“ oder „weinen“ früher verstanden als „glücklich“
oder „traurig“. Zwischen dem zweiten und fünften Lebensjahr
haben Kinder unter normalen Entwicklungsbedingungen gelernt,
Situationen, die unterschiedliche Gefühlszustände beinhalten, zu
erkennen und zu benennen. Um das 4. Lebensjahr herum findet
sich bei allen Kindern ein etwa gemeinsames Verständnis darüber,
welche Situationen Angst, Spaß, Freude oder Ärger machen. Mit
fünf Jahren (geförderte Kinder auch früher) können Kinder
grundlegende Emotionen bei anderen erkennen und unterscheiden. Das bedeutet, daß ein Kind dieses Alters durchaus wahrnimmt, ob die Mutter traurig oder der Vater böse ist. Aber auch
weitere Entwicklungsschritte sind nach dem 5. Lebensjahr noch
ganz entscheidend.

So lernen Kinder im Laufe ihrer Entwicklung beispielsweise zu
verstehen, daß die wahren Gefühle eines Menschen noch ganz anders sein können als das, was man sieht. Untersuchungen zur
emotionalen Entwicklung haben gezeigt, daß Kinder mit vier Jahren nur sehr begrenzt verstehen können, daß ein Mensch vielleicht
fröhlich aussieht, aber in Wirklichkeit ganz anders fühlt. Hingegen scheinen sechsjährige Kinder dieses durchaus zu begreifen.
Zusätzlich wächst das Verstehen, daß Gefühle sowohl durch bestimmte Situationen ausgelöst werden können als auch in der Per-

son selbst. Jüngere Kinder sehen die Ursache von Gefühlen noch eher durch bestimmte Situationen oder auch körperliche Befindlichkeiten (z.B. „Ich habe Bauchweh, und ich bin traurig") ausgelöst als ältere Kinder.

Das frühe Verstehen von grundlegenden Emotionen hängt vor allem damit zusammen, daß sie über einen bestimmten Gesichtsausdruck leicht und deutlich erkannt werden können. Die Reihenfolge der Aneignung ist darüber hinaus eine schlichte Frage der Gelegenheiten, sie zu lernen. Werden Begriffe bzw. Bezeichnungen in entsprechenden Situationen häufig genannt, übernimmt sie das Kind auch schneller. Emotionen, die selten benannt werden, können somit auch erst später gelernt werden. Allerdings gibt es über den einfachen Lernprozeß hinaus noch einen weiteren, sehr einflußreichen Faktor, der über die Reihenfolge der Aneignung von Emotionen und deren Bezeichnungen vor allem entscheidet. Gemeint ist die Komplexität bestimmter Emotionen. Zum Beispiel beinhalten die sog. „sozialen" Emotionen wie Scham, Schuld oder auch Stolz ein Verstehen sozialer Standards und Regeln, die Fähigkeit, Verstöße gegen diese Regeln wahrzunehmen, und die Fähigkeit, Reaktionen anderer auf solche Verstöße zu registrieren. Es wird häufig davon ausgegangen, daß Kinder von zehn Jahren in der Regel noch kein Konzept dieser Emotionen erworben haben, zumindest nicht das der Erwachsenen.

Aus den dargestellten entwicklungspsychologischen Erkenntnissen zur emotionalen Entwicklung von Kindern können Hinweise für die Praxis gezogen werden. So sollte beispielsweise bei jüngeren Kindern, obwohl sie grundlegende emotionale Befindlichkeiten schon kennen, Traurigkeit oder aggressive Gereiztheit nur im Rahmen von bestimmten Situationen untersucht werden, nicht aber über eine bloße Befragung des Kindes. Bis zum Alter von etwa zehn Jahren könnte es nämlich durchaus noch passieren, daß bestimmte Emotionen, wie zum Beispiel Traurigkeit und Wut, verwechselt werden. Dieses gilt besonders für Kinder, die bereits deutlich depressiv auffallen.

Die Selbstwahrnehmung entwickelt sich erst später

Gefühle der Wertlosigkeit und der Selbstentwertung sind im Rahmen depressiver Störungen in aller Regel stark vertreten. Wie im gesamten emotionalen Bereich, so gibt es auch in der Fähigkeit, sich selbst zu bewerten und das Wissen über sich selbst mitzuteilen, entwicklungsbedingte Veränderungen. Die Anfänge einer Selbstwahrnehmung treten während des zweiten Lebensjahres auf. Zwischen dem 18. und 24. Monat erkennen Kinder ihr eigenes Gesicht und zeigen dieses auch auf Fotos, wenn ihr Name genannt wird. Sollen Kinder sich in ihrem „Selbst" beschreiben, so verstehen sie bis zu einem Alter von etwa 7 Jahren darunter vor allem ihre Aktivitäten und Tätigkeiten sowie körperlichen Eigenschaften. Sie sagen zum Beispiel: „Ich habe blonde Haare. Ich spiele gerne am Computer. Ich habe ganz viel Kraft." Um das achte Lebensjahr herum verändern sich die Beschreibungen zum „Selbst" deutlich. Sie werden weniger konkret und eher „psychologisch" (z.B. „Ich bin oft allein. Ich möchte mehr Freunde haben. In der Klasse mögen sie mich nicht"). Kinder dieses Alters machen sich deutlich mehr Gedanken um die eigenen Fähigkeiten und vergleichen sich mit anderen.

Entwicklungsbedingte Veränderungen in der Fähigkeit, etwas über sich selbst auszusagen, sind bei der Feststellung einer depressiven Störung von Bedeutung. Wo sich bestimmte Fähigkeiten beim Kind noch gar nicht entwickelt haben, können auch keine Fehlentwicklungen festgestellt werden. Aus diesem Grunde finden sich beispielsweise bei jüngeren Kindern auch keine Merkmale für „Gefühle der Wertlosigkeit", obwohl sie typisch für starke depressive Störungen im Erwachsenenalter sind. Erst im Jugendalter können solche Gefühle mit aller Deutlichkeit auftreten (Harrington, 1993).

Jüngere Kinder können die Dauer der jeweiligen Befindlichkeit noch nicht richtig einschätzen

Innerhalb einer klinischen Diagnose ist nicht nur von Bedeutung, welche depressiven Merkmale auftreten, sondern auch, wie lange sie gemeinsam auftreten. So sind Vorschulkinder zwar in der Lage, relativ genau zu erzählen, welche Aktivitäten sie durchgeführt haben, aber vor etwa dem achten Lebensjahr können sie diese Aktivitäten zeitlich nicht entsprechend dem Kalender einordnen. Vor dem achten Lebensjahr haben Kinder deutliche Schwierigkeiten, Dinge in eine zeitliche Abfolge zu bringen. Und erst im Alter von etwa zwölf Jahren sind sie entsprechend entwicklungspsychologischer Erkenntnisse in der Lage, auch die Dauer von Ereignissen angemessen einzuschätzen. Entsprechend kann man beispielsweise nicht erwarten, daß Kinder zwischen dem sechsten und neunten Lebensjahr zur Dauer ihrer depressiven Befindlichkeit oder auch einzelner Symptome wie Traurigkeit, Ängstlichkeit oder Appetitstörungen wirklich richtige Angaben machen können. Sie sind in dem Alter keine zuverlässigen Informanten zu möglichen zurückliegenden depressiven Episoden. Sie können aber durchaus zuverlässige Angaben über aktuelle depressive Symptome machen (Harrington, 1993).

Eltern und Kinder stimmen in ihren Aussagen nicht überein

In zahlreichen Untersuchungen hat sich immer wieder herausgestellt, daß Eltern und betroffene Kinder nicht zu gleichen Aussagen kommen, wenn es um die Einschätzung der depressiven Symptome geht. Eltern können offenbar besser über nach außen hin sichtbare Verhaltensauffälligkeiten ihrer Kinder Auskunft geben, während die betroffenen Kinder zuverlässiger über ihr eigenes inneres Erleben berichten. Solche Ergebnisse sind grundsätzlich nicht sehr verwunderlich. Was daran immer wieder überraschend sein mag, ist die Tatsache, daß Eltern offenbar kaum über die innere, d.h. psychische Befindlichkeit ihrer depressiven Kinder Bescheid wissen. Sie sind in der Regel, so muß man daraus schließen, kein besonderes Gesprächsthema. Entsprechend den Einschätzungen bemerken Eltern die depressive Entwicklung ihres Kindes häufiger auch überhaupt nicht.

Hinter einer Fassade verstecken

Vieles von dem, was sich „im Innern" eines Kindes abspielt, bleibt der Außenwelt verborgen. Vor allem jüngere Kinder drücken ihre innere Befindlichkeit über körperliche Beschwerden, Weinerlichkeit, Schlafprobleme, Angst u. a. aus.

Weitere Aspekte der inneren Welt des depressiven Kindes können über sog. „erschließende Verfahren" (Verhaltensbeobachtung, Spiel, Geschichten, Malen, gezieltes Erfragen u. a.) erfaßt werden. Dabei geht es vor allem um die Erschließung von inneren Aspekten wie Traurigkeit, Einsamkeit, Selbstwertprobleme, negative Gedanken, Hilflosigkeitsgefühle oder auch Hoffnungslosigkeit.

Was ein Erkennen und Einschätzen depressiver Befindlichkeiten auch noch schwer werden läßt, ist die Tatsache, daß sich einzelne depressive Symptome in ihrer Intensität und Stärke nicht ganz unabhängig von der jeweiligen Situation und Person äußern. Zudem sind insbesondere ältere Kinder und Jugendliche mit depressiver Befindlichkeit in der Lage, sich – zum Beispiel auch in der Schule – längere Zeit hinter einer Fassade besonderer Angepaßtheit zu verstecken. Wobei diese aufgezwungene Selbstkontrolle in aller Regel irgendwann unter der Last der Depression zusammenbricht. Nicht selten ist in solchen Fällen auch Medikamentenmißbrauch im Spiel.

Die vorhandene depressive Befindlichkeit wird von Kindern und Jugendlichen unter Umständen auch bewußt heruntergespielt und verharmlost. Sie wollen in solchen Fällen vermeiden, aufzufallen und darüber sprechen zu müssen. Das kann besonders Erwachsene, die sich für die jeweilige Person verantwortlich fühlen, in große psychische Anspannung bringen. Denn hinter jeder depressiven Entwicklung kann auch eine – möglicherweise nicht erkannte – suizidale Entwicklung stehen!

Ein soziales Netzwerk kann die Wahrscheinlichkeit des Erkennens erhöhen

Was kann die Möglichkeiten erhöhen, depressive Störungen bei Kindern und Jugendlichen möglichst frühzeitig zu erkennen? Bei solchen Überlegungen wird immer wieder der Aufbau eines funktionierenden sozialen Netzwerkes genannt. Je stärker Eltern und Kinder in soziale Netzwerke eingebunden sind, je mehr sich auch die Schule um die Kooperation mit dem Elternhaus aktiv bemüht, desto höher sind die Wahrscheinlichkeiten, daß psychische Fehlentwicklungen bei Kindern nicht übersehen, sondern im Gegenteil frühzeitig erkannt werden. In der gesamten pädagogischen und therapeutischen Arbeit mit Kindern gilt die „Früherfassung" als eines der wichtigsten Grundsätze jeglichen Handelns.

Soziales Netzwerk heißt inhaltlich auch, daß über Verhaltensauffälligkeiten, Probleme der Entwicklung und vor allem auch positive Entwicklungsverläufe von Kindern und Jugendlichen miteinander gesprochen wird. Nicht nur bezirkliche Schulpsychologische Beratungsstellen, sondern auch Erziehungsberatungsstellen oder Gemeindezentren können Eltern und Lehrer zu entsprechenden Diskussionsrunden und fachlichen Informationsabenden einladen. Ebenso sollten Lehrerinnen und Lehrer pädagogische und erziehungsrelevante Themen, die auch die psychische Gesundheit der Kinder betreffen, mit in die Elternabende aufnehmen.

Die klinische Diagnose

Das Erkennen depressiver Symptome bzw. einer depressiven Befindlichkeit eines Kindes oder Jugendlichen durch die jeweiligen Bezugspersonen geht einer klinischen Diagnose in der Regel voraus. Zumindest aber ist das Erkennen einer depressiven Befindlichkeit nicht gleichzusetzen mit der Diagnose einer Depression.

Die klinische Diagnose beinhaltet als einen wesentlicher Faktor das Auftreten einer bestimmten Mindestanzahl an depressiven Symptomen innerhalb eines vorgegebenen Zeitraumes. Die einzelnen Symptome eines solchen depressiven „Syndroms" müssen von der Person selber einschätzbar oder von anderen beobachtbar sein. Je jünger Kinder sind, desto mehr wird das Gewicht auf den Aussagen von Eltern und nahen Bezugspersonen liegen müssen. Mit zunehmendem Alter sind Kinder in der Regel in der Lage, auch selber über sich und ihre Befindlichkeit Auskunft zu geben.

Klinische Diagnosen werden von Fachleuten gestellt und beruhen auf einer sorgfältigen Analyse des vorliegenden depressiven Störungsbildes. Dabei werden Eltern, Lehrer und andere wichtige Personen aus dem sozialen Umfeld des Kindes oder Jugendlichen als Informanten herangezogen.

Wird eine Depression klinisch diagnostiziert, so handelt es sich um professionelle Diagnostik, die von entsprechenden Fachleuten (z.B. approbierten Diplompsychologen und Fachärzten wie Neurologen und Psychiatern) nach festgelegten diagnostischen Kriterien und Zuordnungsregeln durchgeführt wird. Depressive Störungen werden vor allem nach dem Grad der Stärke, Ausgeprägtheit und Dauer unterschieden. Eine „leichte", „mittelschwere" oder „schwere" depressive Episode (nach dem Diagnoseschlüssel „ICD-10") kann auch als sog. „Dysthyme Störung" oder „Major Depression" (nach dem Diagnoseschlüssel „DSM-IV") ausgedrückt werden (Rossmann, 1991).

Was eine klinische Diagnose in der Praxis vor allem erschwert, sind die in vielen Fällen zusätzlich zur depressiven Störung auftretenden psychischen Störungen, sei es eine sog. „Aufmerksamkeitsstörung" („ADS"), eine „Angststörung" oder auch Drogenmißbrauch (siehe Teil II).

2. Wie läßt sich helfen?

Was brauchen depressive Kinder und Jugendliche? Bei der Antwort auf diese Frage ist vor allem die unterschiedliche Bedürftigkeit aufgrund der unterschiedlichen Hintergründe zu bedenken.

Paul hat in plötzlicher und unerwarteter Weise seine Mutter verloren. Paul ist mit seinen zehn Jahren über diesen Verlust nicht hinweggekommen. Er ist depressiv geworden. Was Paul eigentlich braucht, ist eine Mutter. Was er darüber hinaus unmittelbar braucht, sind Möglichkeiten, den Schmerz zu überwinden, die Trauer zu bewältigen.

Nina, 15 Jahre alt, braucht hingegen eine verläßliche Unterstützung durch ihre Eltern und mehr Erfolg im schulischen Bereich. Sie braucht Anerkennung und Handlungserfolge, damit ihre Mitschüler sie wieder akzeptieren und nicht ignorieren. Und sie braucht Kompetenzen, wieder positiver zu denken und den ständigen umfassenden Pessimismus zu überwinden. Um dieses zu schaffen, braucht sie Personen, die sie wertschätzen und akzeptieren und ihre Probleme ernst nehmen. Sie braucht, wie auch Paul und all die anderen, vor allem gute soziale Beziehungen.

Emotionale Grundbedürfnisse von Kindern und Jugendlichen

- Liebe und Zuwendung
- Akzeptanz und Respekt
- Begleitung und Unterstützung
- Stabilität
- Elterliche Fürsorge

Sehr häufig fühlen sich depressive Kinder und Jugendliche in den oben genannten emotionalen Grundbedürfnissen zuwenig befriedigt. Sie leiden unter einer Mangelsituation.

Wenn diese Grundbedürfnisse nicht befriedigt werden, wird jede Art der Hilfe und Unterstützung, sei es im Bereich der Beratung, der Therapie oder auch der Prävention, mit hoher Wahrscheinlichkeit langfristig wirkungslos bleiben. Dabei ist es dann keineswegs einfach, festzustellen, ob diese Grundbedürfnisse tatsächlich zufriedenstellend gestillt werden. Hier ist nicht nur das, was Eltern oder Lehrer dazu sehen und einschätzen, von Bedeutung, sondern vor allem, wie das betroffene Kind selbst die Situation wahrnimmt und bewertet. Es geht folglich nicht nur um objektive Gegebenheiten, sondern vor allem auch um subjektive Wahrnehmungen und Urteile.

An anderer Stelle wurde bereits darauf hingewiesen, daß ein Kind oder Erwachsener zwar aus einer depressiven Phase nicht einfach „herauswächst", daß aber depressive Phasen auch ohne therapeutische Einflußnahme wieder zurückgehen können.

Diese sogenannten „Spontanremissionen" („spontane Erholungen") erfolgen relativ häufig, was auch bedeutet, daß viele Jugendliche mit depressiven Störungen leichter bis mittlerer Ausprägung durch ihren Alltag gehen, oftmals unentdeckt und ohne Behandlung. Natürlich gibt es auch Jugendliche, die sich weigern, in eine fachpsychologische Beratung oder Behandlung zu gehen. In der Folge tritt auch hier entweder irgendwann eine „Spontanremission" (mit insgesamt hoher Wiederauftretenswahrscheinlichkeit) ein, oder aber die depressive Symptomatik und die damit einhergehende persönliche Problematik verschärfen sich massiv.

Hiermit wird deutlich, daß die Frage nach möglichen Hilfen aus zwei verschiedenen Blickwinkeln beantwortet werden muß: einerseits aus der Perspektive der Eltern oder Erziehungsberechtigten und auf der anderen Seite aus der Perspektive betroffener Kinder und Jugendlicher. Damit steht die Frage „Was können Eltern tun?" dem Problem „Was können betroffene Kinder und Jugendliche selbst tun, um aus der depressiven Phase herauszukommen?" ergänzend gegenüber. Jeder sieht das Problem aus seiner persönlichen Warte, aus seinem eigenen Erleben und mit seinen eigenen Bewertungen. Die Eltern beurteilen die Probleme ihres depressiven Kindes keineswegs so wie das betroffene Kind selbst (vgl. dazu Rossmann & Pichler-Janisch, 1998).

Während betroffene Kinder und Jugendliche Hilfe zur Bewältigung der depressiven Problematik brauchen, ist es für die betreffenden Eltern in aller Regel hilfreich oder sogar notwendig, neben der Einbindung in die therapeutischen Maßnahmen ihrer Kinder zusätzlich darüber beraten zu werden, was zu Hause in der Familie vielleicht anders als vorher gemacht werden sollte. Dem Wissen, daß die depressiven Entwicklungen der Kinder in der Regel nicht unabhängig von Familie und übrigem sozialen Umfeld zu sehen sind, kann auch auf diese Weise Rechnung zu tragen versucht werden. Das bedeutet, daß eine isolierte, ausschließlich auf das depressive Kind bezogene psychotherapeutische Hilfe ohne Einbeziehung der nächsten Bezugspersonen, zu denen in der Regel auch die jeweiligen Lehrer gehören, möglichst vermieden werden sollte. Es sei denn, es sprechen besondere Gründe dafür.

Die typischen Zielsetzungen einer psychologisch-therapeutischen Behandlung sind in der folgenden Tabelle zusammengefaßt.

Behandlungsziele: Was soll sich durch die Therapie verändern/verbessern? (nach Groen & Petermann, 1998, S. 358)

- Schaffung von Verständnis für die eigene depressive Verstimmung
- Stärkung der Selbstsicherheit
- Abbau negativer depressionsfördernder Bewertungsmuster und Ursachenerklärungen
- Förderung von sozialer Kompetenz
- Stärkung der Problemlösekompetenz
- Reduzierung familiärer Belastungen
- Verbesserung der Kommunikation in Familie und in anderen Sozialbeziehungen
- Strukturierung des Alltags
- Steigerung positiver Erfahrungen und Aktivitäten, Vermittlung von Erfolgserlebnissen

---

Auch die Klinik kann notwendig werden

Für die Mehrzahl depressiver Kinder und Jugendlicher ist ein Klinikaufenthalt nicht notwendig. Nur bei besonders schweren

Depressionen, bei akuter Selbstmordgefahr und bei massiven Problemen zu Hause und in der Schule kann ein Aufenthalt in einer kinder- und jugendpsychiatrischen Klinik notwendig sein. Damit kann sowohl für das Kind als auch für die Familie eine oftmals dringend notwendige Entlastung geschaffen werden. Ein stationärer Aufenthalt sollte allerdings mit dem Kind oder Jugendlichen vorher besprochen werden, um Gefühle einer Bestrafung oder eines Abschiebens von vornherein möglichst nicht aufkommen zu lassen. Vorteile hat ein Klinikaufenthalt vor allem auch dann, wenn sowohl eine kontrollierte medikamentöse als auch intensive psychotherapeutische Behandlung notwendig wird. Über die Aufnahme in eine Klinik entscheidet immer der zuständige Facharzt bzw. die Klinik selbst.

Professionelle Hilfe in Anspruch nehmen

- Jede Art des Eingreifens in eine depressive Problemlage sollte auf der Basis guter Informiertheit geschehen und nicht einfach im Sinne eines schnellen Griffs zum „Rezeptbuch" durchgeführt werden. Das Risiko, durch falsches Handeln die depressive Problemlage noch zu verschärfen, ist unter Umständen groß.
- Eltern oder auch betroffene ältere Jugendliche selbst sollten sich bei Vorliegen einer depressiven Problematik nicht scheuen, eine professionelle Beratung aufzusuchen. Im Rahmen eines solchen Beratungsgesprächs werden weitere notwendige Schritte geklärt werden können.
- Wie Praxiserfahrungen zeigen, können sich aus leichteren, häufig auftretenden depressiven Verstimmungszuständen unerwartet schnell auch schwerere depressive Störungen mit klinischem Charakter entwickeln. Das Risiko einer solchen Entwicklung steigt mit Beginn des Jugendalters besonders für Mädchen deutlich an. In Fällen, wo massive Selbstmordgedanken oder auch sog. „Ritzen" oder „Schneiden" immer wieder am Arm eines Jugendlichen bemerkt werden, sollte unmittelbar Kontakt zu einer kinder- und jugendpsychiatrischen Ambulanz einer Klinik oder einer Einrichtung für suizidgefährdete Kinder und Jugendliche aufgenommen werden. Hier muß der Grundsatz gelten: lieber früh als zu spät Beratung und Hilfe suchen.

- Die Durchführung einer medizinischen Untersuchung empfiehlt sich auf jeden Fall, um eventuelle körperliche Erkrankungen, die ebenfalls zu Depressionssymptomen führen können, ausschließen zu können.
- Es stehen in jeder Stadt unterschiedliche Beratungseinrichtungen, private psychotherapeutische Praxen, staatliche Schulpsychologische Beratungsstellen, Kinder- und Jugendpsychiatrische Ambulanzen, staatliche Familien- und Erziehungsberatungsstellen sowie spezialisierte Einrichtungen als mögliche Ansprechpartner und Angebotsträger für Hilfen zur Verfügung (siehe dazu Anhang). Dabei ist zum Teil keine besondere ärztliche Überweisung erforderlich. In besonders akuten Fällen kann sofort ein Krisendienst in der Kinder- und Jugendpsychiatrischen Klinik in Anspruch genommen werden. Über eine endgültige stationäre Aufnahme entscheidet immer das Krankenhaus bzw. der ärztliche Fachdienst.

Die psychologisch-therapeutische Hilfe ist auch eine Sache des Vertrauens. Im Anhang finden sich diesbezüglich weiterführende Adressen (auch Internet-Adressen). Informationen über die Kosten und Finanzierung einer psychologischen Psychotherapie sollten unbedingt eingeholt werden. In Deutschland, der Schweiz und seit kurzem auch in Österreich gibt es auch Psychotherapie auf Krankenschein (abgesehen von einem gewissen Prozentsatz an Eigenleistung).

Wenn Jugendliche Hilfe verweigern

Jeder noch so gut durchdachte therapeutische Handlungsplan kann scheitern. Vor allem dann, wenn die Hilfe vom Kind oder Jugendlichen gar nicht gewollt und angenommen wird. Das Problem der Verweigerung von Hilfen auf allen professionellen Ebenen ist vor allem im Umgang mit Jugendlichen bekannt. Jugendliche lassen sich aufgrund ihres Alters generell nicht gerne in ihre täglichen Handlungspläne und Vorhaben hineinreden, sie lassen sich auch nicht gerne belehren. Hier ist vor allem ein „am Ball bleiben", ein „nicht aus dem Auge verlieren" auf seiten der Berater gefordert. Anders sieht die Situation aus, wenn eine begonnene psychologische Therapie nach wenigen Sitzungen abgebrochen wird. In solchen Situationen sollten vor allem die Eltern versuchen, Einfluß zu nehmen. Ein klärendes Gespräch mit dem jeweiligen Therapeuten wäre in jedem Falle anzuraten. Darüber hinaus ist die Verweigerung auch für den Therapeuten bzw. die Therapeutin eine Information darüber, daß der Aufbau einer therapeutischen Beziehung offenbar nicht greift oder aber für den Betroffenen zu lange dauert.

3. Psychologisch-therapeutische Behandlungsansätze

Es gibt eine Vielzahl möglicher psychologisch-therapeutischer Ansätze und Verfahren in der psychotherapeutischen Arbeit mit Kindern und Jugendlichen. Die hier vorgestellte Auswahl konzentriert sich auf Verfahren, die sich im Rahmen der Behandlung von Depressionen im Kindes- und Jugendalter bewährt haben.

Entsprechend der Symptomatik depressiver Störungen geht es dabei vor allem um
- selbstkontrollierten Umgang mit den eigenen Gefühlen,
- verbessertes Selbstbewußtsein und Selbstwerterleben,
- Abbau von negativem Denken und pessimistischer Grundhaltung,
- Abbau suizidalen Denkens und Handelns,
- Erhöhung sozialer Kompetenzen und soziale Integration,
- verbessertes Problemlöseverhalten,
- Zurückgewinnung der Freude an Aktivitäten, die früher Spaß gemacht haben,
- Abbau von Verhaltensauffälligkeiten in der Schule,
- Aufbau von Motivation und Leistungsbereitschaft (Schule, Familie, Beruf),
- Abbau körperlicher Beschwerden.

Die Verhaltenstherapie und Familientherapie gehören zu den Standardverfahren (Essau, Petermann & Conradt, 1999). Aber auch Spieltherapie und psychoanalytisch-tiefenpsychologisch orientierte Therapien kommen zum Einsatz.

Zur Wirksamkeit der einzelnen Verfahren liegen insgesamt noch zuwenig Studien vor. Das gilt im besonderen Maße für Therapien mit depressiven Kindern. Durch kontrollierte Wirksamkeitsstudien gut belegt sind vor allem die Erfolge der kognitiven Verhaltenstherapie. Deren Wirksamkeit geht zumindest noch weit über das Therapieende hinaus (vgl. ausführlicher Reicher, 1998; Weisz et al., 1999). Aber auch Spieltherapie und Familientherapie können als wirksame Therapieverfahren angesehen werden.

Welche Form der Therapie in welchem Umfang im jeweiligen Einzelfall durchgeführt wird, hängt neben der speziellen depressiven Problematik immer auch vom Alter und Entwicklungsstand des Kindes sowie der Bereitschaft der Eltern zur Mitarbeit ab.

Jeder psychotherapeutischen Behandlung geht ein erster diagnostischer Prozeß voraus. Ohne deren Ergebnisse ließe sich kein erster Behandlungsplan aufstellen. Darüber hinaus findet eine therapiebegleitende Diagnostik statt, die gleichzeitig auch die laufenden Behandlungserfolge festhält. Bestimmte Inhalte, die in den einzelnen therapeutischen Sitzungen mit dem Kind, dem Jugendlichen oder auch den Eltern bzw. der gesamten Familie gemeinsam erarbeitet oder eingeübt werden, sollen in der Regel unmittelbar im Alltag über sogenannte „Hausaufgaben" angewendet und geübt werden.

In besonders schweren Fällen findet neben der psychotherapeutischen eine medikamentöse Behandlung statt.

Wenn im folgenden die einzelnen therapeutischen Verfahren getrennt voneinander aufgeführt werden, so soll damit nicht der Eindruck erweckt werden, als hätten sie nichts miteinander zu tun, im Gegenteil. In der konkreten psychologisch-therapeutischen Praxis werden verschiedene Verfahren aus unterschiedlichen therapeutischen Ansätzen in der Regel kombiniert und zu einem „Behandlungspaket zusammengeschnürt", das den jeweiligen Bedürfnissen und Notwendigkeiten des einzelnen Kindes oder Jugendlichen möglichst weitgehend entspricht. In der Konsequenz bedeutet das beispielsweise, daß nicht nur übende Verfahren zur Vermittlung oder Verbesserung bestimmter Fertigkeiten eingesetzt werden, sondern auch an einer Veränderung der negativen Sichtweisen und Gedanken des Jugendlichen gearbeitet wird und zudem regelmäßig Sitzungen mit der gesamten Familie stattfinden.

Kognitive Verhaltenstherapie

Vor allem die kognitive Verhaltenstherapie hat ihre Wirksamkeit auch wissenschaftlich unter Beweis stellen können. Sie gehört heute zu den wirksamsten Therapiemethoden hinsichtlich depressiver Störungen im Kindes- und Jugendalter. Im Rahmen dieses Ansatzes wird einerseits versucht, ungünstige Denk- und Einstellungsmuster zu verändern (z. B. „Ich schaffe es nicht!", „Jeder muß mich gern haben!"); zum anderen sollen fehlangepaßte depressionsfördernde Verhaltensweisen (z. B. sich immer zu Hause zurückziehen) abgebaut werden.

Kognitiv-verhaltenstherapeutische Interventionen		
Behandlungsansatz	**Ziele**	**Therapieelemente**
• Kognitives Umstrukturieren	Ungünstige Denkschemata verändern	Gedankenprotokolle, gelenktes Fragen, Hausaufgaben
• Selbstkontroll-therapie	Selbstbewertung und -verstärkung verbessern	Selbstbeobachtung, -bewertung und -belohnung
• Aktivitätspläne	Stimmungsaufhellende Aktivitäten steigern	Systematische Aufzeichnung von Aktivitäten
• Training sozialer Fertigkeiten	Soziale Geschicklichkeit verbessern	Modellernen, Rollenspiele, Rückmeldungen
• Entspannungs-training	Spannung und Angst reduzieren	Progressive Muskelentspannung, Autogenes Training
• Problemlöse-training	Problemlösefähigkeiten verbessern, Gefühl der Kontrollierbarkeit aufbauen	Anleitung und Übung bei der Identifikation von Problemen, verschiedene Lösungen suchen, die beste auswählen

Abgestimmt auf die individuelle Situation des Kindes oder Jugendlichen werden unterschiedliche Therapiebausteine kombiniert, um vorhandene Probleme wie beispielsweise zu geringe Ausübung angenehmer Aktivitäten, sozialer Rückzug aus dem Freundeskreis u.a. zu verringern. Dazu können vor allem Selbstkontrolltherapie, Problemlöse- und Sozialtraining sowie Entspannungsverfahren eingesetzt werden.

Elemente in der kognitiven Verhaltenstherapie depressiver Störungen bei Kindern und Jugendlichen

- Gefühle verstehen lernen (Emotionale Erziehung)
- Veränderung der depressiv machenden Gedanken
- Veränderung von ungünstigen Verhaltensweisen (Passivität)
- Training sozialer Fertigkeiten
- Einsatz von Entspannungstechniken
- Förderung von Selbstkontrolle
- Problemlösetraining

Was heißt: Gefühle verstehen lernen (Emotionale Erziehung)?

Depressive Kinder und Jugendliche sind oftmals von ihren negativen Gefühlen wie Traurigkeit, Gereiztheit, Ärger und Unlust überwältigt. Um die eigene innere Welt der Gefühle überhaupt besser verstehen zu können, ist es wichtig, über die Bedeutung der Emotionen Bescheid zu wissen und die Zusammenhänge zwischen Stimmung, Gedanken und Verhalten zu durchschauen.

Für diesen Bereich der affektiven Erziehung hat Stark (1990) in seinem schulbezogenen Behandlungsprogramm für Kinder einige recht interessante Variationen eines Kartenspiels eingesetzt. Das Material besteht aus Spielkarten, auf denen Begriffe stehen, die Gefühle beschreiben (z.B. traurig, stolz, enttäuscht, verwirrt). Kinder sollen diese verschiedenen Emotionen beschreiben und eine Situation nennen, in der sie sich selbst so gefühlt haben. In einem weiteren Schritt werden Beziehungen zwischen Emotion, Gedanken und Verhalten hergestellt (Was denkt eine Person, die sich traurig fühlt? Wie verhält sie sich?). Oder das Kind soll ein Gefühl pantomimisch oder mit Hilfe des Gesichts- und Körperausdruckes eines anderen Kindes darstellen. Im

Jugendalter kann mit abstrakteren Materialien gearbeitet werden, um die emotionale Variabilität zu veranschaulichen: Das Zeichnen von Stimmungskurven, die Einschätzung der eigenen Gefühle auf einem „Gefühlsthermometer" oder die Aufteilung verschiedener Gefühle auf einen „Gefühlskuchen" wären hier zu nennen.

Was heißt: Veränderung von depressiv machenden Gedanken?

Ein Hauptmerkmal von Depressionen sind (nach Beck u.a.) die negativen Gedanken über sich selbst („Ich habe versagt"), die anderen im sozialen Umfeld („Sie mögen mich nicht!") und die eigene Zukunft („Es ist sinnlos, ich schaffe es nicht"). Diese pessimistische Denkstruktur und die depressogene Wahrnehmung und Interpretation von Ereignissen und Vorgängen beeinträchtigen die tägliche Befindlichkeit und das Verhalten.

Therapeutisches Ziel ist es unter anderem zu erkennen, daß der erlebte emotionale Streß eine Folge des negativen Denkstils ist und daß man diesen Denkstil zu verändern lernen kann.

Die grundsätzliche Bedeutung der Gedanken für die emotionale Befindlichkeit kann Kindern beispielsweise anhand von Geschichten vermittelt werden. Zur Veranschaulichung der Macht von Gedanken und Vorstellungen für jüngere Kinder eignen sich etwa die Märchen „Das häßliche Entlein" oder „Des Kaisers neue Kleider".

Das Kind soll in der Therapie lernen, zwischen verschiedenen Gefühlen zu unterscheiden und den Zusammenhang zwischen Gefühlen und bestimmten Gedanken zu erkennen. Welche Denkfehler die Kinder haben, kann dabei mit Hilfe von sog. „Gedankentabellen" herausgefunden werden: Ältere Kinder und Jugendliche sollen sich laufend selbst beobachten und ihre Gedanken und Gefühle in bestimmten Situationen aufschreiben.

Die „Gedankenprotokolle" werden mit dem Therapeuten besprochen und in die weiteren Therapieschritte eingebaut. Die Kinder schlüpfen dabei in die Rolle eines sog. „Gedanken-Detektivs", in der sie ihren depressionsfördernden Gedanken „auf die Spur kommen" sollen. Die Gedanken sollen anhand folgender Fragen bewertet werden: „Was ist der Beweis? Was wären alternative Erklärungen? Was wäre, wenn es wirklich so wäre?" Auch fehlerhafte Ursachenzuschreibungen sollen erkannt und verändert werden.

Beispiel für eine „Gedankentabelle"		
Situation	Gefühl (0–10)	Gedanken
Komme am Morgen zu spät in die Schule	verärgert (3)	„Mein Tag ist ruiniert."
Schlechte Note auf eine Klausur	traurig (7)	„Ich bin so dumm, deshalb brauche ich so lange."
Streit mit Freundin	wütend (6)	„Sie mag mich nicht mehr."

Was heißt: Planen angenehmer Aktivitäten?

Das Fehlen von positiven Erfahrungen und Erfolgserlebnissen kann an der Entstehung und Aufrechterhaltung einer Depression mit verantwortlich sein. Im Laufe der Therapie sollen Verhaltensweisen aufgebaut werden, die positive Gefühle hervorrufen und auf die andere Menschen positiv reagieren. Dieses kann über verschiedene Wege erfolgen: z.B. durch Aktivitätspläne, Strukturieren des Tagesablaufes und Training sozialer Fertigkeiten.

Das Strukturieren des Tagesablaufs hat zum Ziel, das Aktivitätsniveau zu heben. Untersuchungen können einen Zusammenhang zwischen Befindlichkeit und Aktivitätsrate belegen. Depressive Kinder sind wenig aktiv, sie sind in geringem Maße mit positiven Tätigkeiten, dafür vorwiegend mit negativen, unangenehmen Aktivitäten befaßt.

Aktivitätspläne: Die Arbeit mit sog. Aktivitätsplänen beinhaltet ein kontrolliertes Ausführen von Aktivitäten in der Hoffnung, daß es dem depressiven Kind oder Jugendlichen irgendwann auch ohne Plan wieder Spaß macht, etwas zu unternehmen.

Was heißt: Training sozialer Fertigkeiten?

Die sozialen Beziehungen sind bei vielen depressiven Kindern und Jugendlichen belastet. Sie verfügen nicht über die sozialen Fertigkeiten, gute soziale Beziehungen aufzubauen oder aufrechtzuerhalten. Damit geraten sie nicht nur in eine Außenseiterposition, sondern ihnen gehen auch attraktive positive Verstärker (Zuwendung, Lob, Einladungen) verloren. Depressive Kinder und Jugendliche haben Schwierigkeiten, ihre Wünsche klar zu äußern; sie können nicht selbstsicher auftreten und verhalten sich oft passiv oder auch feindselig. Sie sind sozial unsicher und ungeschickt und verlieren den Kontakt zu anderen.

Beispiele für sozial kompetentes Verhalten
(Pfingsten & Hinsch, 1991)

- Nein-Sagen
- Auf Kritik reagieren
- Sich entschuldigen
- Gespräche beginnen, aufrechterhalten und beenden
- Komplimente machen und akzeptieren
- Um einen Gefallen bitten
- Auf Kontaktangebote reagieren
- Wünsche und Forderungen äußern

Zu den wichtigsten Methoden, die in diesen Trainingsprogrammen zum Einsatz kommen, gehören u. a. die Verhaltensübung, das Lernen am Modell und Rollenspiele (Petermann & Petermann, 1996). Wenn in einer Gruppe mit anderen Jugendlichen gearbeitet wird, hat das gegenüber der Einzeltherapie den Vorteil, daß die Gleichaltrigengruppe gleich als „Übungsfeld" dienen kann. Mit Hilfe von Rollenspielen soll das Verhaltensrepertoire erweitert und verändert werden. Im Kontakt mit unterschiedlich vertrauten Personen (Familienmitgliedern, Freunden, Fremden) wird sozial sicheres und kompetentes Verhalten eingeübt. Dabei werden vor allem folgende Komponenten trainiert:
- Soziale Fertigkeiten und Reaktionsmöglichkeiten;
- Soziale Wahrnehmung: Bedeutung einer Situation, Folgen des sozialen Handelns erkennen;
- Neue Verhaltensfertigkeiten in verschiedenen Alltagssituationen einüben;
- Realistische Bewertung des eigenen Verhaltens und Selbstbelohnung (Selbstverstärkung).

Ziel des Programms ist die Sensibilisierung für eigene Gedanken und Gefühle in sozialen Situationen, der Erwerb von sozialen

Fertigkeiten sowie die Ausbildung von Problemlösekompetenzen für belastende Situationen.

Was heißt: Entspannung?

Innere Belastung, wie sie durch Depressionen hervorgerufen wird, erzeugt psychische und auch körperliche Anspannung. Vor allem bei depressiven Kindern mit einer zusätzlichen Angststörung empfiehlt sich der Einsatz von Entspannungstechniken (z.B. Progressive Muskelentspannung, Autogenes Training). Autogenes Training kann bereits ab dem Alter von 8 Jahren eingesetzt werden, wenn die Übungsformeln sprachlich angepaßt werden. Gut behandeln lassen sich mit dieser Methode Symptome wie Konzentrationsstörungen, Hemmungen, Angst und Schlafstörungen. Zusätzlich kann Entspannung aber auch durch anstrengende Aktivitäten wie Sport erreicht werden.

Einzelne Entspannungselemente (bestimmte Geschichten, Gedankenreise, Entspannungsmusik, Ruherituale) lassen sich gut in den Alltag des Kindes einbauen.

Was heißt: Selbstkontrolle?

Die ausgeprägt negativen handlungsbegleitenden Gefühle bei depressiven Kindern und Jugendlichen („Ich kann das nicht", „Das schaffe ich nie") sollen mit Hilfe von positiven Selbstanweisungen („Ich versuche es" – „Ich werde es schaffen") verändert werden. Dabei steht die Veränderung ungünstiger Selbstkontrollprozesse im Mittelpunkt. Kindgemäße Materialien wie Karten, Cartoons etc. kommen dabei zum Einsatz. Wesentliche Elemente sind die Selbstbeobachtung, Selbstbewertung und Selbstverstärkung.

Veränderung von Selbstkontrollprozessen

- Selbstbeobachtung: Veränderung von Wahrnehmungs- und Erinnerungsgewohnheiten
- Selbstbewertung: Erstellen von angemessenen Verhaltenszielen, entsprechende Selbstbeurteilung, Veränderung verzerrter Zuschreibungen
- Selbstverstärkung: Erstellung und Anwendung von Selbstbelohnungsplänen (materieller und verbaler Art)

Was heißt: Problemlösetraining?

Viele depressive Kinder und Jugendliche haben deutliche Schwierigkeiten beim Lösen von Problemen. Ihnen mangelt es oft an grundlegenden Strategien. Im Rahmen eines Problemlösetrainings soll das möglichst ausgeglichen werden.

Das Erkennen und Benennen des Problems bildet den Ausgangspunkt. Depressive Kinder und Jugendliche sehen durch die Existenz eines Problems häufig ihren Selbstwert gefährdet. Sie fühlen sich schuldig oder bedroht und sind ohne Hoffnung. Ihnen mangelt es an Energie und Belastbarkeit, und sie fühlen sich körperlich oft schlapp – insgesamt schlechte Voraussetzungen für das Lösen von Problemen.

Sich emotional auf die Probleme einzustellen wäre der nächste Schritt. Das Finden mehrerer Lösungsmöglichkeiten zu einem Problem ist für depressive Kinder besonders schwierig. Denn Lösungen finden heißt, positiv zu denken, und depressive Kinder und Jugendliche denken eher negativ. So fällt ihnen meistens auch mehr dazu ein, wie das Problem nicht zu lösen ist. Hier muß der Therapeut korrigierend eingreifen, ebenso wie auch in bezug auf den Pessimismus bei der Beurteilung des eigenen Lösungserfolgs.

Was kann Problemlösetraining (nach Nezu, Nezu & Perri, 1989) insgesamt bewirken? Depressiven Kindern und Jugendlichen wird geholfen, vergangene Alltagssituationen zu erkennen, die zu den depressiven Episoden geführt haben. Die negativen Auswirkungen depressiver Symptome auf gegenwärtiges und zukünftiges Verhalten sollen reduziert werden. Sie sollen in die Lage versetzt werden, über die Anwendung problemlösungsorientierten Handelns die Alltagsprobleme wirksamer zu lösen und auch mit zukünftigen Problemen besser umzugehen.

Spieltherapie

Die Spieltherapie als eine psychologisch orientierte Behandlungsmethode für Kinder ab einem Alter von 3 Jahren (bis zum Alter von etwa 12 Jahren) verfolgt vor allem zwei Ziele (Schmidtchen, 1999): zum einen die Förderung von seelischen Entwicklungsprozessen, zum anderen die Heilung von psychischen Problemen. Die Spieltherapie bietet dem Kind die Möglichkeit, Gefühle und

Konflikte, Sorgen und Probleme durch selbstgewählte Spiele „auszuleben". Die Wahl der Materialien, des Themas und der Spielablauf sind dem Kind überlassen. Der Therapeut fungiert als kompetenter Spielbegleiter.

• Spieltherapie	Anhand von Spielmaterialien werden innere Konflikte, Gefühle, Phantasien und Beziehungen ausgedrückt	Spielhandlungen des Kindes werden interpretiert.

Die sichere, heilungs- und entwicklungsfördernde Umgebung in der Therapie soll dem depressiven Kind ermöglichen, belastende Emotionen und entwicklungshemmende Erfahrungen spielerisch auszuleben. Das Kind wählt Spielzeug und Spielthemen frei aus, der Therapeut begleitet den Prozeß des Spiels inhaltlich. Spieltherapie kann folgende emotionalen Veränderungen beim Kind in Gang setzen (nach Schmidtchen, 1999):

- Tieferes und differenzierteres Erleben angenehmer und unangenehmer Gefühle;
- Zunahme angenehmerer und Abnahme unangenehmer Gefühle;
- Verbesserung der Stimmung in Richtung auf mehr Spaß;
- Bewältigung von belastenden Erfahrungen durch das Ausleben von Wut, Angst und Trauer;
- Abnahme von emotionaler Labilität und depressiver Verstimmtheit.

Spielen zeichnet sich u. a. durch die von innen kommende Motivation aus, durch das Vorherrschen angenehmer Gefühle (Lachen, Freude), durch extreme Vertiefung in eine Sache und durch kreative und originelle Handlungen oder Bedeutungszuschreibungen (sog. „Als-ob-Spiele"). Nicht selten weisen insbesondere depressive Kinder eine Spielhemmung auf. Sie können nicht spielen. Entwicklungspsychologisch gesehen, übernimmt das Spiel Aufgaben der Lebensbewältigung, und zwar zu einem Zeitpunkt, da andere Techniken und Möglichkeiten noch nicht zur Verfügung stehen. Bei depressiven Kindern, so die Argumentation, ist der Zugang zu ihrer elementaren kindlichen Erfahrungswelt verschüttet. In der behutsamen Therapiesituation können wieder Zugänge zu dieser vitalen Komponente einer gesunden Selbstentwicklung ermöglicht werden. In Kombination mit einer begleitenden Familientherapie stellt die Spieltherapie ein wirksames Behandlungsverfahren dar. Eltern können z.B. lernen, sich in Ruhe (gemeinsam) auf ein Spiel einzulassen. Das Spiel kann eine gute Möglichkeit des Zugangs zur inneren Welt des Kindes darstellen. Ebenso könnten auch Lehrer und Erzieher das Spiel gezielt zur emotionalen Entlastung und zum Aufbau von positiven sozialen Beziehungen nutzen.

Psychoanalytische Therapie

In Abhängigkeit von der theoretischen Ausrichtung des Therapeuten finden sich im Bereich der *psychoanalytisch-tiefenpsychologischen Ansätze* unterschiedliche Akzente und Vorgehensweisen. Gemeinsam ist diesen Ansätzen die Bearbeitung der Bindung des betroffenen Kindes zu seinen engen Bezugspersonen sowie damit verknüpfte Gefühle wie Wut, Aggression, Trauer (nach Trennungen), Selbstwertverletzungen, Minderwertigkeit und Schuld. Daneben geht es um die Bearbeitung der sog. Übertragungsbeziehung (zum Therapeuten).

Behandlungsansatz	Ziele	Techniken
• Psychoanalytische Therapie	Ungünstige Beziehungen ändern, Einsicht in die Gründe der Depression verbessern	Innere Konflikte und persönliche Themen aufdecken, Übertragung bearbeiten

Der Therapeut muß im therapeutischen Kontakt versuchen, das Kind durch Interesse und das „Angebot eines lebendigen Dialogs" aus dem inneren Rückzug zu holen (Bürgin, 1999).

Psychodynamische Ansätze beruhen im wesentlichen auf dem Anbieten einer sicheren Umgebung und einer Stützung des Selbstwertgefühls des Kindes.

Zusammenarbeit mit der Familie

Da sich eine Depression im Kontext sozialer und familiärer Umstände entwickelt, erscheint es sinnvoll, sich um diese Umstände zu kümmern und sie verändern zu helfen. Die Kontakte mit den

Eltern sind wesentlich, um die Behandlung des Kindes zu ergänzen und zu unterstützen. Im Informationsaustausch zwischen den Eltern und dem Therapeuten soll erreicht werden, daß sie die therapeutische Arbeit verstehen, akzeptieren und mittragen. Je mehr sie über die Depression wissen, um so besser können sie das Kind verstehen und mit seinen Problemen umgehen. In den meisten Therapieprogrammen werden die Familienmitglieder zur Unterstützung in die therapeutische Arbeit einbezogen, beispielsweise was die Erledigung von „therapeutischen Hausaufgaben" betrifft oder die Realisierung von sog. „Aktivitätsplänen".

Befindet sich in einer Familie ein depressives Kind, so leidet nicht nur das Kind selbst, sondern auch die gesamte Familie. Das gesamte Familienleben wird dadurch verändert. Wie können Eltern ihr Kind bei der Bewältigung psychischer Probleme unterstützen? Wie sollen sie auf bestimmte Verhaltensweisen reagieren? Konkrete Fragen wie diese werden im Rahmen der Zusammenarbeit bearbeitet. Die Eltern sollen befähigt werden, die psychischen Probleme ihres Kindes besser zu verstehen. Beziehungsmuster sollen erkannt und verändert werden (wenn z.B. durch das Verhalten der Eltern die depressive Symptomatik verstärkt wird). Insgesamt steht die konkrete Hilfe bei der Problembewältigung im Alltag im Vordergrund.

Wichtige Themen in der Arbeit mit Familien (nach Stark, 1990)

- Positives Verhaltensmanagement
- Selbstwerterhöhung des Kindes
- Disziplinierungsmaßnahmen
- Empathisches Zuhören
- Umgang mit Ärger
- Freizeitgestaltung
- Psychosoziale Unterstützung

Familientherapie

In manchen Familien mit depressiven Kindern oder Jugendlichen bestehen massive Beziehungsprobleme. Wo diese konfliktreichen und unbefriedigenden familiären Beziehungen bearbeitet werden sollen und nicht nur isoliert die psychischen Probleme des einzelnen Kindes, wird in der Regel eine Familientherapie durchgeführt.

Familienbezogene Interventionen		
Behandlungsansatz	**Ziele**	**Techniken**
• Familientherapie	Ungünstige Familienbeziehungen ändern	Kommunikation verbessern, Konflikte bearbeiten
• Familienintervention	Familienbeziehungen verbessern	Psychosoziale Belastungen erkennen und reduzieren,

Familientherapie zeichnet sich dadurch aus, daß der Schwerpunkt der Behandlung auf einer Veränderung der familiären Beziehungen liegt. Familientherapeutische Arbeitsformen zählen heute zu den anerkannten Behandlungsverfahren, die bei einer Vielzahl von psychischen Störungen im Kindes- und Jugendalter genutzt werden.

Um das Verhalten und Erleben eines Kindes verstehen zu können, ist es notwendig, seine Lebensumstände und die Verhaltens- und Erlebensformen seiner wichtigsten Bezugspersonen kennenzulernen.

Ziele der Familientherapie

- Klärung der Beziehungskonflikte
- Änderung ungünstiger Beziehungsmuster
- Aufbau positiver Kommunikation
- Entwicklung neuer Beziehungsformen
- Neue Entwicklungsmöglichkeiten für die Familienmitglieder

Psychische Störungen von Kindern können auch auf eine Problematik im Beziehungsgefüge der Familie hinweisen. Manchmal werden Symptome durch die Art der Familienbeziehungen verstärkt. Das heißt allerdings nicht, daß psychische Störungen von Kindern und Jugendlichen zwangsläufig durch die Familie verursacht werden.

Interpersonelle Psychotherapie

Als vielversprechende Neuentwicklung aus den USA, die mit hoher Wahrscheinlichkeit in Zukunft auch in den deutschsprachigen Ländern verstärkt angeboten werden wird, gilt auch der Ansatz der sogenannten „Interpersonellen Psychotherapie".

• **Interpersonelle Psychotherapie**	Soziale Beziehungen verbessern oder aufbauen	Beziehungsprobleme bearbeiten, soziale und kommunikative Fertigkeiten verbessern

Wie die Bezeichnung schon sagt, wird in diesem Ansatz den zwischenmenschlichen Beziehungen besonderes Gewicht beigemessen. Es wird davon ausgegangen, daß die sozialen Beziehungen des Depressiven zu den wichtigsten Bezugspersonen sowohl den Ausbruch der Störung als auch das Ansprechen auf eine psychotherapeutische Behandlung und den Behandlungserfolg entscheidend beeinflussen.

Die zeitlich begrenzte Behandlung kommt insbesondere den speziellen Bedürfnissen Jugendlicher entgegen, die oftmals Schwierigkeiten haben, eine Behandlung abzuschließen. Der Schwerpunkt liegt auf der therapeutischen Bearbeitung aktueller und zukunftsorientierter Probleme, nicht auf der Aufarbeitung von Vergangenem. Man könnte vermuten, daß diese Art der Hilfe besonders gut für eine Altersphase wie das Jugendalter paßt, in der sehr zukunftsorientiert gedacht und gehandelt werden muß und entscheidende Weichenstellungen hinsichtlich der schulischen und beruflichen Laufbahn anstehen (Mufson, Moreau, Weissman & Klerman, 1993). Therapeutische Vorgehensweisen in der IPT-A basieren auf den Elementen

- Information,
- Klären von Gefühlen und Erwartungen,
- Entwicklung kommunikativer Fertigkeiten und
- Rollenspiele.

Psychosoziale Problembereiche (Trauer, interpersonelle Rollenkonflikte, Rollenveränderungen, interpersonelle Defizite oder Einzelerzieherfamilie) werden mit der depressiven Symptomatik in Beziehung gesetzt und im Rahmen der Therapie bearbeitet.

4. Medikamentöse Behandlung

Wann werden Medikamente eingesetzt?

Grundsätzlich besteht in Fachkreisen kein Zweifel darüber, daß bei Kindern und Jugendlichen eine medikamentöse Behandlung (mit sogenannten Antidepressiva) nur in schweren Fällen und nur gleichzeitig mit stützenden und ergänzenden psychosozial-psychologischen Maßnahmen in Frage kommt. Antidepressiva dürfen ohnehin nur von einem Facharzt nach einer eingehenden körperlichen Untersuchung verschrieben werden.

Wie wirken Antidepressiva?

Im Rahmen der Ausführungen zu möglichen Ursachen von Depressionen wurden auch genetische, neurobiologische und biochemische Faktoren als mögliche biologische Risikofaktoren beschrieben. Der biochemische Erklärungsansatz geht davon aus, daß in manchen Fällen ein Ungleichgewicht der Botenstoffe im Gehirn, der sog. Neurotransmitter, für die Depressionsentstehung mitverantwortlich sein kann. Antidepressiva greifen in diesen Gehirnstoffwechsel ein; sie erhöhen die Konzentration bestimmter Botenstoffe (namentlich sind dies Serotonin und Noradrenalin) durch unterschiedliche Wirkmechanismen.

Dosis, Wirkungsbeginn und Nebenwirkungen sind von Kind zu Kind unterschiedlich. Ein Ansprechen auf die Medikation in gewünschter Richtung erfolgt in aller Regel erst nach 8 bis 10 Wochen, d. h., daß erst nach ca. 2 Monaten eine Besserung eintreten kann. Bei Erwachsenen erfolgt dieser Wirkungsbeginn bereits 3 bis 6 Wochen nach Beginn der Einnahme, also deutlich früher. Reine Depressionen scheinen auf die Behandlung mit Antidepressiva besser anzusprechen als depressive Mischformen, d. h. Depressionen, die gemeinsam mit anderen Störungen auftreten. Dieses aber ist bei Kindern und Jugendlichen in drei Viertel aller Fälle gegeben.

Wichtig ist, daß mit dem behandelnden Arzt die Wirkungen und kurz- und langfristigen Nebenwirkungen, d. h. die Vor- und Nachteile einer medikamentösen Einstellung, genau besprochen werden. Unklarheiten oder Bedenken der Eltern gegen eine medi-

kamentöse Behandlung sollten möglichst offen geäußert werden.
Auch dem betroffenen Kind sollte altersgemäß Sinn und Zweck
der Medikation erklärt werden. In manchen Fällen sind begleiten-
de Blutuntersuchungen, EKG-Untersuchung u. a. notwendig.

Antidepressiva und ihre Wirkungsmechanismen

- Trizyklische Antidepressiva TCA (z. B. Amitryptilin, Imipramin,
  Clomipramin; Handelsnamen Saroten, Tofranil, Anafranil):
  TCA sind nach einer dreikettigen Verbindung ihrer chemischen
  Struktur benannt.
- MAO-Hemmer (z. B. Moclebomid/Aurorix): Die Abkürzung MAO
  steht für Monoamin-Oxydase-Hemmer; der Abbau von Boten-
  stoffen wird damit gehemmt.
- Serotonin-Wiederaufnahme-Hemmer SSRI (Selektive Serotonin-
  Reuptake-Hemmer wie z. B. Fluoxetin/Fluctin, Sertralin/Zoloft)
  gehören zu der neuen Generation der Antidepressiva.
  Ihre Wirkung besteht in einer Hemmung der Wiederaufnahme
  des Serotonins, was zu einer erhöhten Konzentration dieses
  Botenstoffes führt. SSRI sind derzeit nur in den USA zugelassen,
  nicht in Deutschland, Österreich und der Schweiz. Allerdings
  dürfte dies eine Frage der Zeit sein.
- Zur Gruppe anderer Wirkmechanismen gehört z. B. Lithium.
  Lithium ist ein Salz, das zur Behandlung manisch-depressiver
  Störungsbilder eingesetzt wird, ebenso zur Vermeidung von
  Rückfällen bei wiederholt auftretenden Depressionen.

Was die Wirksamkeit von Antidepressiva betrifft, so sind die positiven Wirkungen insgesamt deutlich weniger belegt als bei Erwachsenen, im Gegenteil: Die vorliegenden Studien bei Jugendlichen zeigen, daß Trizyklische Antidepressiva nicht besser wirken
als nicht-wirksame Tabletten, sog. „Placebos" (Hazell et al., 1995).

Mögliche Nebenwirkungen

Mögliche Probleme im Zusammenhang mit Nebenwirkungen lassen sich im Kindes- und Jugendalter folgendermaßen zusammenfassen:
- Bei TCA sind die häufigsten Nebenwirkungen Verlangsamung
  und Trägheit, Mundtrockenheit, Sehstörungen, Gewichtszu-

nahme, Schwindelgefühle und Herzklopfen bei niedrigem Blutdruck. Obwohl einige dieser Nebenwirkungen eher harmlos und leicht in den Griff zu bekommen sind, ist eine mögliche Nebenwirkung doch nicht unbeträchtlich: In den USA wurden nach Einnahme von TCA bei Kindern einige ungeklärte Todesfälle berichtet, die in Zusammenhang mit massiven Herzrhythmusstörungen gebracht wurden.

- Für die MAO-Hemmer zeigen sich zusätzlich zu den bei TCA auftretenden Nebenwirkungen Unverträglichkeiten mit bestimmten Lebensmitteln (z.B. Käse, Joghurt, Sauerrahm). Auf eine Vermeidung dieser Lebensmittel ist strikt zu achten, was in dieser Altersgruppe nicht immer unproblematisch ist.
- Bei SSRI muß man mit anderen Nebenwirkungen rechnen: Vor allem anfangs tritt Übelkeit auf; weiter können Kopfschmerzen, Schwindelgefühle, innere Unruhe und Einschlafschwierigkeiten vorkommen.
- Lithium kann Durstgefühle, Magen-Darm-Verstimmungen sowie Gewichtszunahme nach sich ziehen.

Der Einsatz von Antidepressiva bei Heranwachsenden erfordert in höchstem Maße kritische und sorgfältige Abwägung von möglichen Risiken und Nebenwirkungen. Die Realität sieht leider anders aus, wie eine aktuelle Studie an 600 Kinderärzten und ebenso vielen Hausärzten in den USA zeigt (Rushton, Clark & Freed, 2000). Zwei Drittel von ihnen verschreiben Kindern und Jugendlichen mit einer milden (!) oder gemäßigten Depression Antidepressiva, die nach dem Prinzip der SSRI arbeiten. So wird in den USA eine halbe Million Kinder und Jugendliche mit diesen Antidepressiva behandelt, obwohl diese nur an Erwachsenen getestet wurden. Nebenwirkungen wie Schlafstörungen und Verhaltensänderungen können gravierend sein; zudem sind mögliche Folgen für die Entwicklung des Zentralen Nervensystems unbekannt, ebenso wie die geeignete Dosierung für junge Menschen.

Auch im deutschsprachigen Raum wird in den wichtigen Lehrbüchern der Kinder- und Jugendpsychiatrie der Eindruck vermittelt, daß Antidepressiva bei depressiven Kindern und Jugendlichen gut wirken und eher leichtfertig eingesetzt werden. Ist zukünftig zu befürchten, daß diese Medikamente Psychotherapie, Beratungen und Familiengespräche mehr und mehr verdrängen, obwohl sich diese als wirksam gezeigt haben? Hier bleiben noch weitere Forschungsarbeiten abzuwarten, die die Wirksamkeit von Medikamenten und Psychotherapie sowie der kombinierten Vorgangsweise Medikament plus Psychotherapie vergleichen.

Andere Behandlungsmöglichkeiten

Ein abschließendes Wort zu pflanzlichen Antidepressiva wie *Johanniskraut* (lat. hypericum perforatum), dessen Wirksamkeit bei leichteren bis mittleren depressiven Verstimmungszuständen bei Erwachsenen belegt ist (Woelk, 2000). Hier hat man mittlerweile herausgefunden, daß die Wirkungsmechanismen in einer Erhöhung bestimmter Botenstoffe im Gehirn bestehen. Johanniskraut ist bei Erwachsenen deutlich wirksamer als Placebos und ähnlich wirksam wie trizyklische Antidepressiva, weist aber gleichzeitig weniger unerwünschte Nebenwirkungen auf. Für depressive Kinder und Jugendliche liegen derzeit noch keine Studien vor.

Erfahrungen mit *Lichttherapie* (bei sogenannten jahreszeitlich bedingten oder saisonalen Depressionen) oder *Schlafentzug* (bei Jugendlichen mit bestimmten Depressionsformen) sind noch vorläufiger Natur. Auch hier müssen weitere Forschungsergebnisse abgewartet werden.

5. Was Eltern im Alltag tun können

Das Zusammenleben mit einem depressiven Kind kann große Anforderungen an alle Familienmitglieder, vor allem die Eltern, stellen. Gereiztheit, schlechte Laune, Mißmutigkeit, Unbeherrschtheit einerseits sowie auf der anderen Seite die Tendenzen, sich sozial zurückzuziehen und alles durch eine negative Brille zu sehen – das kann selbst bei einfühlsamen und verständnisvollen Eltern zu Frustration, Ungeduld, Ärger und demonstrativem Rückzug aus der Beziehung führen. Kinder sind oft ohnehin sehr anstrengend und fordern alle elterliche Energie, aber Kinder mit emotionalen Problemen ganz besonders.

Im folgenden findet sich eine Reihe von konkreten Vorschlägen, die als Hilfestellungen für Eltern im täglichen Umgang mit einem depressiven Kind gedacht sind.

Was Eltern tun können

- Akzeptieren Sie die Gefühle des Kindes.
- Seien Sie für Ihr Kind da. Nutzen Sie die Zeit miteinander. Reden Sie miteinander.
- Versuchen Sie, erwünschtes, d. h. nicht depressives Verhalten zu verstärken.
- Unternehmen Sie gemeinsam etwas Entspannendes, Angenehmes, Erfreuliches.
- Sorgen Sie beim Kind für ausreichend körperliche Bewegung.
- Versuchen Sie, etwas gegen die Einsamkeit und soziale Isolierung des Kindes zu unternehmen.
- Ermuntern Sie Jugendliche zum Aufschreiben der Gedanken und Gefühle, Kinder auch zum entsprechenden Zeichnen oder Malen.
- Überdenken Sie Ihren Erziehungsstil in bezug auf Lob, Kritik und Strafe.
- Sorgen Sie für Erfolgserlebnisse, die das Selbstwertgefühl des Kindes stärken.
- Auf keinen Fall sollten Sie Drohungen, sich das Leben zu nehmen, ignorieren. Es steckt immer etwas dahinter!
- Achten Sie auf die eigene Befindlichkeit.
- Nehmen Sie die Krise als Chance zur Veränderung.

Die im Kasten zusammengestellten „Hilfestellungen" werden nachfolgend näher ausgeführt.

Akzeptieren Sie die Gefühle des Kindes: Zeigen Sie Verständnis und Anteilnahme für seine Probleme, und versuchen Sie nicht, an den Willen zu appellieren („Nimm Dich zusammen. Wenn Du nur willst, dann geht es schon!). Fertigen Sie Ihr Kind nicht mit solchen Kommentaren ab. Ihr Kind fühlt sich durch die Depression innerlich belastet und nimmt Äußerungen und Kommentare von anderen sehr viel weniger gelassen auf als sonst. Vor allem wird durch solche Appelle auch eine Nicht-Akzeptanz vermittelt, die dann in der Folge die negative Grundstimmung weiter verstärkt. Hilfreicher für das Kind ist, die Realität erst einmal so zu akzeptieren und die Gefühle als die des Kindes ernsthaft aufzunehmen und in ihrer negativen Qualität aufzulösen. Das Auflösen gelingt am ehesten durch gegenteilige Erfahrungen.

Seien Sie für Ihr Kind da: Vermitteln Sie Ruhe und Mitgefühl. Wichtig ist es, daß Sie sich Zeit nehmen und gemeinsam nutzen.

Viele Eltern kennen ihr Kind nicht so gut, als daß sie die Sorgen und Gefühle kennen würden. Das beeinträchtigt die Qualität der Beziehung. Oftmals sind auch die besonderen Interessen nicht weiter bekannt und schon gar nicht die Inhalte, die im Kopf bewegt werden. Kinder öffnen ihre Herzen nicht zwischen Tür und Angel – zwischen Geschirrspülen und Friseurterminen. Vermeiden Sie Fragen wie „Was ist los" oder „Was hast Du denn nun schon wieder?". Damit setzen Sie Kinder unter Druck. Viele depressive Erwachsene wissen darauf keine Antwort, depressive Kinder schon gar nicht. Die gemeinsame Zeit stellt eine wichtige Basis dar, um ins Gespräch zu kommen. Interessieren Sie sich für Ihr Kind, beobachten Sie Ihr Kind beim Spiel, beim Umgang mit anderen Kindern oder was es in Zeichnungen und Aufsätzen ausdrücken will. Hören Sie gut hin, um auch das mitzubekommen, was „zwischen den Zeilen" gesagt wird. Versuchen Sie trotz allen Verständnisses das depressive Verhalten nicht zu verstärken, indem Sie sich besonders viel Zeit nehmen, wenn das Kind weint bzw. besonders provozierendes Verhalten zeigt (den ganzen Tag im Bett bleiben, Wutanfälle etc.).

Versuchen Sie, erwünschtes, d.h. nicht depressives Verhalten zu verstärken. Hier helfen Aktivitätspläne, die gemeinsam mit dem Kind erstellt werden. Solche Planungen helfen nicht nur, den Tag zu strukturieren und zu organisieren, sondern das Kind hat auch etwas, worauf es sich freuen kann. Die Einhaltung eines solchen Aktivitäten-Plans ist keine Selbstverständlichkeit, sondern ein Erfolg. Loben Sie das Kind, belohnen Sie es auch, wenn Sie können, mit kleinen Anerkennungen (Stickers, Abziehbildern, Stempeln oder anderen beliebten Dingen). Meist sind die ersten Schritte die schwierigsten.

Unternehmen Sie gemeinsam etwas Entspannendes: Freizeitaktivitäten mit der gesamten Familie erhöhen positive Gefühle und das Zusammengehörigkeitsgefühl. Unternehmen Sie etwas, was das Kind früher besonders gern gemacht hat (vielleicht einen Ausflug oder einen Kinobesuch).

Sorgen Sie für ausreichend körperliche Bewegung: Laufen, Radfahren, Rollerskaten, Skilaufen, Wandern, Schwimmen … eigentlich ist die Auswahl auch mit geringerem Geldbeutel ausreichend groß. Wichtig dabei ist der Spaß, die Freude, nicht die sportliche Höchstleistung. Man hat festgestellt, daß schon kurze flotte Spaziergänge an der frischen Luft die Stimmung heben und Spannungen vermindern können. Durch Bewegung werden bestimmte Stoffe im Gehirn freigesetzt (sog. Endorphine), die Glücksgefühle auslösen können.

Versuchen Sie, etwas gegen die Einsamkeit und soziale Isolierung des Kindes zu unternehmen: Fördern Sie soziale Kontakte, indem Sie Kinder einladen oder etwas mit ihnen gemeinsam unternehmen. Bitten Sie auch Freunde, den jeweiligen Klassenlehrer/die Klassenlehrerin, Schulkameraden und eventuell auch deren Eltern um Unterstützung.

Ermuntern Sie Jugendliche zum Aufschreiben der Gedanken und Gefühle, Kinder auch zum Zeichnen oder Malen: Das Tagebuchschreiben kann eine konstruktive Form sein, sich mit Problemen auseinanderzusetzen. Es hilft zu ordnen, diffuse Gedanken zu benennen. Als eine Form der Selbstreflexion kann es eine gewisse Entlastung bedeuten. Interessanterweise sehen vor allem Mädchen im Tagebuch eine Art „Verbündeten", dem man die geheimen Gedanken und Gefühle anvertraut.

Überdenken Sie Ihren Erziehungsstil in bezug auf Lob, Kritik und Strafe: Versuchen Sie, in der Familie eine warme Atmosphäre herzustellen, die mit einem einfühlsamen Erziehungsverhalten einhergeht. Strenge und regelorientierte Erziehung wirkt sich auf die Entwicklung von Kindern nachweisbar eher ungünstig aus und provoziert psychische Fehlentwicklungen, darunter auch Depressionen. Kinder mit depressiver Grundstimmung sind extrem empfindlich und störbar. Offene und versteckte Kritik nehmen sie sensibel auf und sehen es als eine Bestätigung ihrer negativen Selbsteinschätzungen an. Versuchen Sie, an Ihrem Kind nicht herumzunörgeln und es zu kritisieren; sondern vermitteln Sie Selbstwertgefühl über Lob und Anerkennung. Sorgen Sie für Erfolgserlebnisse, die das Selbstwertgefühl des Kindes stärken. Fragen Sie sich selbst: Was ist an meinem Kind gut? Was gefällt mir?

Auf keinen Fall sollten Sie aber Drohungen, sich das Leben zu nehmen, ignorieren, sondern sie unbedingt ernst nehmen! Nehmen Sie in solchen Fällen Kontakt zu Fachleuten auf.

Achten Sie auch auf die eigene Befindlichkeit: Ein depressives Kind kann bei Eltern und Bezugspersonen auch bestimmte Gefühle der Erschöpfung, der Sorge, der Belastung auslösen. Eltern sind enttäuscht, daß das Kind in Phasen des Mißerfolgs hineingerät. Bei aller Intensität einer aktiven Unterstützung des Kindes muß auch auf die eigenen Kräfte geachtet werden. Wichtig ist, zwischendurch abzuschalten und nicht über die Probleme des Kindes nachzudenken. Lassen Sie sich nicht überfordern; sorgen Sie dafür, daß Sie selbst ausgeglichen sind. Suchen Sie Unterstützung und gegebenenfalls fachliche Hilfe, wenn Sie das Gefühl haben, überlastet zu sein.

Sehen Sie die Krise als Chance zur Veränderung: Die Depression Ihres Kindes kann ein Signal dafür sein, daß etwas geändert werden muß. Sehen Sie die Krise als Chance zur Entwicklung und Veränderung – für das Kind, für sich und die gesamte Familie.

Biologisch gesehen, dient eine Depression der „Energieerhaltung" in Zeiten der Überforderung. Passivität, Müdigkeit und Apathie führen dazu, daß die Energien nur auf Sparflamme verbraucht werden. Eine Depression hat also den Sinn, anzuzeigen, daß der Organismus an den Grenzen seiner seelischen und körperlichen Leistungsfähigkeit angekommen ist. So gesehen, können depressive Phänomene auch als Anpassungsversuche verstanden werden. Sie sind nicht einfach Ausdruck einer Störung, sondern Ausdruck von überforderten Bewältigungskapazitäten. Wer diese Signale richtig deuten kann, begreift sie als Notwendigkeit von Veränderung. In dem Erkennen liegt die Chance.

6. Vor depressiven Entwicklungen schützen

Es war einmal eine Stadt, in der viele Kinder lebten. Der Spielplatz dieser Stadt befand sich an einem steilen Hang. Und so passierte es manchmal, daß Kinder während des Spielens hinunterfielen. Nachdem sich solche Unfälle gehäuft hatten, wurde überlegt, was man tun sollte: einen Rettungswagen am Fuße der steilen Böschung plazieren, um die Kinder möglichst schnell ins Krankenhaus zu bringen? Einen Zaun errichten, damit die Kinder gar nicht erst hinunterfallen? Den Kindern das Betreten des Spielplatzes verbieten? Mit den Kindern in der Schule und zu Hause üben, wie man den Abhang vermeiden und die Gefahr bewältigen kann? Oder den Spielplatz vielleicht besser an eine andere Stelle verlegen?

Was meinen Sie dazu?

Prävention heißt Vorbeugung. Vorbeugende Maßnahmen werden getroffen, damit sich Störungen und Probleme gar nicht erst entwickeln können. Aus vielen Studien ist mittlerweile bekannt, welche Wege es gibt, in eine Depression zu geraten. Wenn man bedeutsame Risikofaktoren und auch Schutzfaktoren kennt, dann hat man eine Grundlage für mögliche präventive Strategien und Interventionen: Auf der einen Seite müßte das Auftreten von Risikofaktoren verhindert werden, andererseits sollten Ressourcen, die vor depressiven Entwicklungen schützen, gefördert werden. Tatsächlich ist bisher diese Übertragung und Nutzbarmachung der Erkenntnisse der wissenschaftlichen Grundlagenforschung für vorbeugende Ansätze im Bereich depressiver Störungen nur in sehr geringem Ausmaß gelungen. Wie können Präventionsmaßnahmen wirksam werden?

Ebene 1. Primär-präventive Maßnahmen richten sich darauf, im Sinne einer allgemeinen Gesundheitsförderung bestimmte Maßnahmen (Informationen, Programme) einer breiten Gruppe von Kindern und Jugendlichen zugänglich zu machen (sog. „Public-Health-Programme"). Dies geschieht unabhängig davon, ob jemand zur Risikogruppe gehört. Ein vielversprechendes Beispiel für schulische Gesundheitsförderung sind die sogenannten Lebens-Kompetenz-Trainings (Life-Skills-Training). Solche breitangelegten Programme sollen über Informationsvermittlung hinausgehen und handlungsorientierte Einübung sozialer und kommunikativer Kompetenzen ermöglichen. Neben der Alkohol-, Rauch- und Drogenprävention (vgl. hier zum Beispiel das Programm „Fit und stark fürs Leben" von Burow, Aßhauser & Hanewinkel, 1998) werden Bausteine daraus auch beispielsweise in der AIDS- und Gewaltprävention eingesetzt. In bezug auf Präventionsprogramme für Depressionen des Kindes- und Jugendalters besteht noch großer Nachholbedarf.

Ebene 2. Präventionsprogramme werden speziell für gefährdete Kinder und Jugendliche, die zu einer Risikogruppe für das Auftreten von depressiven Störungen gehören, angeboten. Durch rechtzeitige Stärkung der Schutzfaktoren sowie ein Abschwächen von Risikofaktoren soll die Wahrscheinlichkeit des Erstauftretens einer Störung reduziert werden. Wissenschaftlich begleitete Präventionsprogramme wurden bisher an den Risikogruppen depressiv gestimmter, demoralisierter Jugendlicher (z. B. Clarke, 1999) sowie an Kindern und Jugendlichen mit einem depressiven Elternteil erprobt.

Ebene 3. Hier richten sich die Maßnahmen darauf, das Wiederauftreten einer depressiven Episode bei einer bereits früher aufgetretenen Störung zu verhindern (Rückfallprävention).

Wie kann man Kinder und Jugendliche vor depressiven Entwicklungen schützen?

Der Sinn vorbeugender Maßnahmen liegt also grundsätzlich darin, depressive Entwicklungen erst gar nicht entstehen zu lassen. Vorbeugende Maßnahmen können dieses Risiko zwar nicht vollständig ausschalten, sie können aber die Wahrscheinlichkeit dafür verringern. Was kann man nun Kindern und Jugendlichen vermitteln, damit sie nicht anfällig für depressive Entwicklungen werden? Wie kann man Kinder gegen Depressionen immunisieren? Wie kann man ihre Widerstandskraft stärken?

Mögliche Ansatzpunkte von Präventionsprogrammen zur Verhinderung depressiver Entwicklungen

- Emotionale Kompetenz stärken (Zusammenhang zwischen Gefühlen und Gedanken klarmachen, lernen, mit Frustrationen, Mißerfolg und Enttäuschungen umzugehen);
- Depressiv machende Gedanken erkennen und verändern (realitätsgerechte Ursachenzuschreibung von Ereignissen, Aufbau von realitätsbezogenem Optimismus);
- Günstige Problem- und Streßbewältigungsstrategien aufbauen;
- Soziale Kompetenz stärken (soziales Problemlösen, Selbstbehauptung und Konfliktlösen);
- Kommunikative Kompetenzen fördern (eindeutiges verbales und nonverbales Kommunikationsverhalten, Zuhören);
- Selbstwirksamkeitsüberzeugungen durch Könnenserfahrungen aufbauen;
- Erfolgserlebnisse verschaffen, Leistungsmotivation aufbauen, das Kind zum Lernen anregen, Lernfortschritte positiv rückmelden.

---

1. Emotionale Kompetenz stärken

Goleman (1996) unterscheidet folgende Basiskomponenten emotionaler Kompetenz bzw. emotionaler Intelligenz:

- Die eigenen Emotionen kennen (Selbstwahrnehmung),
- Emotionen handhaben (Gefühle regulieren, z.B. die Fähigkeit, die depressive Stimmung in den Griff zu bekommen),
- Emotionen in die Tat umsetzen (z.B. Gefühle in den Dienst eines Ziels zu stellen, sich für Höchstleistungen motivieren zu können),
- Empathie (wissen, was andere fühlen, Einfühlungsvermögen),
- Umgang mit den Emotionen anderer Menschen (als wichtige Basis für Beliebtheit in der Gleichaltrigengruppe und das tägliche Zusammenleben).

All die kleinen Interaktionen zwischen Kind und Eltern im Laufe der Entwicklung haben einen emotionalen Untertext, aus dem sich durch ständige Wiederholung in den ersten Lebensjahren der Kinder emotionale Kompetenz herauskristallisiert. Während der ersten vier Lebensjahre – Goleman nennt diese Jahre ein „Fenster der Gelegenheit" – spielen sich einschneidende emotionale Lektionen ab. Feinfühligkeit und Sensibilität der Erziehungspersonen für das Befinden schon ab den ersten Lebenstagen spielt hier eine entscheidende Rolle.

Wie kann man emotionale Kompetenz fördern? Das Familienleben ist die erste Schule für emotionales Lernen. Hier lernen wir, wie wir uns selbst empfinden sollen und wie andere mit unseren Empfindungen umgehen. Diese Schulung der Gefühle erfolgt nicht bloß durch die gesprochenen Worte, sondern auch über die Beobachtung von Modellen. Wie gehen die Eltern mit den eigenen Gefühlen um? Wie mit den Gefühlen des Partners? Kinder haben eine spezielle Antenne für die emotionale Atmosphäre in ihrer sozialen Umwelt. Besonders problematisch sind elterliche Verhaltensweisen wie völliges Ignorieren der Gefühle des Kindes, übermäßige Toleranz gegenüber auch nicht akzeptablen Strategien der Gefühlsregulation (wie z.B. jemanden schlagen) und Mißachtung der Empfindungen des Kindes (jede Gereiztheit des Kindes wird bestraft, jeder Unmut wird verboten). Erziehungspersonen sollten einen sorgsamen Umgang mit den negativen Gefühlen des Kindes und den eigenen Gefühlen pflegen. Sie sollten sich dessen bewußt sein, daß sie dem Kind als Modell dienen.

Mit Förderung emotionaler Kompetenz ist nicht gemeint, daß man Heranwachsende prinzipiell von negativen Stimmungen und Gefühlen fernhält und schützt. Stimmungen, Unbehagen und beeinträchtigtes Wohlbefinden haben ja einen biologischen Sinn. Sie zeigen an, daß etwas nicht stimmt und daß etwas geändert werden sollte. Kinder sollen Frustrationstoleranz lernen. Sie sollen imstande sein, ein Gefühl und damit in Zusammenhang stehende Ursachen zu erkennen. Sie sollen ihren negativen Gefühlen nicht ausgeliefert sein, sondern sie unter Kontrolle bringen.

Auch der Umgang mit Emotionen ist von Person zu Person unterschiedlich: Während die einen achtsam und sich über ihr Gefühlsleben im klaren sind, gibt es Menschen, die von ihren Emotionen gleichsam überwältigt werden. Sie fühlen sich ihren Gefühlen hilflos ausgeliefert und unternehmen kaum etwas, um eine schlechte Stimmung loszuwerden. Depressive Menschen tun kaum etwas, um ihre Stimmung in den Griff zu bekommen. Eher gehen sie den Weg in die Resignation. Oder aber sie wenden Strategien an, die nicht stimmungsaufhellend sind (z. B. einen traurigen Film ansehen).

Sich mit den eigenen Gefühlen auseinanderzusetzen, sich zu beruhigen ist eine wichtige grundlegende Fertigkeit, die als „Emotionsregulation" bezeichnet wird (Schölmerich, 1997). Wie lernen Kinder das? Die Regulation von Emotionen ist (neben der angeborenen emotionalen Reaktivität, die sich auf Auslösbarkeit, Intensität und Abklingdauer emotionaler Zustände bezieht) stark von Sozialisationsprozessen abhängig. Schon im Säuglingsalter dienen positive und negative Emotionen der Steuerung von sozialen Beziehungen: Das Kind weint und löst dadurch bestimmte Verhaltensweisen aus, wie Aufnehmen, Tragen, Trösten, beruhigende Worte. Natürlich gilt auch die umgekehrte Kette: Eine Bezugsperson kann durch ein Spielzeug, seine Stimme oder ein Lächeln beim Kind Gefühle wie Freude, Furcht oder Interesse auslösen.

Der eigentliche Entwicklungsprozeß beinhaltet, daß Kinder diese Regulationsstrategien selbst übernehmen. Sie scheinen sich selbst so zu beruhigen, wie es ihre Bezugspersonen mit ihnen getan haben. Diese an sich selbst erfahrenen Verhaltensweisen finden sich auch in ihrem Spiel wieder. So fragt die zweijährige Miriam im Spiel ihre „weinende" Puppe, die gerade auf den Boden gefallen war: „Magst einen Schnuller?" Daraufhin nimmt sie die Puppe auf und streichelt ihr mit „Heile, heile Segen" über den Kopf.

Der Entstehung depressiver Entwicklungen vorzubeugen kann auch heißen, extreme Stimmungsschwankungen bei Kindern und Jugendlichen aufzufangen und nicht eskalieren zu lassen. Es heißt aber auch, den Kindern die notwendige Selbstkontrolle zu vermitteln, damit sie diese emotionalen Schwankungen selber regulieren lernen. Die Verstimmungszustände entstehen leicht aufgrund von besonderen Belastungen, aber auch aufgrund von Überforderung, Streß oder zuwenig Entspannung und Erholung. Vorbeugen hieße dann: Belastungen reduzieren, Streß wegnehmen, Entspannung und Erholung ermöglichen.

Ein Familienklima, das Wärme und Geborgenheit ausstrahlt und das außerdem durch klare Regeln und Grenzen gekennzeichnet ist anstelle von Chaos und Kälte, kann Kindern die für ein glückliches Leben notwendige stabile emotionale Basis mitgeben! In vielen Bereichen des täglichen Lebens innerhalb von Familie und Schule findet Prävention im Sinne des Vorbeugens und Vermeidens ohne große Planung statt: Wenn man einander im Zusammenleben achtet und einander hilft, wenn es nötig wird, wenn man sich füreinander verantwortlich fühlt oder wenn man mit den eigenen Gefühlen und den Gefühlen anderer sorgsam umgeht, dann finden Kinder, die in diesem emotional positiven und entwicklungsunterstützenden Klima aufwachsen, einen guten Nährboden für Zufriedenheit, Ausgeglichenheit und Wohlbefinden.

2. Positive Gedanken – Optimistische Kinder

Optimismus ist eine Haltung, die uns davor bewahrt, angesichts großer Probleme in Hoffnungslosigkeit, Passivität und Depression zu verfallen. Für optimistische Menschen ist das Glas immer halbvoll und nicht halbleer.

Optimismus beruht zwar zum Teil auf einem angeborenen Temperament, kann aber durch Erfahrung und Erziehung beeinflußt werden. Kinder können die Verhaltenstechniken eines flexiblen, realitätsorientierten Optimismus lernen. Aktives Überwinden von Schwierigkeiten („masterful action") muß schon in der Vorschule ansetzen. Das Kind soll sich angewöhnen – unter der Unterstützung der Eltern –, nicht angesichts von Herausforderungen aufzugeben und Hindernisse zu überwinden. Sobald Ihr Kind in die Schule kommt, verschiebt sich die Taktik für das Entwickeln des kindlichen Optimismus vom erfolgreichen Handeln hin zu der Art und Weise, wie Ihr Kind denkt – vor allem bei Mißerfolgen. Diese „inneren Gespräche" sind maßgeblich von den Vorbildern und den Erwartungen und Bewertungen seiner Bezugspersonen geprägt. Bereits im Schulalter beginnen Kinder über Zusammenhänge nachzudenken. Sie entwickeln Theorien darüber, warum sie Erfolg haben und warum sie versagen. Was kann ich tun, um einen Fehlschlag in Erfolg zu verwandeln? Solche Überlegungen bilden die Grundlage für ihren grundsätzlichen Optimismus oder Pessimismus.

Basierend auf dem Konzept der erlernten Hilflosigkeit hat Seligman (1999) ein Immunisierungsprogramm für Schulkinder erprobt, das Eltern, Lehrern, Trainern und ganzen Schulsystemen zeigen soll, wie man Kindern optimistisches Denken und die Überzeugung vermittelt, daß sie mit schwierigen Situationen selber fertigwerden können.

3. Selbstvertrauen/Selbstwirksamkeitüberzeugungen

„Ich schaffe es allein." Schon im Kleinkindalter sind die Erfahrungen des „Meisterns", der erfolgreichen Bewältigung einer Aufgabe eine wichtige Quelle von Erfolgserlebnissen. Durch die „Könnens-Erfahrung" kann sich eine positive Selbstzuschreibung entwickeln. „Ich kann etwas bewirken, ich schaffe es." Menschen, die überzeugt sind, daß sie mit ihren Handlungen etwas bewirken können, daß sie Einfluß auf die Umgebung haben, sind eher vor psychischen Problemen geschützt. Sie geben nicht so leicht auf, und sie lassen sich auch angesichts von Widrigkeiten nicht so leicht aus der Bahn werfen.

Das Erleben, Ziele aus eigener Kraft zu erreichen, ist eine wichtige Basis für Selbstvertrauen. Voraussetzung für die Selbstakzeptanz, sich mit allen Stärken und Schwächen anzuerkennen, ist die Akzeptanz durch andere Menschen.

4. Problem- und Streßbewältigungsstrategien

Eine Depression kann ausgelöst werden, wenn eine Person erlebt, daß sie Probleme nicht lösen und bewältigen kann. Umgekehrt sinkt das Depressionsrisiko, wenn man Kindern beibringt, mit ihren Schwierigkeiten produktiver umzugehen. Zum Problemlöseprozeß gehört, das Problem zu definieren, sich realistische Ziele zu setzen, Informationen zu sammeln und alternative Lösungen zu suchen. Beim Lösen von Problemen ist es wichtig, schrittweise vorzugehen, Impulse zu kontrollieren, Folgen vorherzusehen und den Erfolg der Problemlösung zu überprüfen.

Diese Fähigkeit, soziale Probleme zu lösen, wird durch direkte Erfahrungen mit anderen Menschen erlernt oder durch stellvertretendes Lernen am Modell. Seien Sie sich dessen bewußt. Manche Kinder sind deshalb schlechte Problemlöser, weil sie die Fähigkeit dazu nicht erlernt haben. Andere hingegen sind durch ungünstige Emotionen behindert, die Problemlösung umzusetzen. Für diesen Fall ist es beispielsweise günstig, Entspannungsverfahren anzuwenden und zu beherrschen (Autogenes Training für Kinder, progressive Muskelentspannung, Yoga für Kinder, Entspannungsgeschichten und Phantasiereisen für Kinder u. a.).

5. Soziale Kompetenz

Soziale Fertigkeiten, wie Nein-Sagen, Wünsche und Forderungen äußern, Kontakte zu knüpfen und aufrechtzuerhalten sind für ein befriedigendes Zusammenleben wichtig. Dabei spielen nonverbale (Blickkontakt, Körpersprache) und verbale Fertigkeiten (Bitten äußern, auf Kritik eingehen) sowie Verhaltensfertigkeiten (sich in Gruppen eingliedern können, kooperativ sein) eine wichtige Rolle. Ob ein Verhalten sozial kompetent ist oder nicht, ist auch abhängig von der Beziehung, die wir zu einer Person haben (Familie, Bekannte, fremde Menschen) und von der Situation (Schule, Arbeitsplatz u. a.). Bestimmte Verhaltensweisen sind zwar einem Familienmitglied gegenüber angemessen, gegenüber einem entfernten Bekannten allerdings weniger.

Depressive Kinder und Jugendliche tun sich oft schwer, in einer Gruppe akzeptiert zu werden, was auch mit ihren mangelhaften sozialen Fertigkeiten zu tun hat. Mittlerweile weiß man ganz gut darüber Bescheid, welche Entwicklungseinflüsse am Entstehen sozialer Kompetenzprobleme beteiligt sein können (Pfingsten & Hinsch, 1991). Daraus kann man folgende präventive Überlegungen ableiten.

Wie können soziale Kompetenzen gefördert werden?

- Sozial kompetentes Verhalten verstärken, d. h. erwünschtes Verhalten belohnen (z. B. loben, wenn ein Kind ein Spielzeug teilt)
- Soziale Unsicherheit und Ängste vermeiden: Problematisch kann es werden, wenn soziale Aktivitäten bestraft werden, wenn es übermäßig strenge Verbote gibt oder extreme Überbehütung.
- Inkompetentes Verhalten nicht unabsichtlich belohnen: Mitunter kann man beobachten, daß Eltern auf passives-unsicheres Verhalten mit Unterstützung reagieren und daß selbständige Lösungsversuche dadurch entmutigt werden.
- Sich seiner Modell- und Vorbildwirkung in bezug auf die Gestaltung seiner eigenen sozialen Beziehungen bewußt sein. Das Lernen durch Beobachtung ist besonders bei einem so vielschichtigen Geschehen wie Sozialverhalten wichtig.
- Den Umgang mit Gleichaltrigen fördern. Diese dienen als ein Experimentier- und Übungsfeld für sozialen Austausch. Unterstützen Sie Ihr Kind beim Aufbau von Freundschaftsbeziehungen.

---

6. Kommunikative Kompetenz

Studien im deutschsprachigen Raum in den frühen 90er Jahren zur Kommunikation zwischen Eltern und Kindern (vgl. Fend, 2000) machen deutlich, welche Formen der verbalen Interaktionen dazu führen, daß Jugendliche sich nicht emotional sicher, sondern eher ausgegrenzt oder uneindeutig fühlen. Sie werden hier aufgeführt, weil sie im Rahmen der Entwicklung depressiver Verstimmungszustände bzw. auch ernsthafter depressiver Entwicklungen von Bedeutung sind.

Ein Kommunikationsstil spiegelt auch den generellen Umgang zwischen Eltern und Kindern wider. Wo die Gespräche zwischen Eltern und Jugendlichen so ablaufen, wie durch die folgenden Beispiele charakterisiert, wird der gesamte Umgang zwischen den Partnern eher durch Reglementierung und Hierarchisierung, aber kaum durch Einfühlsamkeit und Unterstützung gekennzeichnet sein. Ist das Gesamtsystem der Familie eher starr und durch festgelegte Entscheidungsmuster geprägt, so hat es ein Jugendlicher darüber hinaus deutlich schwerer, sich zu lösen, sozial neu zu orientieren und Selbständigkeit und Unabhängigkeit einzuüben.

**Worauf in der Kommunikation zu achten ist –
Das sollte man nicht tun**

- Die eigene Meinung wird vorgetragen und die des Partners abgelehnt oder mehr oder weniger ignoriert.
- Eltern praktizieren einen belehrenden Stil.
- Unter den Gesprächspartnern verläuft das Gespräch einsilbig, es wird viel geschwiegen, und es fehlen weiterführende Diskussionsbeiträge.
- Eltern und Kinder gehen wenig aufeinander ein, ignorieren die Meinung des anderen.
- Es wird wenig verhandelt, und es werden kaum Alternativvorschläge gemacht.

Zu den Grundregeln einer positiven Erziehung gehören das Anbieten einer sicheren und anregenden Umgebung, Gewaltfreiheit und Erziehung über Vertrauen und nicht über Angst vor Strafe.

Darauf sollte man achten

- Positive Wertschätzung des anderen: das Kind so annehmen, wie es ist, mit all seinen Fehlern.
- Richtiges Zuhören: nicht nur auf die Worte und das Gesagte hören, sondern auch den Gesichtsausdruck und die Körpersprache beachten. Nachfragen, wenn es widersprüchliche Botschaften gibt.
- Aktives Zuhören: Emotional gewichtige Themen brauchen Raum. Ein Kind, das von sich etwas Wichtiges oder Schmerzvolles mitteilt, fühlt sich nur verstanden, wenn nicht gleich das Thema gewechselt wird oder Sie aus Ihrem Leben Ähnliches oder Dramatischeres erzählen. Das Kind ermutigen, von sich zu erzählen.
- Einfühlendes Verstehen: Sich in das Erleben des Kindes einfühlen zu können, verbunden mit der Ermutigung zum Erzählen, ist eine wichtige Voraussetzung dafür, daß Kinder und Jugendliche ihr Herz ausschütten.

Kommunikation ist ein Prozeß, der sich permanent zwischen Menschen abspielt „Es ist nicht möglich, nicht zu kommunizieren" (Paul Watzlawick). Kommunikation spielt sich auf verschiedenen Ebenen ab. Auf der verbalen Ebene ist es der sprachliche Umgang miteinander, das Gespräch. Miteinander zu reden heißt nämlich nicht, einander auch zu verstehen.

Bei der Diskussion von emotionsgeladenen Konflikten und Problemen sollte man auch in der Hitze des Gefechtes auf die Wortwahl achten. Welche Begriffe verwendet man, wenn man böse, ärgerlich oder froh ist? Worte können verletzen, Kinder sind diesbezüglich besonders sensibel.

7. Erfolgserlebnisse schaffen – Leistungsmotivation aufbauen

Die Bewältigung von Leistungsanforderungen stellt einen wichtigen Pfeiler für unser Selbstwertgefühl dar. Leistung kann aber nur zustande kommen, wenn die Motivation dafür vorhanden ist. Schon im Vorschulalter kann man als Vorstufen der Leistungsmotivation Neugierde, Funktionslust und Freude an der Tätigkeit und am Erfolg beobachten.

Kinder motivieren und aufbauen

- Ermutigung und positive Verstärkung fördern die Einsatzbereitschaft; negative Verstärkung oder Mangel an Resonanz führen zu Unsicherheit und geringer Einsatzfreude. Geborgene und geliebte Kinder sind eher leistungsmotiviert.
- Kritisieren Sie Ihr Kind „richtig", d. h. nicht seine gesamte Person („Du bist unmöglich!)", sondern nur bestimmte Verhaltensweisen („Heute benimmst Du Dich aber wirklich schlecht. Das finde ich nicht gut").
- Auch Bemühungen sind anzuerkennen, nicht nur Erfolge. Schaffen Sie Situationen, in denen das Kind erfolgreich sein kann. Heben Sie den individuellen Lernzuwachs hervor.
- Stärken Sie Kompetenzen in verschiedenen Bereichen (sei es im Sport, musische oder kreative Talente), indem Sie entsprechende altersentsprechende Aktivitäten fördern.
- Vermeiden Sie Überforderungssituationen in der Schule, beispielsweise durch die Wahl des falschen Schultyps.

Im Schulalter bestimmen Erfolg und Versagen das Selbstwertgefühl wesentlich und sind Gradmesser für Beliebtheit bei Lehrern und Mitschülern. Die Wurzeln für die Leistungsmotivation sind grundlegende sozialisierende Prozesse: Für ein erwünschtes Verhalten wird Liebesgewinn als Belohnung, Erfolg und Ermutigung erlebt, Liebesverlust hingegen als Mißerfolg und Bestrafung. Entsprechend wird das vermieden. Die Bewertungen der Bezugspersonen werden im Laufe der Entwicklung vom Kind selbst übernommen. Und auch der elterliche Erziehungsstil beeinflußt die Leistungsmotivation.

Gemeindenahe psychosoziale Angebote – Public Health Education

In vielen Fällen können Familien auch von gemeindenahen Angeboten zu Erziehungsfragen und Erziehungsberatung profitieren. Solche Elternrunden, Seminare, Arbeitsgruppen u. a. stellen eine Plattform dar, um Probleme, Ängste und Befürchtungen gemeinsam mit anderen Eltern auszutauschen und auch mit einem Fachmann/einer Fachfrau zu besprechen. Insbesondere Angebote, die Kommunikationsfähigkeiten, Verbesserung der Familienbeziehungen und Informationen über Entwicklung und Entwicklungsprobleme thematisieren, können helfen, elterliche Kompetenzen zu verbessern und zu stärken. Als Beispiel für ein in jüngster Zeit entwickeltes Präventionsprogramm kann das „Triple-P"-Programm zur Prävention von Verhaltensauffälligkeiten und psychischen Störungen im Kindesalter genannt werden. Es setzt entsprechend bei einer Veränderung des Erziehungsverhaltens an (Neumer & Junge, 2000).

Grundlegendes Ziel aller unterstützenden Bemühungen im emotionalen und affektiven Bereich sollte es sein, Kinder und Jugendliche zu befähigen, mit den vielfältigen Gefühlen, die das tägliche Leben mit den größeren und kleineren Problemen und Anforderungen auslöst, kompetent und selbstregulierend umgehen zu lernen.

„Alles, was Eltern ihren Kindern mitgeben können,
sind Wurzeln und Flügel."
(Mark Twain)

Quellen und weiterführende Literatur

Die hervorgehobenen Literaturangaben werden zur Vertiefung besonders empfohlen:

Beck, A.T., Rush, A. J., Shaw, B. F. & Emery, G. (1994). Kognitive Therapie der Depression (3., veränd. Aufl.). München: Urban & Schwarzenberg.

Bibring, E. (1953). The mechanism of depression. In: P. Greenacre (Ed.), Affective disorders (pp. 13–48). New York: International University Press.

Blöschl, L. & Ederer, E. (1986). Zusammenhänge zwischen Depressivität und selbstberichteten Aktivitäts- und Kontaktdefiziten in der frühen Adoleszenz. Zeitschrift für Klinische Psychologie, Psychopathologie und Psychotherapie, 34, 32–40.

Blöschl, L. (1987). Dysthyme Persönlichkeitstendenzen und „close confidants". Zur Frage geschlechtsspezifischer Zusammenhänge zwischen Depressivität und selbstberichtetem Sozialkontakt. In: E. Raab & G. Schulter (Hrsg.), Perspektiven psychologischer Forschung. Wien: Deuticke.

Blöschl, L. (1998). Soziale Interaktion und Depression im Kindes- und Jugendalter. In: W. Lenz (Hrsg.), Bildungswege (S. 107–115). Innsbruck: Studienverlag.

Bowlby, J. (1983). Verlust, Trauer und Depression. Frankfurt: Fischer.

Bründel, H. (1993). Suizidgefährdete Jugendliche. Theoretische und empirische Grundlagen für Früherkennung, Diagnostik und Prävention. Weinheim: Juventa.

Bundesministerium für Familie, Senioren, Frauen und Jugend (1998). Zehnter Kinder- und Jugendbericht.

Burow, F., Aßhauser, M. & Hanewinkel, R. (1998). Fit und stark fürs Leben. 1. und 2. Schuljahr. Persönlichkeitsförderung zur Prävention von Aggression, Rauchen und Schule. Leipzig: Klett.

Bürgin, D. (1999). Zur psychoanalytischen Behandlung depressiver Störungen bei Kindern und ihrer Prävention (23–35). In: G. Nissen (Hrsg.), Depressionen. Ursachen Erkennung Behandlung. Stuttgart: Kohlhammer.

Capuzzi, D., R. Douglas & R. Gross (Eds.) (1996). Youth at risk (2. Aufl.). American Counseling Association.

Clarke, G.N. (1999). Prevention of depression in at-risk samples of adolescents. In: Essau, C. A. & Petermann, F. (Eds.). Depressive disorders in children and adolescents (pp. 341–360). Northvale: Jason Aronson.

Dilling, H., Mombour, W. & Schmidt, M. H. (Hrsg.) (1999). Internationale Klassifikation psychischer Störungen ICD-10 (3. Aufl.). Huber: Bern.

Dreikurs, R. & Slotz, V. (1996). Kinder fordern uns heraus. Stuttgart: Klett Cotta.

Ederer, E. (2000). Self- and teacher-reports on mental health problems in young school children. International Journal of Psychology, 35, 395–396.

Elbing, E. (1991). Einsamkeit. Psychologische Konzepte, Forschungsbefunde und Treatmentansätze. Göttingen: Hogrefe.

Essau, C. A., Karpinksi, N. A., Petermann, F. & Conradt, J. (1998). Häufigkeit, Komorbidität und psychosoziale Beeinträchtigung von Depressiven Störungen bei Jugendlichen: Ergebnisse der Bremer Jugendstudie. Zeitschrift für Klinische Psychologie, Psychiatrie und Psychotherapie, 46, 316–329.

Essau, C. A. & Petermann, F. (1999) (Eds.), Depressive disorders in children and adolescents. Epidemiology, risk factors and treatment. Northvale: Jason Aronson.

Essau, C. A. & Petermann, U. (2000). Depression. In: F. Petermann (Hrsg.), Lehrbuch der Klinischen Kinderpsychologie und -psychiatrie, 4. Aufl. (S. 292–322). Göttingen: Hogrefe.

Essau, C. A., Petermann, F. & Conradt, J. (1999). Psychologische Intervention bei depressiven Kindern und Jugendlichen. Kindheit und Entwicklung, 8, 199–205.

Fend, H. (2000). Entwicklungspsychologie des Jugendalters. Opladen: Leske + Budrich.

Gasser-Steiner, P. & Stigler, H. (1996). Jugendlicher Drogenkonsum. Universität Graz.

Goleman, D. (1996). Emotionale Intelligenz. München: Hanser.

Groen, G. & Petermann, F. (1998). Depression. In: F. Petermann, M. Kusch & K. Niebank (Hrsg.), Entwicklungspsychopathologie. Ein Lehrbuch (S. 327–361). Weinheim: Psychologie Verlags Union.

Hampel P. & Petermann, F. (1998). Anti-Streß-Training für Jugendliche. Weinheim: Beltz.

Harrington, R,. (1993). Depressive disorder in childhood and adolescence. New York: Wiley.

Harrington, R. (1999). Depressive disorders in children and adolescents: A review. In: M. Maj & N. Sartorius (Eds.), Depressive disorders (pp. 233–309). Wiley: New York.

Hazell, P., O'Connell, D., Heathcote, D., Robertson, J. & Henry, D. (1995). Efficacy of tricyclic drugs in treating child and adolescent depression: A meta-analysis. British Medical Journal, 310, 897–901.

Henseler, H. (1974). Narzißtische Krisen. Zur Psychodynamik des Selbstmords. Rowohlt: Reinbek bei Hamburg.

Jugendwerk der Dt. Shell. (2000). Jugend 2000. 13. Deutsche Shell-Jugendstudie. Opladen: Leske+Budrich.

Kerns, L. L. (1997). Hilfen für depressive Kinder. Ein Ratgeber. Bern: Huber.

Klein-Heßling, J. & Lohaus, A. (1997). Bleib locker. Ein Streßbewältigungstraining für Kinder. Göttingen: Hogrefe.

Klerman, G. L. (1988). The current age of youthful melancholia. Evidence for increase in depression among adolescents and young adults. British Journal of Psychiatry, 152, 4–14.

Klosinski, G. (1999). Wenn Kinder Hand an sich anlegen. München: Beck.

Lauth, G. W., Schlottke, P. F. & Naumann, K. (1999). Rastlose Kinder, ratlose Eltern. Hilfen bei Überaktivität und Aufmerksamkeitsstörungen. München: dtv.

Lohaus, A. & Klein-Heßling, J. (1999). Kinder im Streß und was Erwachsene dagegen tun können. München: Beck.

McGrath, E., Keita, G. P., Strickland, B. R. & Russo, N.F. (1993). Frauen und Depression. Risikofaktoren und Behandlungsfragen. Bergheim: Mackinger.

Miezitis, S. (1992). Creating alternatives to depression in our schools. Seattle: Hogrefe.

Mufson, L., Moreau, D., Weissman, M.M. & Klerman, G. L. (1993). Interpersonal psychotherapy for depressed adolescents. New York: Guilford.

Neumer, S. & Junge, J. (2000). Primäre Prävention psychischer Störungen. In: F. Jacobi & A. Poldrack (Hrsg.), Klinisch-Psychologische Forschung. Ein Praxishandbuch. Göttingen: Hogrefe.

Nevermann, C. (1990). Depression in children: Self-reports and reports from peers and teachers in a normal elementary school population. In: H. G. Zapotoczky & T. Wenzel (Eds.), The scientific dialogue: From basic research to clinical intervention. Annual Series of European research in behavior therapy Vol. 5 (pp. 81–85). Amsterdam: Swets & Zeitlinger.

Nevermann, C. (1992). Depressive Störungen im Kindes- und Jugendalter: Intra- und interpersonale Wahrnehmungen depressiver Symptome in Schulklassen. Dissertation, Freie Universität Berlin.

Nevermann, C. (1999). Schulstationen in Praxis. Unterstützende Pädagogik im sozialen Lernfeld. Berlin: Retriever Verlag.

Nezu, A. M., Nezu, C. M. & Perri, M. G. (1989). Problem solving therapy for depression: Theory, research, and clinical guidelines. New York: Wiley.

Niklewski, G. & Riecke-Niklewski, R. (1998). Depressionen überwinden. Ein Ratgeber für Betroffene, Angehörige und Helfer. Berlin: Stiftung Warentest.

Nissen, G. (1986). Psychische Störungen im Kindes- und Jugendalter. Ein Grundriß der Kinder- und Jugendpsychiatrie (2., erw. Aufl.). Berlin: Springer.

Nissen, G. (1999) (Hrsg.). Depressionen. Ursachen Erkennung Behandlung. Stuttgart: Kohlhammer.

Nolen-Hoeksema, S. (1990). Sex differences in depression. Stanford: Stanford University Press.

Nolen-Hoeksema, S. (1994). An interactive model for the emergence of gender differences in depression in adolescence. Journal of Research on Adolescence 4, 519–534.

Petermann, U. und F. (1996). Training mit sozial unsicheren Kindern (6. Aufl.). Weinheim: Psychologie Verlags Union.

Pfingsten, U. & Hinsch, R. (1991). Gruppentraining sozialer Kompetenzen. Weinheim: Psychologie Verlags Union.

Poland, S. (1989). Suicide prevention in schools. New York: Guilford Press.

Ringel, E. (1953). Der Selbstmord. Abschluß einer krankhaften Entwicklung. Wien.

Reicher, H. & Rossmann, P. (2000). Affektive Störungen. In: P.F. Schlottke, R.K. Silbereisen, S. Schneider & G.W. Lauth (Hrsg.), Enzyklopädie der Psychologie, Serie II: Klinische Psychologie, Bd. 5: Störungen des Kindes- und Jugendalters. Göttingen: Hogrefe (in Druck).

Reicher, H. (1998). Depressionen bei Kindern und Jugendlichen. Münster: Waxmann.

Reicher, H. (1999). Depressivität und Aggressivität im Jugendalter. Gemeinsame und spezifische psychosoziale Charakteristika. Kindheit & Entwicklung, 8, 171–185.

Reicher, H. (1993). Depressive Verstimmungszustände in der Adoleszenz. Eine empirische Untersuchung zu psychologischen Risiko- und Stützfaktoren. Dissertation, Karl-Franzens-Universität Graz.

Rossmann, P. & Pichler-Janisch, P. (1998). Zur Mutter-Kind-Übereinstimmung bei der Beurteilung von Depressivität, Neurotizismus und Extraversion von Kindern mittels DTK und HANES-KJ: Eine Multitrait-Multiinformant-Studie. Diagnostica, 44, 182–188.

Rossmann, P. (1991). Depressionsdiagnostik im Kindesalter. Bern: Huber.

Rushton J. L., Clark S. J. & Freed, G. L. (2000). Pediatrician and family physician prescription of selective serotonin reuptake inhibitors. Pediatrics, 105, E82.

Saß, H., Wittchen, H.-U. & Zaudig, M. (Bearb.). (1996). Diagnostisches und statistisches Manual psychischer Störungen DSM-IV. Göttingen: Hogrefe.

Schmidtchen, S. (1999). Spieltherapie als entwicklungsorientierte Intervention. In: R. Oerter, C. von Hagen, G. Röper & G. Noam (Hrsg.), Klinische Entwicklungspsychologie. Ein Lehrbuch (381–399). Weinheim: Beltz.

Seligman, M. E. P. (1999). Kinder brauchen Optimismus. Reinbek bei Hamburg: Rowohlt.

Smith, H. (1998). Unglückliche Kinder. Fakten Ursachen Hilfen. Düsseldorf: Patmos Verlag.

Schölmerich, A. (1997). Emotionale Reaktivität und Regulation in der frühen Kindheit. In: H. Keller (Hrsg.), Handbuch der Kleinkindforschung, 2. Aufl. (S. 441–452). Bern: Huber.

Spitz, R. A. (1965). The first year of life. New York: International Universities Press.

Spitz, R. A. (1987). Vom Säugling zum Kleinkind. Klett-Cotta: Stuttgart.

Stark, K. D. (1990). Childhood depression. School-based intervention. New York: Guilford.

Warschburger, P. & Petermann, F. (2000). Belastungen bei chronisch kranken Kindern und deren Familien. In: F. Petermann (Hrsg.), Lehrbuch der Klinischen Kinderpsychologie und -psychotherapie (4. Aufl.). Göttingen: Hogrefe.

Weisz, J. R., Valeri, S. M., McCarty, C. A. & Moore, P. S. (1999). Interventions for depression: features, effects, and future directions. In: C. A. Essau & F. Petermann (Eds.), Depressive disorders in children and adolescents. Epidemiology, risk factors and treatment (pp. 383–435). Northvale: Jason Aronson.

Wille, R. (1997). Sucht und Drogen und wie man Kinder davor schützt. 2. Aufl. München: Beck.

Wittchen, H.-U. (1994). Wie häufig sind depressive Erkrankungen? Diagnostik und Hinweise auf eine Zunahme depressiver Störungen. In: M. Hautzinger (Hrsg.), Verhaltenstherapie bei Depressionen (S. 10–24). Baltmannsweiler: Röttger-Schneider.

Woelk, H. (2000). Comparison of St John's wort and imipramine for treating depression: randomised controlled trial. British Medical Journal, 321, 536–539.

Wüthrich, C., Mattejat, F. & Remschmidt, H. (1997). Kinder depressiver Eltern. Kindheit und Entwicklung, 6, 141–146.

Anhang A – Diagnostische Kriterien für eine Major Depression

Kriterien für eine Episode einer Major Depression

A. Mindestens fünf der folgenden Symptome bestehen während derselben Zwei-Wochen-Periode und stellen eine Änderung gegenüber der vorher bestehenden Leistungsfähigkeit dar; mindestens eines der Symptome ist entweder (1) depressive Verstimmung oder (2) Verlust an Interesse oder Freude.

Beachte: Auszuschließen sind Symptome, die eindeutig durch einen medizinischen Krankheitsfaktor, stimmungsinkongruenten Wahn oder Halluzinationen bedingt sind.

1. Depressive Verstimmung an fast allen Tagen, für die meiste Zeit des Tages, vom Betroffenen selbst berichtet (z. B. fühlt sich traurig oder leer) oder von anderen beobachtet (z. B. erscheint den Tränen nahe). (**Beachte:** kann bei Kindern und Jugendlichen auch reizbare Verstimmung sein).

2. Deutlich vermindertes Interesse oder Freude an allen oder fast allen Aktivitäten, an fast allen Tagen, für die meiste Zeit des Tages (entweder nach subjektivem Ermessen oder von anderen beobachtet).

3. Deutlicher Gewichtsverlust ohne Diät oder Gewichtszunahme (mehr als 5 % des Körpergewichts in einem Monat) oder verminderter oder gesteigerter Appetit an fast allen Tagen. **Beachte:** Bei Kindern ist das Ausbleiben der zu erwartenden Gewichtszunahme zu berücksichtigen.

4. Schlaflosigkeit oder vermehrter Schlaf an fast allen Tagen.

5. Psychomotorische Unruhe oder Verlangsamung an fast allen Tagen (durch andere beobachtbar, nicht nur das subjektive Gefühl von Rastlosigkeit oder Verlangsamung).

6. Müdigkeit oder Energieverlust an fast allen Tagen.

7. Gefühle von Wertlosigkeit oder übermäßige oder unangemessene Schuldgefühle (die auch wahnhaftes Ausmaß annehmen können) an fast allen Tagen (nicht nur Selbstvorwürfe oder Schuldgefühle wegen des Krankseins).

8. Verminderte Fähigkeit, zu denken oder sich zu konzentrieren, oder verringerte Entscheidungsfähigkeit an fast allen Tagen (entweder nach subjektivem Ermessen oder von anderen beobachtet).

9. Wiederkehrende Gedanken an den Tod (nicht nur Angst vor dem Sterben), wiederkehrende Suizidvorstellungen ohne genauen Plan, tatsächlicher Suizidversuch oder genaue Planung eines Suizids.

	Kriterien für eine Episode einer Major Depression
B.	Die Symptome erfüllen nicht die Kriterien einer Gemischten Episode.
C.	Die Symptome verursachen in klinisch-bedeutsamer Weise Leiden oder Beeinträchtigungen in sozialen, beruflichen oder anderen wichtigen Funktionsbereichen.
D.	Die Symptome gehen nicht auf die direkte körperliche Wirkung einer Substanz (z. B. Droge, Medikament) oder eines medizinischen Krankheitsfaktors (z. B. Hypothyreose) zurück.
E.	Die Symptome können nicht besser durch einfache Trauer erklärt werden, d. h., nach dem Verlust einer geliebten Person dauern die Symptome länger als zwei Monate an, oder sie sind durch deutliche Funktionsbeeinträchtigungen, krankhafte Wertlosigkeitsvorstellungen, Suizidgedanken, psychotische Symptome oder psychomotorische Verlangsamung charakterisiert.

Anhang B – Diagnostische Kriterien für eine Dysthyme Störung

Diagnostische Kriterien für eine Dysthyme Störung
A. Depressive Verstimmung, die die meiste Zeit des Tages an mehr als der Hälfte aller Tage, entweder vom Patienten berichtet oder von anderen beobachtet, über einen mindestens zweijährigen Zeitraum andauert. **Beachte:** Bei Kindern und Heranwachsenden kann reizbare Verstimmung vorliegen, und die Dauer muß mindestens 1 Jahr betragen.
B. Während der depressiven Verstimmung bestehen mindestens zwei der folgenden Symptome: (1) Appetitlosigkeit oder übermäßiges Bedürfnis zu essen, (2) Schlaflosigkeit oder übermäßiges Schlafbedürfnis, (3) Energiemangel oder Erschöpfung, (4) geringes Selbstwertgefühl, (5) Konzentrationsstörungen oder Entscheidungserschwernis, (6) Gefühl der Hoffnungslosigkeit.
C. In der betreffenden Zweijahres-Periode (1 Jahr bei Kindern und Heranwachsenden) gab es keinen Zeitraum von mehr als zwei Monaten ohne Symptome wie unter A. und B. beschrieben.

Anhang C – Beobachtungsbogen für Eltern

Um sich als Eltern ein Bild zu machen, inwieweit das eigene Kind eventuell von einer depressiven Störung betroffen sein könnte, kann dieser Beobachtungsbogen ausgefüllt werden. Die Einschätzungen zum Verhalten sollten sich auf die vergangenen vier Wochen beziehen. Die Ergebnisse dieses Bogens ergeben keine Diagnose einer depressiven Störung. Die Ergebnisse erleichtern Ihnen aber eine Einschätzung darüber, ob Ihr Kind möglicherweise depressive Merkmale zeigt, auf die stärker eingegangen werden müßte. Entsprechend kann dieser Beobachtungsbogen auch Anlaß und Grundlage für ein Beratungsgespräch in einer Schulpsychologischen Beratungsstelle oder psychologischen Fachpraxis sein.

Name des Kindes: Alter:

Datum:

Beobachtungen	Stärke des Verhaltens				
	überhaupt nicht	ein wenig	häufig	jeden Tag	mehrmals täglich
Das Kind wirkt traurig, niedergeschlagen					
Das Kind wirkt hoffnungslos					
Das Kind wirkt pessimistisch					
Das Kind fühlt sich schuldig, wenn etwas schiefläuft					
Das Kind ist wütend und leicht reizbar					
Das Kind hat ein geringes Selbstwertgefühl					
Das Kind macht andere für eigene Probleme verantwortlich					
Das Kind äußert Selbstmordgedanken					
Das Kind macht Bemerkungen über Selbstmord					
Das Kind meint, daß niemand es mag oder liebt					
Das Kind lügt					

Beobachtungen	Stärke des Verhaltens				
	überhaupt nicht	ein wenig	häufig	jeden Tag	mehrmals täglich
Das Kind wirkt irritiert und durcheinander					
Das Kind zeigt kaum Gefühle					
Das Kind weint über Kleinigkeiten					
Das Kind isoliert sich von Gleichaltrigen und/oder Familienmitgliedern					
Das Kind zeigt kein Interesse an Schule					
Das Kind zeigt schlechtere Schulleistungen					
Das Kind gibt schnell auf					
Das Kind zeigt sich lustlos					
Das Kind beklagt sich über häufige Schmerzen oder Beschwerden					
Das Kind ist leicht erregt oder aufgebracht					
Das Kind wirkt kraftlos, energielos					
Das Kind hat Eßprobleme (ißt zu wenig)					
Das Kind hat Eßprobleme (ißt zu viel)					
Das Kind hat Konzentrationsprobleme					
Das Kind klagt über Kopfschmerzen					
Das Kind klagt über Müdigkeit					
Das Kind klagt über Bauchschmerzen					
Das Kind klagt, unbeliebt zu sein					
Das Kind gibt sich mit geringeren Leistungen zufrieden					
Das Kind scheint sich viel Sorgen zu machen					
Das Kind leidet unter Einschlafstörungen					
Das Kind kann sich immer nicht entscheiden					
Das Kind ist verschlossen					

Beobachtungen	Stärke des Verhaltens				
	überhaupt nicht	ein wenig	häufig	jeden Tag	mehrmals täglich
Das Kind wirkt nervös und unruhig					
Das Verhalten und der Gefühlszustand des Kindes haben sich während der letzten 4 Wochen verschlechtert					

Zusätzliche besondere Auffälligkeiten bitte hier notieren:

In Anlehnung an: W. Haane, 1997. Beratungsgespräche mit Eltern bei kindlichen Verhaltensauffälligkeiten.

Anhang D – Beobachtungsbogen für Lehrer

zur Einschätzung möglicher depressiver Befindlichkeit von Schülerinnen und Schülern

Bei starker Ausprägung sollte unbedingt Kontakt zum Schulpsychologischen Dienst aufgenommen werden.

Name des Kindes: Schule/Klasse:

Alter: Datum:

Beobachtungen	Stärke des Verhaltens			
	überhaupt nicht	ein wenig	ziemlich stakr	sehr stark
Schüler/in zeigt unerwarteten Leistungsabfall				
Schüler/in zeigt Interessenverlust gegenüber den Schulfächern				
Schüler/in strengt sich nicht mehr wie bisher an				
Schüler/in fertigt schulische Arbeiten unordentlich an				
Schüler/in legt keinen Wert mehr auf gute Arbeitsergebnisse				
Schüler/in wirkt pessimistisch				
Schüler/in gibt schnell auf				
Schüler/in klagt über mangelnde Kraft, Arbeiten zu Ende zu führen (z. B. Ich schaffe es nicht!)				
Schüler/in ist aufgeregt				
Schüler/in ist sehr unselbständig				
Schüler/in stört den Unterricht				
Schüler/in zeigt starke Ängste im Leistungsbereich				

Beobachtungen	Stärke des Verhaltens			
	überhaupt nicht	ein wenig	ziemlich stakr	sehr stark
Schüler/in zeigt Angst gegenüber Mitschülern				
Schüler/in zieht sich sozial zurück				
Schüler/in meidet soziale Kontakte				
Schüler/in ist in der Klasse unbeliebt				
Schüler/in wirkt müde				
Schüler/in lügt				
Schüler/in klagt über körperliche Beschwerden				
Schüler/in kann sich nicht entscheiden				
Schüler/in hat Konzentrationsprobleme				
Schüler/in erwartet Mißerfolg				
Schüler/in zeigt nur geringes Selbstwertgefühl				
Schüler/in ist gereizt				
Schüler/in beklagt sich				
Schüler/in wirkt deprimiert/traurig				
Schüler/in fühlt sich schuldig, wenn Dinge nicht klappen				
Schüler/in äußert Selbstmordgedanken				
Schüler/in beschäftigt sich mit dem Tod				
Schüler/in fühlt sich belastet				
Schüler/in klagt über Müdigkeit				
Schüler/in wirkt abwesend				
Schüler/in ist im Verhalten verlangsamt				
Schüler/in ist in der Klasse allein				

Anhang E – Beratungsstellen und Selbsthilfegruppen

Beratungseinrichtungen

Deutschland, Österreich, Schweiz:

- Schulpsychologischer Dienst
- Erziehungs- und Familienberatungsstellen
- Jugendamt, Gesundheitsamt
- Ambulanzen und Kliniken für Kinder- und Jugendpsychiatrie
- Kinderschutzzentren

Bei Selbstmordgefährdung:

Befrienders International. Weltweite Bemühungen von 31 000 Freiwilligen in über 40 Ländern zur Verhinderung von Selbstmord
http://www.suicideinfo.org/german/

Deutschland:

Neuhland Beratungsstelle und Krisenwohnung für suizidgefährdete Kinder und Jugendliche
Nikolsburger Platz 6
10717 Berlin
Tel. 0 30/8 73 01 11 (9–18 Uhr), 86 40 91 78 (täglich 9–22 Uhr)
http://www.neuhland.de

Österreich:

WEIL – Weiter im Leben Volker Paul Goditsch Stiftung.
Hilfe für selbsttötungsgefährdete Kinder, Jugendliche, deren Eltern und Freunde; Notruf- und Informationstelefon: 0664/3586786 (0–24 Uhr)

Telefonhotlines:

Deutschland:

Depressionshotline 01 80/5 70 70 70 (dienstags und freitags von 20–22 Uhr)
Evangelische Telefonseelsorge 08 00–111 0 111 (kostenlos)
Katholische Telefonseelsorge 08 00–111 0 222 (kostenlos)
http://www.telefonseelsorge.de

Österreich:

Rat auf Draht, ORF-Kinderservice
147 österreichweit (kostenlos)

Sorgentelefon für Kinder, Jugendliche und Erwachsene
08 00–20 14 44 (montags – samstags 14–18 Uhr)

Telefonseelsorge
142 (kostenlos)

Schweiz:
Telefonseelsorge
143 (kostenlos)

Informationen zu Psychotherapeuten

Deutschland:
Berufsverband Deutscher Psychologen e.V. BDP
Bundesgeschäftsstelle
Heilsbachstraße 22
53123 Bonn
Tel. 02 28/98 73 10
http://www.bdp-verband.org/

Psychotherapeutischer Informationsdienst:
www.psychotherapiesuche.de

Deutsche Gesellschaft für Kinder- und Jugendpsychiatrie e.V. DGKJ
Hans-Sachs-Gasse 6
35039 Marburg
Tel. 0 64 21/28 62 58
http://www.dgkjp.de/

Deutscher Kinderschutzbund Bundesverband e.V. DKSB
Schiffsgraben 29
30159 Hannover
Tel. 0511/3 04 85–0
http://www.dksb.de/

Österreich:
Berufsverband österreichischer Psychologen und Psychologinnen BÖP
Garnisongasse 1/22
1090 Wien
Tel. 01/4 07 26 72
http://www.boep.or.at

Österreichischer Bundesverband für Psychotherapie ÖBVP
Rosenbursenstraße 8/3/7
1010 Wien
Tel. 01/5 12 70 90
http://www.psychotherapie.at/oebvp/

Österreichische Ärztekammer
Weihburggasse 10–12
1010 Wien
Tel. 01/514060
http://www.psychnet.at/

Online-Informationssystem zu psychologischen Dienstleistungen
http://www.psychnet.at/

Selbsthilfegruppen

Deutschland:

Nationale Kontakt- und Informationsstelle zur Anregung und
Unterstützung von Selbsthilfegruppen der Deutschen Arbeitsgemeinschaften
für Selbsthilfegruppen e.V.
Albrecht-Achilles-Straße 65
10709 Berlin
Tel. 030/8 91 40 19
http://www.selbsthilfetreff.de

Österreich:

www.fgoe.org
Forum Gesundes Österreich, u. a. Adressen von Selbsthilfegruppen

Beispiele für Online-Beratung und Information zu Depressionen

Deutschland:

www.helpmails.de
Mannheimer Beratungsstelle für Kinder und Jugendliche

Österreich:

www.stopp-depression.at
Information und Aufklärung

Buchanzeigen

Psychologie und Ratgeber

Ute Benz
Warum sehen Kinder Gewaltfilme?
1998. 150 Seiten mit 14 Abbildungen. Paperback
Beck'sche Reihe Band 1245

Beate Besten
Sexueller Mißbrauch und wie man Kinder davor schützt
3., neubearbeitete Auflage. 1995. 136 Seiten. Paperback
Beck'sche Reihe Band 445

Brigitta Bondy
Was ist Schizophrenie?
Ursachen, Verlauf, Behandlung
2., unveränderte Auflage. 1997. 113 Seiten. Paperback
Beck'sche Reihe Band 1077

Reinmar du Bois
Jugendkrisen
Erkennen – verstehen – helfen
2000. 222 Seiten. Paperback
Beck'sche Reihe Band 1311

Volker Faust
Seelische Störungen heute
Wie sie sich zeigen und was man tun kann
2. Auflage. 2000. 382 Seiten. Paperback
Beck'sche Reihe Band 1287

Georg Felser
Bin ich so wie Du mich siehst?
Die Psychologie der Partnerwahrnehmung
1999. 179 Seiten mit 4 Abbildungen und 1 Tabelle. Paperback
Beck'sche Reihe Band 1334

Verlag C. H. Beck München

Psychologie und Ratgeber

Gunther Klosinski
Wenn Kinder Hand an sich legen
Selbstzerstörerisches Verhalten bei Kindern und Jugendlichen
1999. 144 Seiten mit 2 Abbildungen. Paperback
Beck'sche Reihe Band 1283

Arnold Lohaus/Johannes Klein-Heßling
Kinder im Streß und was Erwachsene dagegen tun können
Mit Illustrationen von Konny Droste
1999. 143 Seiten mit 15 Abbildungen, Checklisten, Fragebogen,
Graphiken und Illustrationen. Paperback
Beck'sche Reihe Band 1335

Julia Onken
Wenn du mich wirklich liebst
Die häufigsten Beziehungsfallen und wie wir sie vermeiden
50. Tausend. 2001. 212 Seiten. Paperback
Beck'sche Reihe Band 1415

Rainer Tölle
Depressionen
Erkennen und Behandeln
2000. 111 Seiten mit 1 Abbildung. Paperback
Beck'sche Reihe Band 2139
C. H. Beck Wissen

Reinhard Werth
Legasthenie und andere Lesestörungen
Wie man sie erkennt und behandelt
2001. 166 Seiten mit 24 Abbildungen. Paperback
Beck'sche Reihe Band 1422

Rolf Wille
Sucht und Drogen und wie man Kinder davor schützt
2., neubearbeitete und erweiterte Auflage. 1997. 150 Seiten. Paperback
Beck'sche Reihe Band 1070

Verlag C. H. Beck München